사이좋은 부모생활

사이좋은 부모생활

초판 1쇄 발행 | 2022년 3월 21일
초판 2쇄 발행 | 2023년 1월 11일

지은이 | 황지영
펴낸이 | 이한민
펴낸곳 | 아르카

등록번호 | 제307-2017-18호
등록일자 | 2017년 3월 22일
주　소 | 서울 성북구 숭인로2길 61 길음동부센트레빌 106-1805
전　화 | 010-9510-7383
이메일 | arca_pub@naver.com

홈페이지 | www.arca.kr
블로그 | arca_pub.blog.me
페이스북 | fb.me/ARCApulishing

책　값 | 뒤표지에 있습니다
I S B N | 979-11-89393-32-8 03230

아르카ARCA는 기독출판사이며 방주ARK의 라틴어입니다(창 6:15).
네가 만들 방주는 이러하니 … 새가 그 종류대로, 가축이 그 종류대로,
땅에 기는 모든 것이 그 종류대로 각기 둘씩 네게로 나아오리니 그 생명을 보존하게 하라 _창 6:15,20

내 자녀 잘 키우게
도와주는
부모 코칭의 모든 것

사이좋은
부모생활

황지영 지음

아르카

· 추천사 ·

황지영 박사님을 2003년 연말쯤에 처음 만나 10년 정도 같은 교회를 섬겼고, 그 후에도 가까운 곳에서 그 사역을 지켜보아온 저는 황 박사님이 부모들을 위한 책을 펴낸 것을 진심으로 기뻐하며 감사드리지 않을 수 없습니다. 모두의 인생에서 가장 크고 기쁜 책임이며 난제 중 하나인 부모역할을 잘 할 수 있도록 돕는 책이기 때문입니다. 황 박사님이 이런 책을 낼만한 전문성을 가진 분이며, 실제로 부모역할을 잘 해낸 분임을 또한 제가 잘 알기 때문입니다.

부모가 된다는 것은 참 기쁘고 경이로우며 어려운 일이기도 합니다. 저도 부모로서 2녀 1남의 자녀를 두었고 그들을 제 생명처럼 사랑합니다. 그러나 젊은 시절엔 사역한다는 평계로 자녀양육을 거의 아내에게 맡기다시피 했습니다. 그래서 저는 세 아이들에게 미안한 마음이 참 많습니다. 아이들과 아름다운 추억을 더 많이 쌓지 못해 제 인생의 한 부분이 비어 있는 것을 늘 아쉬워하고 있습니다. 아마 이 땅의 많은 부모들이, 특히 아빠들 마음이 이럴 것입니다. 이런 부모들에게 황 박사님의 이 책은 큰 도움이 될 것입니다.

부부가 마음 모아 함께 좋은 부모역할을 할 수 있다면, 그것 하나만으로도 우리는 가장 복된 사람일 것입니다. 모든 부모들과, 부모가 되려고 하는 모든 분들에게 이 책을 일독할 것을 권합니다.

_**박은조**, 은혜샘물교회 은퇴목사, 글로벌 문도하우스 원장

앞으로 한국교회는 '가정'이라는 키워드를 붙잡아야 할 것입니다. 그만큼 가정은 중요하고, 가정이 중요하다는 것은 부모의 역할이 그만큼 중요하다는 것을

말해줍니다. 이 책은 그런 면에서 한국교회 성도들에게 매우 소중한 자산이 될 것입니다. 이 책은 우리가 어떤 부모가 되어야 하는지, 자녀와 어떻게 소통하고 양육해야 하는지에 관해 주로 이야기하지만, 동시에 부모가 좋은 코치가 되어야 한다는 관점에서도 쓰인 책입니다. 코치는 아주 쉽게 말하면 '선수를 잘 뛰게 하는 존재'입니다. 자녀를 잘 뛰게 하는 부모, 자녀가 행복하게 살아가게 하는 부모, 자녀가 영적·인격적·사회적으로 성숙한 사람으로 살아가게 하는 부모, 얼마나 멋진 일입니까? 이 책이 그런 부모를 세워가는 데 큰 도움이 될 것으로 확신합니다.

30년 가까운 세월 동안 저자와 친밀한 관계를 맺고 있는 제가 보기에, 이 책에는 남편을 일찍 여의고 두 자녀를 훌륭한 신앙인과 사회인으로 양육한 한 어머니의 삶의 여정과 눈물과 기도가 담겨 있습니다. 연구실에서 책과 컴퓨터를 뒤적이며 쓴 책이 아니라 삶으로 쓴 책입니다. 이 책을 읽는 모든 분들이 저처럼 깊은 감동과 은혜를 받고 많은 유익을 얻기를 소원합니다.

_제인호, 가음정교회 담임목사

한국교회가 가진 가장 큰 문제 중 하나는 다음세대에게 신앙을 잘 전수하는 일이라고 생각합니다. 많은 사람들이 이를 걱정하고 있는데, 이런 문제에 응답해주는 책이 황지영 박사에 의해 출간된 것을 기뻐합니다.

필자는 성공지향적인 세속 가치관에 물든 부모들의 생각을 성경적 세계관을 기초로 새롭게 바꾸어줄 뿐 아니라, 구체적인 상황마다 대응할 수 있는 능력을 구비해주는 부모교육이 중요하다고 확신합니다.

이 책에는 저자의 학문에서 근거와 배경이 되는 기독교교육학과 신학과 목회상담학이 매우 조직적이고 짜임새 있게 정리되어 있으며, 이런 이론만이 아니라 저자의 삶의 여정과 목회·교육·상담의 영역에서 축적한 모든 경험까지 잘 녹아 있다는 것이 이 책의 장점입니다. 그러므로 이 책은 부모교육을 계획하고 수행하기 원하는 목회자, 다양한 연령층의 자녀를 양육하는 모든 세대의 부모, 어린이를 이해해야 하는 교사, 교육상담이나 가족상담 전문가, 기독교교육과 상담을 공부하는 학생에게까지 폭넓은 적용력을 가지고 있습니다.

저자의 박사학위를 지도한 교수로서 이 책의 출판을 축하하면서, 이 책이 한국교회의 현실을 개선하며 부모교육을 풍요롭게 할 수 있기를 기대합니다.

_**강용원 박사**, 한국기독교교육학회 회장 역임

아가서를 읽으면서, 사이좋은 부모 밑에서 건강한 자녀양육이 가능하다는 것을 깨달았습니다. 황 교수님의 《사이좋은 부모생활》은 나의 그런 생각과 잘 통하는 책인 것 같습니다. 자녀교육은 결국 관계의 문제라는 이 책의 핵심 주장에 전적으로 동의합니다. 이 책은 하나님과 좋은 관계를 맺는 부모, 원가족이나 배우자와 좋은 관계를 맺는 부모, 자신과 좋은 관계를 맺는 부모가 자녀와도 좋은 관계를 맺을 수 있다는 성경적 진리를 경험과 실제적인 예를 통해 매우 설득력 있게 피력하고 있습니다. 그러면서도 아이의 성장 단계에 맞는 소통의 기술과 관계 형성 이론을 잘 설명해줍니다.

이 책의 최고 장점은 저자가 평생 고민하고 시행착오를 겪으며 연구했던 주제를 이론적으로 잘 다듬었다는 점입니다. 평생 하나님과 씨름하며 찾았던 답을 제시한 것입니다. 내가 좀더 빨리 이 책을 접했더라면 좀더 좋은 부모가 될 수 있었을 거라는 생각이 듭니다. 지금도 어떻게 하면 어린 자녀들을 더 잘 양육할 수 있을까 고민하는 부모들이 하루라도 빨리 이 책을 접하기를 바랍니다. 이 책을 읽는 부모들이 아이들뿐만 아니라 하나님과 자신과 배우자와도 사이좋은 부모가 되기를, 자녀들에게 심긴 하나님의 형상을 꽃 피우는 기쁨을 잘 누리길, 자녀들을 건강하고 아름다운 하나님 나라 일꾼으로 세워나갈 수 있기를 간절히 바랍니다.

_**김성수 교수**, 고려신학대학원 구약학

이 책은 그리스도인 부모들이 세속적인 삶의 가치관과 기준이 아닌 성경적인 '부모됨'의 원리를 정립하여 자녀들과 효과적으로 소통하며, 성경적으로 교육하고 양육할 수 있도록 도와줍니다. 부모들이 어떠한 관점으로 자신을 이해하며 자녀들을 바라보아야 할 것인지를 성경적으로 설명해 줄 수 있는 책인 것입니다.

황 교수님은 '사이좋은 부모생활'이라는 주제를 관계의 '기초', '시작', '원리', '기술'이라는 흐름으로 풀어갑니다. 또한 아내로서, 부모로서, 사역자로서 저자 자신의 인생을 투영하여 성경적인 '부모됨'의 원리를 담담하게 들려줍니다. 교수님의 삶을 곁에서 오래 지켜보았던 사람으로서 마음이 뭉클해지는 감동을 느끼지 않을 수 없었습니다. 이 책은 성경적인 '부모됨'을 돕기 위한 주님의 도구로 사용되는 데 부족함이 없습니다.

_강연정 교수, 고신대학교 기독교교육과, 기독교상담대학원 원장

황지영 교수님은 (사)한국코치협회의 기독교코팅센터장으로 섬기고 있는 제가 한국기독교코칭학회를 설립할 때도 처음 손을 잡은 분입니다.

황 교수님은 언제나 아름다운 생명의 언어로 '본문'(Text)에서 시작해 '적용'(Context)으로 향하는 모범적인 상담 코칭을 하셨습니다. 이 시대에 전하시려는 하나님의 말씀과 십자가의 가치를 담아내는 디아코니아 상담, 친교의 공동체를 만들어 내시려는 성령님의 코이노니아 코칭이 두루 녹아나 있습니다. 이 책은 그동안 황 교수님이 해오신 탁월한 상담 코칭에서 부모와 자녀의 관계 부분을 정리한 것이어서, 모든 부모와 자녀가 함께 배우며 적용할 수 있는 상담 코칭입니다.

_박중호 목사, 수원명성교회, KCCA 기독교코칭학회장

Contents

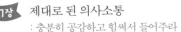

많은 그리스도인 부모는 '우리 가족이 교회는 잘 다니고 신앙은 좋은 것 같은데 가정은 왜 이럴까?'라는 고민을 속으로 하고 산다. 삶 속에서, 특히 '가정생활에서 구체적으로 적용되는 믿음이란 무엇일까?'가 질문인 것이다. 이런 질문을 하는 부모들에게는 이런 고민이 있기도 하다. '뱃속에서부터 교회 데리고 다녔는데, 내 아이들 믿음은 왜 안 자라나?' 이런 고민과 질문들을 짜고 누르면 이것이 된다. '부모가 자녀에게 믿음을 잘 전수하는 것.'

그러나 솔직히 답해보자. 이것이 정말 첫째 되는 고민인가? '내 자녀가 잘 자라고 성공하는 것.' 사실은 이것 아닌가?

자녀가 잘되기를 바라는 건 인지상정이다. 나도 솔직히 그렇고, 그랬다. 이건 모든 부모의 바람이다. 당연하다. 자녀가 잘못되기를 바라는 부모가 세상 어디에 있을까? 자녀의 성공은 어쩌면 부모의 사명일지 모른다. 아니, 부모의 사명 그 자체일 수도 있다.

그러나 그리스도인은 이 대목에서 반드시 생각할 점이 있다. 우리에게 무엇이 성공인가 하는 점이다. 가정에서 믿음이 전수되지 않은 채 삶에서 하나님 없이, 내 자녀가 예배 없이 살아가면서 성공한다면 어떻게 될까?

하나님은 우리의 후손들을 통해 하나님의 의와 구원이 다음 세대까지 이어지기를 간절히 바라신다. 하나님의 바람, 즉 하나님의 이런 소원은 무엇으로 이루어질까? 가정에서 믿음을 전수하는 일을 통해 이루어진다. 다름아닌 자녀양육, 즉 가정에서 부모를 통해 나타나는 삶의 모든 것에서 이루어지는 것이다. 그러므로 그런 점에서, 그리스도인 가정의 가장 큰 사명은 자녀양육이 된다. 이 경우의 자녀양육은 자녀의 키와 지혜가 자라게 하는 것뿐 아니라 하나님과 사람에게 두루 사랑받도록 성장시키는 것을 의미한다. 먹이고 입히고 공부시키는 일뿐 아니라, 인성과 영성 또한 건강하게 자라도록 하는 모든 것을 말하는 것이다.

예수는 지혜와 키가 자라가며 하나님과 사람에게 더욱 사랑스러워 가시더라

_눅 2:52

그렇다면 우리는 그리스도인 부모로서 그동안 자녀를 어떻게 양육해왔는지 돌아볼 필요가 있다. 성경적인 방법을 따랐는지, 아니

면 세상의 이론과 방법과 풍조를 추구했는지 솔직히 고백해보자. 하나님의 영광을 위한다고 하면서, 나도 모르게 세상의 명예와 자랑을 위해 양육하지는 않았는가.

내 인생의 목표는 현모양처였다

사람들은 모두 훌륭한 부모가 되고 싶어한다. 그러나 쉽지 않다. 한국 사회가 점점 핵가족화되면서 다른 가족 구성원과 물리적·감정적 거리가 생겼고, 이전보다 부모의 역할을 습득하기 어려워졌으며, 부모의 직업이나 자녀의 학업 등으로 가족이 함께하는 시간이 많이 줄어들었다. 그러다 보니, 부모가 되었어도 막상 부모역할 앞에서는 당황하고 우왕좌왕한다.

부모들은 좋은 부모가 되기 위해 여러 곳에서 자녀를 잘 키우는 법을 찾고 보고 배우고 익힌다. 그런데 자녀양육의 절대적인 진리를 찾을 수 있는 원천이 이미 우리 곁에 있다. 바로 하나님의 말씀, 곧 성경이다. 성경이 모든 지혜의 원천인 것처럼 자녀양육의 지혜도 성경에 있다. 나 역시 그 지혜를 성경에서 찾았다.

그런데 성경 이야기에 들어가기 전에, 자녀교육에서 부모 각자의 양육방식부터 반드시 짚고 넘어가야 한다. 부모인 우리 역시 부모에게 양육되었고, 부모들 대부분이 자신의 경험을 토대로 자녀를 대하고 양육하기 때문이다. 우리가 경험한 부모의 양육방식이 좋다고 생각하면 그것을 답습하고, 만약 나쁘다고 생각하면 그것과 반대되는 태도로 자녀를 양육하는 것이다.

피양육자로서의 경험이 이렇게 양육자로서의 역할에 도움을 주긴 하지만, 사실 둘은 전혀 다른 경험이다. 부모 자신이 어렸을 때 어떤 양육을 받았는지에 따라 양육태도와 성숙도가 달라지는 건 일반적으로 맞다. 하지만 경험한 대로나 다짐한 대로 다 되지 않는다는 게 문제다. 매우 미성숙한 부모는 자녀를 망가뜨리기도 한다. 나 역시 그런 부모였다. 나는 정말 아이를 잘 키우고 싶었다. 어머니처럼 약한 엄마는 되기 싫었다. 좋은 엄마가 되고 싶었지만 내 계획과 생각대로 되지는 않았다.

내 기억 속의 어머니는 머리가 아프다며 늘 흰 끈으로 머리를 묶은 채 누워 계셨다. 군인인 아버지는 전방에 파견되어 있었고, 어머니 혼자 우리와 서울에 계셔야 했다. 엄마는 변명처럼, 당신은 외할머니가 마흔이 넘어 낳은 일곱 남매의 막내라고 하셨다. 엄마는 나한테도 엄마라기보다 막내 같았다. 나는 하교 후에는 엄마를 돌보아야 했고, 엄마가 건강하셨으면 하는 아쉬움과 걱정에 밖에 나가 놀 수도 없었다. 나의 어린 시절은 자유롭지 못했다. 그러다가 드디어 내가 엄마가 된 후에는, 나는 엄마와 다른 엄마가 되고 싶었다. 아이들이 안심하고 기댈 수 있는 엄마, 아이에게 온 세상이 되고 싶었다.

내 인생의 목표는 현모양처였다. 육사 출신인 남편이 자랑스러웠다. 그는 육사 시절 연대장 생도였고 졸업할 때 '강재구 소령상'을 탔다. 그런 남편에게 더 바랄 게 없었다. 남편은 늘 가정보다 나라가 먼저였는데, 항상 5분 대기조, 긴장의 연속이었다. 나는 그 마음가짐을 존경했고, 그렇게 사는 것이 옳다고 생각했다.

나는 남편의 목표와 삶을 응원하면서 남편이 가정에는 신경 쓰지 않게 하려고 최선을 다했다. 1년 이상 모유 수유를 했고, 발진이 생기지 않도록 힘들지만 천 기저귀를 썼으며, 이유식도 영양소를 꼼꼼하게 따져가면서 먹였다. 머릿속에는 현숙한 여인으로서 어떻게 하면 남편을 잘 보필하고 아기를 잘 키울까 하는 생각으로 가득 차 있었다. 이렇게만 하면 현모양처라는 내 꿈이 이루어질 줄 알았다.

그 꿈은 결혼한 지 5년이 채 못되어 부서졌다. 지금도 기억에 생생한 그해 여름, 남편의 사고를 알리는 전화로 모든 것이 멈춰버렸다. 수화기 너머로 다급한 목소리가 들렸다.

"사고가 났습니다! 기상이 악화하여서 헬기가 추락했습니다."

남편은 그때 4성 장군의 전속 부관으로 사령관과 함께 대간첩 작전 훈련 중일 텐데, 이 사람이 무슨 말을 하는 건지 이해가 안 되었다. 그 소리는 웅웅거리며 다른 나라 말처럼 들렸다. 전화를 끊으니 정신이 들었다. 현실이 보였다. 병원 생활이 길어지면 필요할 것 같아서 아기 기저귀, 남편의 속옷을 챙겨서 짐을 쌌다. '속옷은 매일 깨끗한 걸로 준비해줘'라고 말하던 남편의 부탁이 생각났기 때문이다.

커다란 짐가방을 들고 여러 시간이 지나서야 만난 남편에게는 더 이상 속옷이 필요하지 않았다. 실낱같은 소망을 가지고 병원으로

갔으나, 작별인사도 못 한 채 그렇게 남편과 헤어졌다. 현모양처라는 꿈은 거기서 멈췄다.

남편 하나만 바라보고 살던 나는 세상에 혼자 내던져진 것 같았고, 모든 관계가 끊어진 것 같았다. 내 부모님과는 건강한 관계가 아니었고, 남편이 교회에 다니는 것 때문에 시댁과도 관계가 껄끄러웠다. 그 어디에도 기댈 곳이 없었다. 오직 하나님께 원망을 쏟아놓았다. 나는 질문하고 또 질문했다. 남편의 죽음이 도무지 이해되지 않았다.

"하나님 이제 저는 어떻게 하나요? 이러면 안 되는 거 아닌가요? 전능하신 하나님이라면 남편을 다시 살려내세요!"

하나님은 그때 답하지 않으셨다. 나를 오랫동안 기다렸던 하나님은, 이번에는 나를 기다리게 하셨다.

내 인생 30년을 쏟아부어야 했던 일

초등학교 2학년, 여덟 살 때 처음으로 교회에 발을 디뎠다. 성경 암송을 잘하고 결석하지 않아 사랑받았지만, 어머니의 반대와 공부 욕심으로 중학생이 되면서 교회를 등졌다. 아버지께 인정받으려고 열심히 공부해서 명문 대학에 진학했다. 그러다가 4학년 때 남편을 만났다. 아버지처럼 육사 출신의 육군 중위였다. 그때부터 남편과 국가가 나의 신앙이었다.

남편이 GOP(general outpost)에 들어가야 해서 7개월 동안 친정과 시댁에서 생활했다. 남편 없이 친정에서 지내다가, 그곳에서 아버지의 전도로 주님과 10년 만에 해후하였다. 나는 하나님을 떠났지만, 하나님은 나를 다시 만날 준비를 하고 계셨다. 그것도 나의 종교였던 아버지와 남편을 통해서 말이다.

아버지는 1979년 10월 26일에 대통령과 '그 자리'에 함께 계실 예정이었는데, 우연히 하루 먼저 당직을 바꿔 서는 바람에 죽음이 비껴갔다. 그 전에 청와대에서 조찬 기도회를 통해서 예수님을 소개받았던 아버지는 대통령 서거 후 극적으로 예수님을 영접하셨다. 늦게 신앙생활을 시작한 아버지는 자녀들에게 복음을 전하는 것을 사명으로 삼았다. 아버지를 통해 주님을 다시 만나고 나니, 10년이나 내 마음 밖에서 기다리셨다는 생각에 너무나 죄송했다.

하지만 교회에 다니는 일은 쉽지 않았다. 시댁에서 노골적으로 신앙생활을 반대했기 때문이다. 하나님은 그런 나를 위해 두 번째 종교였던 남편을 기독교인이 되게 하셨다. 친정아버지 덕분에 주님을 다시 만난 나는 남편도 그리스도인이 되기를 기도했다. 기도 때문인지 남편은 예수 믿는 상관의 전속 부관이 되는 바람에 주일에도 출근하여 상관과 함께 예배드려야 했다. 그즈음 나는 둘째를 유산하여 매우 낙심해 있었다. 내 몸에서 생명이 떠나갔는데, 남편에게는 새 생명이 찾아왔다. 예수의 생명 말이다. 남편은 시부모님 때문에 겉으로 드러내지는 않았지만, 그렇게 가랑비에 옷 젖는 줄 모르고 예수의 생명에 빠져들어 갔다

그래서 남편의 죽음이 더욱 이해되지 않았다. 왜 주님은 갑자기 남편을 데려가신 걸까? 이제 겨우 예수 믿게 되었는데, 도대체 이게 무슨 일인가 싶었다. 하나님이 이러실 수는 없다고 생각했다. 전능하신 하나님이라면 남편이 죽었어도 다시 살려내셔야 한다고 믿었다. 나는 네 살배기 딸과 한 살배기 아들을 둔 미망인으로 이 땅에 내동댕이쳐진 것 같았다. 절망했고 또 분노했다. 그 모습을 본 친정아버지가 말했다.

"딸아! 성경에 '하나님을 사랑하고 하나님의 계명을 지키는 자에게는 천 대까지 복을 준다'라고 하였다(신 5:10; 출 20:6). 아버지 없는 아이들이 하나님 아버지를 아버지로 삼도록 키운다면 너희 가문은 너희로 인해 신앙의 명문 가문이 될 거야. 그리스도인 어머니가 깨어 있으면 자녀를 그리스도인으로 키워낼 수 있어. 이 길을 가지 않겠니?"

그 일이 내 인생 30년을 쏟아부어야 하는 것인 줄 그땐 몰랐다.

이 책의 세 가지 목적

30년도 더 지난 지금 깨닫는 것은, 자녀교육은 결국 관계의 문제라는 것이다. 건강하고 바른 관계를 맺으려면 부모가 먼저 건강한 자아상을 가져야 하고, 주님 안에서 자신감 있고 행복해야 한다. 한마디로 부모가 먼저 변해야 한다는 말이다.

일반적으로 부모교육에서 많이 쓰이는 P.E.T(Parent Effectiveness

Training), S.T.E.P(Systematic Training for Effective Parenting), A.P.T(Active Parenting Today), E.P(Empowering Parenting) 등은 이론과 기술을 중심으로 대화 기술을 익히고 의사소통 훈련을 하는 교육이다. 그러나 아무리 오랜 시간 교육받고 강의를 듣더라도 부모 자신이 변화되지 않는다면 공부하는 동안 잠시 감동할 뿐, 이전과 똑같은 부모로 남아 있다. 따라서 정말 필요한 것은 이론과 기술이 아니다. 가족끼리 서로를 바라보는 시각이 변해야 하고, 부모의 정체성이 달라져야 한다.

그런 맥락에서, 이 책은 크고 깊은 변화를 원하는 부모들을 위해 썼다. 주님 안에서 더 자신감 있고 행복한 부모가 되도록 돕기 위해서이다.

이 책은 자녀를 하나님의 사람으로 양육하기 위해, 첫째, 모든 관계의 근원이 되는 하나님과의 관계를 부모가 먼저 회복할 것을 제안한다. 그것은 곧 내 안에 하나님의 형상을 회복하는 길이다.

둘째, 자신의 부모와의 관계가 좋지 않아서 하나님과의 관계 회복이 어려운 부모들에게는 어떻게 원가족 부모와 관계를 회복할 수 있을지를 제시한다. 그럼으로써 자녀양육의 근간인 자존감 회복을 도모하려 한다. 또한 부부가 하나 되어 가정 질서를 세우는 법을 성경적 원리로 설명하였다.

셋째, 자녀와의 관계 영역에서는 하나님과의 관계와 원가족 부모와의 관계가 회복된 부부가 함께 행할 수 있는 자녀양육의 방법론을 제안하였다. 그리고 마지막으로 연령별로 자녀를 어떻게 양육하면 좋을지 도움이 될 방법을 제시하였다.

이 세 가지를 각각 1-4부에 담았다. 1-2부는 회복의 이론을 기술하고, 3부는 그 이론을 실전에 적용하는 원리를 설명하였고, 4부에서는 앞에서 말한 것을 삶에 적용하는 실제를 기술하였다. 이 흐름을 가지고 이 책을 본다면 더 큰 도움이 되리라 생각한다.

이 책은 나의 경험에 기반하고 있다. 이것이 이 책의 장점이자 동시에 약점이 될 수도 있다. 사실 글을 쓰면서 나 자신을 온전히 드러내야 하는 순간을 만날 때마다 고민하고 갈등했다. 20대 이른 나이에 혼자가 되어 고생한 할머니의 이야기가 과연 얼마나 보탬이 될까. 혹시 자기만족은 아닐까. 그러나 단절된 관계를 회복하고 자녀를 독립된 인격체로 대하기까지 많은 시행착오를 겪으면서 깨달은 자녀양육의 지혜를 다음 세대의 부모들에게 전하여, 나보다 나은 부모가 되고 더 행복한 부모가 되기를 원하는 소망은 진실되다.

돌멩이도 들어 쓰시는 하나님이 이 작은 책도 들어서 필요한 곳에 사용하시기를 기도한다.

나무아래상담코칭센터에서

황지영

1부

관계의 '기초'와
사이좋은 부모 되기

좋은 부모가 되는 것은 자녀와 관계를 잘 맺었다는 뜻이다. 그
렇다면, 자녀와 좋은 관계를 맺으려면 어떻게 해야 할까? 간
단하다. 관계의 기초이신 하나님과 좋은 관계를 맺으면 된다.

1장

사랑이신 하나님과 사이좋은 부모

비로소 사랑을 줄 수 있다

하나님의 형상인 인간의 관계성은 하나님과의 관계, 나 자신과의 관계, 이웃과의 관계 등으로 구성되어 있다. 하나님과의 관계가 모든 관계의 근본이며, 결국 신앙도 관계이다.[1] 따라서 하나님과의 관계 회복과 신앙 회복은 동반한다. 또한 좋은 부모가 되는 것은 자녀와 관계를 잘 맺었다는 뜻이다. 그렇다면, 자녀와 좋은 관계를 맺으려면 어떻게 해야 할까? 간단하다. 관계의 기초이신 하나님과 좋은 관계를 맺으면 된다. 그런 점에서, 만약 하나님과의 관계가 어그러져 있다면 가족을 비롯한 다른 모든 인간관계도 점검해보아야 한다. 겉으론 관계가 좋아 보여도 내면은 그렇지 않을 가능성이 크다. 하나님과 사이가 안 좋으면 자기 자신을 사랑하지 못할 뿐 아니라, 타인을 신뢰하지 못하므로 모든 관계에 비상등이 켜진다.

♥ 가정이라는 울타리 혹은 함정

하나님과의 관계는 내가 어떤 가정에서 어떤 양육을 받으며 성장했는지에 따라 결정되기도 한다. 가족 안에서 사랑을 많이 받은 사람은 하나님을 믿을 때도 별 의심 없이 받아들이고 순종한다. 그러나 부모를 신뢰할 수 없었거나 성장 과정에서 부모에게 사랑을 받지 못했다고 여기는 사람은 하나님과의 관계도 건강하지 않을 확률이 높다.

모든 부모는 자기의 부모라는 한계를 벗어나기가 어렵다. 자신이 받은 통제적 양육이 싫어서 자기 자녀에게는 대부분 허용해주다가, 아이가 사춘기가 되었을 때 점점 불안해져서 갑자기 통제하는 부모가 있다. 너무 허용적이라서 방임으로 보일 만큼 자유롭게 양육하는 부모였는데, 자녀가 자라난 다음엔 숨도 못 쉴 정도로 자녀에게 집착하고 모든 일에 구획을 그어주어, 자녀에게 꼭 필요한 자율성조차 가지지 못하게 하는 것이다. 이렇게 자란 사람이 부모가 되면 자녀와의 관계를 또 그르치기 쉽다. 이런 악순환은 부모들이 하나님과의 관계부터 제대로 형성하지 못했기 때문에 일어난다.

하나님과의 관계가 바로 서 있지 않으면 세상의 잣대와 관점을 기준으로 자녀와 관계를 맺는다. 세상 기준에 따라 자녀를 양육한다. 그러다 보면 자녀의 재능과 은사에 따라 양육하기보다 부모 자신의 좌절된 욕구와 기대를 따라 양육할 가능성이 크다. 자녀가 어렸을 때는 방임하다가, 어느 정도 큰 다음부터는 통제하고 억압까지 하려는 까닭은 다른 데 있지 않다.

하나님은 그런 부모들에게 "마땅히 행할 길을 아이에게 가르치라 그리하면 늙어도 그것을 떠나지 아니하리라"(잠 22:6), "또 아비들아 너희 자녀를 노엽게 하지 말고 오직 주의 교훈과 훈계로 양육하라"(엡 6:4)라고 말씀하신다. 하나님의 기준을 제시하신 것이다. 그러므로 그리스도인의 자녀들은 세상의 자녀들과는 달라야 한다. 하나님이 제시하신 기준에 맞춰야 하는 것이다. 그러려면 부모가 먼저 하나님의 자녀로서 말씀에 순종해야 하고, 그런 모습을 자녀에게 보여주어야 한다. 부모는 축복을 계승하는 존재이기 때문이다. 하나님은 신명기 5장 10절에서 "나를 사랑하고 내 계명을 지키는 자에게는 천 대까지 은혜를 베푸느니라"라고 말씀하셨다. 하나님은 우리 부모들의 양육을 통해 하나님의 의와 구원이 다음 세대까지 영원히 이어지기를 간절히 바라고 계신다.

부모가 하나님의 말씀을 순종하고 따르는 모습을 보여주는 사람이 되려면 너무나 당연한 전제 조건이 있다. 먼저 하나님과 관계를 바르게 맺어야 한다는 것이다. 그런데 자녀는 부모의 양육태도를 벗어나기 힘들고, 부모라는 필터를 통해 하나님과 영향을 맺는다. 이 말은 부모의 바른 양육태도 아래서 자라지 못했다면 하나님과 관계를 맺는 것이 힘들어 자녀양육도 하나님의 관점으로 하기 힘들다는 말처럼 들린다. 반은 사실이고 반은 사실이 아니다. 내 부모의 양육태도는 이미 과거이므로 바꿀 수 없지만, 나의 양육태도는 현재이자 미래이므로 바꿀 수 있다. 내가 하나님과 사이가 좋아지면 된다.

♥ 관계를 맺으려면 상대를 잘 알아야 한다

관계를 바르게 맺는다는 것은 상대를 잘 알고 진실하게 대한다는 말이다. 그리고 관계가 좋다는 말이기도 하다. 사람은 사이가 좋지 않은 사람에게는 순종하지 않는다. 겉으로 순종하는 것 같아도 마음은 그렇지 않다. 어그러진 관계에서는 좋은 사귐이 있을 수 없다. 만약 부모가 하나님과 좋은 관계를 맺지 못했다면, 어그러진 관계를 제대로 회복하지 못하고 있다면, 그래서 부모 스스로 관계 맺음이 얼마나 중요한지 모르고 관계를 통해 배우는 하나님의 성품을 배우지 못한다면, 자녀들에게도 하나님과의 관계를 가르쳐줄 수 없고 하나님의 말씀을 소개할 수도 없다.

하나님과의 관계가 모든 관계의 기초이므로[2] 하나님과 사이좋은 부모가 되어야 자녀와도 사이가 좋을 수 있다. 하나님과 좋은 관계를 만들어가기 위해서는 날마다 질문해야 한다.

'나는 하나님과 개인적으로 얼마나 친한가? 하나님은 나에게 어떤 분이신가?'

관계를 맺으려면 상대를 잘 알아야 한다. 우리는 하나님의 속성을 알고서 하나님과 관계를 맺어야 엉뚱한 방향으로 가지 않고 하나님을 향해 올곧게 갈 수 있다. 그러나 안타깝게도 '하나님에 대하여'는 알지만 '하나님' 자체를 알지 못하는 사람이 많다. 그런 상태에서 하나님을 잘 안다고 생각한다면 사태는 더 심각해진다. 만약 하나님께 두려움과 죄책감을 근거로 순종하고 있다면, 그는 하나님과 깊은 관계를 맺지는 못한 것이다. 그런 사람은 하나님을 왜곡된 관점으로 보고 그 관점으로 관계를 맺었을 확률이 높다.

부모가 하나님과 관계를 잘못 맺으면 하나님의 말씀과 축복도 바르게 전달되지 않는다. 겉으로는 관계가 맺어졌다 해도 둘은 여전히 겉돌게 마련이다. 나 또한 그런 사람 중의 하나였다. 하나님은 하나님일 뿐, 내 기준과 내 힘으로 이 세상을 살아가려고 했다.

[5]너는 마음을 다하여 여호와를 신뢰하고 네 명철을 의지하지 말라 [6]너는 범사에 그를 인정하라 그리하면 네 길을 지도하시리라 _잠 3:5-6

하나님은 우리가 범사에 하나님을 인정하고 의지하기를 바라신다. 한마디로 사랑하는 아버지이고 싶으신 것이다. 그러나 나는 여전히 나를 의지하였고, 모든 것을 내가 하려고 했다. 사랑이신 아버지께 위탁하지 않고, 어그러진 관계를 개선할 생각도 없이 혼자서 동동거렸다. 그런 나에게 하나님은 하나님을 바라보라는 사인(sign)을 보내셨다. 하나님이 먼저여야 했기 때문이다. 그러나 나는 그러지 않았다.

남편이 떠났을 무렵, 돌잡이던 막내가 사흘 걸러 한 번씩 열이 40도 가까이 오르더니 폐렴에 걸렸다. 아이의 옷을 벗기고 알코올로 닦아 열을 내려주어야 할지, 아니면 항생제를 써야 할지 판단이 서지 않았다. 아이를 데리고 밤이고 새벽이고 병원을 드나들었다. 아이마저 죽을까 봐 두려웠던 것 같다. 남편이 그렇게 허망하게 떠났으니 제발 아이만은 살려달라고 기도하고 또 기도했다. 아이만 살려주신다면 다른 것은 다 포기할 수 있다고 생각했다. 그런데 나는 어리석게도, 아이가 아플 때는 기도하다가 나은 후에는 기도도 그 약속도 잊었다. 마치 이스라엘 백성들처럼.

아들이 여섯 살쯤 되었을 때, 더 이상 열이 오르내리는 일이 없어지자 긴장을 풀었다. 하나님과 소통하는 일에도 긴장을 풀어 버렸다. 그러던 어느 날, 아이는 텔레비전이 잘 안 보인다면서 텔레비전 코앞에서 화면을 보기 시작했다. 그것도 옆으로 째려보는 것이다. 급한 마음에 큰 병원에 갔는데, 선천성 사축난시에 약시가 의심된다고 했다. 병원에서는 군대 갈 염려는 없겠다면서, 초등학교 입학 전에 수술하라고 했다.

'하나님, 이 아이 좀 살려주세요. 이제는 아이에게 참모총장 같은 꿈은 바라지도 않을게요!'

나는 아이가 세상에서 성공하여 힘깨나 쓰는 사람이 되도록 키우고 싶었다. 내가 미처 이루지 못한 꿈, 남편을 참모총장으로 만드는 현모양처가 되겠다는 꿈을 아들에게 투영하고 있었던 것이다. 그제야 나는 아이에 대한 소유권을 내려놓았다.

"하나님, 이 아이는 제 아이 아닙니다. 하나님 아이입니다."

그렇게 고백하고 병원에서 들었던 이야기는 잊어버렸다. 아니, 이 아이를 하나님께 맡겼다. 2년이 지나고 아이가 입학할 때가 되어 다시 병원에 갔다. 그때 의사가 한 말은 기적이었다.

"교정시력 1.0으로 나옵니다."

하나님은 그렇게 자식을 내려놓는 것을 훈련시키며 부모인 내가 하나님을 전적으로 신뢰하게 하셨다. 성공도 재물도 모두 하나님께 있는데, 나는 하나님보다 나를 신뢰했고, 내 힘으로 성공하기를 바라며 애쓰고 있었다. 그런 내가 온전히 주님만 의지하기를 바라며 나를 훈련하신 것이다.

내가 아이를 내려놓고 모든 것을 하나님께 맡기겠다고 결심한 후, 하나님은 내 인생, 자녀양육, 먹고사는 문제를 비롯해 내 삶의 모든 것에서 주인이 되셨다.

²⁸수고하고 무거운 짐 진 자들아 다 내게로 오라 내가 너희를 쉬게 하리라 ²⁹ 나는 마음이 온유하고 겸손하니 나의 멍에를 메고 내게 배우라 그리하면 너희 마음이 쉼을 얻으리니 ³⁰이는 내 멍에는 쉽고 내 짐은 가벼움이라 하시니라_마 11:28-30

♥ 우리가 사랑받는다는 사실을 더 잘 알려면

나는 하나님이 어떤 분이신지 더 배워야 했다. 사랑은 하나님의 가장 기본이자 중심이 되는 속성이다. 이 관계를 분명히 하지 않으면 모든 관계가 와르르 무너질 수도 있다. 하나님은 자신의 사랑을 우리에게 확증하려고 자신의 아들을 세상에 보내셨고, 우리를 살리기 위해 그 아들을 죽음의 자리로 보내셨다. 하나님의 사랑은 그런 사랑이다. 그 사랑으로 우리를 자녀 삼으셨다.³

하나님이 세상을 이처럼 사랑하사 독생자를 주셨으니 이는 그를 믿는 자마다 멸망하지 않고 영생을 얻게 하려 하심이라_요 3:16

자비가 풍성한 하나님은 놀라운 사랑으로 우리를 자녀로 삼아주셨고, 우리는 입양된 자녀로서 누구에게도 빼앗기거나 사라지지 않는 상속권을 받았다.

그 기쁘신 뜻대로 우리를 예정하사 예수 그리스도로 말미암아 자기의 아들들
이 되게 하셨으니 _엡 1:5

우리를 자녀로 삼으셨을 뿐 아니라, 우리의 죄도 완전히 용서하
셨다.

우리는 그리스도 안에서 그의 은혜의 풍성함을 따라 그의 피로 말미암아 속
량 곧 죄 사함을 받았느니라 _엡 1:7

우리를 용서하고 자녀로 삼아주신 그 하나님은 졸지도 주무시지
도 않고 우리를 안전하게 지켜주신다. 그만큼 우리를 사랑하시는
것이다.

이스라엘을 지키시는 이는 졸지도 아니하시고 주무시지도 아니하시리로다
_시 121:4

하나님은 우리 각자의 삶마다 특별한 목적과 꿈을 가지고 계신
다. 그리고 그 길을 벗어날 때면 사랑으로 다독이고 눈물로 기다려
주신다.

엘리야는 갈멜산에서 큰 역사를 이루고도 이세벨의 한마디에 도
망쳤고 두려움과 절망에 빠졌다. 그가 로뎀나무 아래에서 생명을

거두어달라고 했을 때, 하나님은 엘리야에게 천사를 보내 회복시키셨다. 엘리야는 사십주 사십야를 달려 호렙으로 가서 세미한 음성 가운데 다시금 소명을 확인했다(왕상 19:1-6, 11-12). 하나님은 엘리야를 사랑하셔서 본래의 자리를 벗어난 그를 위로하고 격려하며 소명을 확인시키셨다. 우리가 자녀의 자리에서 벗어나도 하나님은 우리를 다시 부르시고 위로하시고, 그 자리가 우리의 것이라고 확신시키신다.

로마서 8장에서는 우리를 향한 하나님의 사랑은 세상의 그 어떤 위험이나 권세도 끊을 수 없다고 확언하였다.

35누가 우리를 그리스도의 사랑에서 끊으리요 환난이나 곤고나 박해나 기근이나 적신이나 위험이나 칼이랴 36기록된바 우리가 종일 주를 위하여 죽임을 당하게 되며 도살당할 양같이 여김을 받았나이다 함과 같으니라 37그러나 이 모든 일에 우리를 사랑하시는 이로 말미암아 우리가 넉넉히 이기느니라 38내가 확신하노니 사망이나 생명이나 천사들이나 권세자들이나 현재 일이나 장래 일이나 능력이나 39높음이나 깊음이나 다른 어떤 피조물이라도 우리를 우리 주 그리스도 예수 안에 있는 하나님의 사랑에서 끊을 수 없으리라

_롬 8:35-39

우리가 하나님으로부터 이렇듯 큰 사랑을 받는다는 사실도 하나님과 관계가 좋아야 알 수 있다. 하나님과 관계를 제대로 맺지 못한

사람은 그 사랑을 깨닫지 못한다. 짝사랑을 생각해보라. 아무리 간절히 사랑한다 해도 그 대상과 이어져 있지 않다면 그 사랑을 전달할 수 없고, 사랑받는다고 깨달을 수도 없다. 하나님의 사랑이 아무리 커도 하나님만의 짝사랑이라면 우리는 그 사랑을 알지 못하고 받지도 못한다.

사랑이신 하나님과 사이가 좋아야 하는 이유는 우리가 하나님과 사이가 좋아야 사랑을 깨달을 수 있고, 그 사랑을 받아야 사랑의 허기가 채워지기 때문이다. 그리고 사랑의 허기가 채워져야 비로소 좋은 엄마, 좋은 부모가 될 수 있다. 허기가 채워지지 않으면 온전한 부모, 아니 부모이기 전에 한 사람으로서의 몫을 해내지 못할 수도 있다.

사람들은 사랑의 허기를 채우려고 이곳저곳을 기웃거린다. 문제는 허기를 채우는 근원인 하나님은 뒤로하고 다른 데서 채우려고 한다는 것이다. 나 역시 내 힘으로 살아내며 세상에서 성공하려고 했다. 그게 결코 근원적 허기를 채울 수 없는 헛발질인 줄도 모르고 말이다. 많은 사람이 세상의 성공, 타인의 인정, 혹은 풍족한 물질이나 과도한 봉사, 이성, 각성 물질로 허기를 채우려고 하지만, 하나님께 채움 받지 못한다면 소용이 없다. 아무리 성공해도 마음 한편이 허전할 뿐이다.

❤ 사랑이신 하나님과 관계 맺는 법

이쯤이면 이렇게 말하는 사람도 있겠다.

"예예, 알겠어요. 사랑이신 하나님과 사이가 좋아야 한다는 말이 잖아요. 그게 얼마나 좋은지는 알겠는데, 그렇다면 도대체 그 관계라는 건 어떻게 맺어야 하나요?"

하나님과 사이가 좋아질 수 있는 유일한 방법은 내 인생을 예수님께 맡기는 것이다. 맡기려면 그분에게 붙어 있어야 한다. 내가 노력하고 애쓰고 수고하는 게 아니다. 나는 주님께 붙어 있으려 노력하는 것이고, 나머지는 주님이 하신다. 주님이 말씀하셨다.

나는 포도나무요 너희는 가지라 그가 내 안에, 내가 그 안에 거하면 사람이 열매를 많이 맺나니 나를 떠나서는 너희가 아무것도 할 수 없음이라 _요 15:5

주님은 십자가 죽음을 얼마 남겨두지 않은 시점에서 이 말씀을 하셨다. 만약 우리가 내일 죽는다면 어떤 말을 할까? 정말 하고 싶었던 말, 마음 깊이 담긴 말을 할 것이다. 주님도 마찬가지이다. 예정된 죽음이 멀지 않았다. 그렇기에 정말 중요한 이야기를 제자들이 이해하기 쉽게 비유를 들어 말씀해주셨다.

"나는 포도나무고, 너희는 가지다."

이게 헷갈리면 안 된다. 아무리 나에게 포도 열매가 달려도 우리는 가지일 뿐 포도나무가 아니다. 우리는 예수님께 붙어 있는 부모, 엄마, 아내, 성도, 자녀가 되어야 한다. 그러므로 우리가 좋은 부모가 되기 위해 가장 먼저 할 일은, 자녀교육이니 자녀양육이니 하는 여러 가지 기술을 다 내려놓고 주님께 붙어 있는 것이다.

가지가 생명을 유지하는 유일한 비결은 포도나무에 붙어 있는 것이다.[4] 생명의 근원, 사랑의 근원이신 주님께 연결되어 있으면, 주님이 나를 통해서 나 대신 사랑으로 부모가 되어주신다. 그리고 나를 사랑하신 그 사랑을 자녀들에게도 흘려주신다. 나 역시도 내가 가지임을 인정하고 포도나무에 붙어 있기 시작했을 때, 비로소 하나님의 사랑을 자녀들에게 흘려보내는 통로가 될 수 있었다.

아이를 향한 열심이 지나쳤던 나는 아이들을 잘 길러보려고 특별한 교육 방법을 찾아다녔다. 어느 것 하나 놓치기 싫었다. 성경적으로 잘 키우겠다는 욕심에 여름성경학교 강습회까지 갈 정도였다. 그러다가 주일학교 교사가 되었는데, 하나님의 나라를 위해서가 아니라 오로지 내 아이를 잘 키워보겠다는 일념에서 시작한 일이다.

아이 둘을 데리고 교회의 프로그램들을 찾아 돌아다니다가 주일학교가 낙후되어 있다는 생각이 들었다. 내가 어린 시절에 교회 다닐 때와 별로 달라진 점이 없었다. 마음속 깊은 곳에서 '내가 이것을 위해 공부해야 하는 것이 아닌가' 하는 생각이 들었다. 그러나 주님은 나에게, 마르다처럼 일하려고 하지 말고 마리아처럼 당신께 붙어 있으라고 하셨다. 내가 해야 할 일은 이제 예수님 말씀에 붙어 있는 것뿐이었다.

아이들에게 성경 말씀을 가르치기 전에 내가 먼저 은혜받는 것을 택했다. 큐티를 시작했고, 하나님의 말씀이 아침마다 우리 가정을 운행하시기를 기대했다. 새벽기도회를 다녀오거나 혼자서 기도할 때, 자녀들의 머리맡에서 기도하기 시작했다. 새로 배우기 시작한 성경 말씀은 꿀송이 같았다. 더 많이 알고 그 하나님의 사랑에 거하기 위해 나는 신대원에 진학했다. 그러면서 사랑의 하나님과 관계를 다시 정립하였고, 하나님의 형상도 회복해갔다.

이전의 나는 하나님 보시기에 좋은 모습이 아니었다. 일단 하나님과 바른 관계를 맺지 못했다. 하나님으로 차 있지 않으니 다른 것으로 채워 넣으려고 했다. 그러다 보니 아이들에게 내 욕심을 투영하여 다그치며 잘못된 모성을 발휘하였다. 그게 잘못인지도 모른 채 말이다. 아이들을 세상에 번듯한 모습으로 내놓으려고 내 힘과 노력을 다했는데, 그럴수록 아이들에게 더 문제가 생겼다. 힘으로, 내 수고로 치열하게 자녀를 양육했던 것은 수고하고 무거운 짐이었다.

결국 자녀 문제는 아이 문제가 아니라 부모 문제이다. 내 속에는 아이를 사랑하고 훈육할 수 있는 자원이 없었다.

♥ 부모에게 먼저 채워져야 할 것은

우리 마음속에는 사랑과 용납과 안정으로 채워야 하는 빈 그릇이 있다. 앞에서 말했던 것처럼 원초적인 허기이다. 많은 엄마가 옷이나 외모, 아파트 평수, 자녀의 명문 학교 진학 같은 것으로 채우려고 한다. 그러나 결코 그런 것으로는 채워지지 않는다. 빈 그릇은 하나님의 사랑으로만 채울 수 있다.[5]

엄마가 먼저 하나님의 사랑으로 채워져야 한다. 그래야 자녀를 양육할 때도 여유가 생긴다. 엄마가 그 허기를 스스로 채우려고 하면 할수록 불안과 강박이 동반되기도 한다. 그러나 사랑이신 하나님과 나뭇가지와 포도처럼 관계를 맺는다면, 모든 것을 하나님께 맡긴다면, 자녀를 다그치기보다 하나님께 맡기고 기다릴 수 있게 된다. 우리는 '완벽한'(perfect) 엄마가 되기보다 '이 정도면 충분한' (good enough) 엄마가 되어야 하고, 그렇게 되기를 작정해야 한다. 아빠도 마찬가지이다.

나의 허기가 하나님의 사랑으로 채워지면서, 아이들을 성공시키고 싶어서 조급했던 내가 변했다. 내 안이 예수님의 사랑으로 충만해져서 자녀들에게 더 이상 성과 내기를 강요하지 않게 되었다. 그동안은 자녀의 성과와 결과로 내 허기를 채우려 했던 것이다. 내가 채우지 않아도 채워지는 그 사랑이 나에게 여유를 주었고, 나는 그 여유를 힘입어 나 자신이 하나님의 언약으로 무장될 때까지, 또 우리 가정이 언약 공동체가 되기까지 기다릴 수 있었다.

부모의 마음속에 하나님의 사랑이 흘러넘치지 않으면 자녀들을 향해서 사랑이 흘러가지 못한다. 잔이 가득 찬 후에야 밖으로 흘러 넘치는 것과 같은 이치다. 부모에게 하나님의 사랑이 회복되지 않으면 부모가 자녀들에게 줄 사랑이 없다. 사랑의 근원은 하나님이 시기 때문이다. 남편과 아내가 되기 전에, 부모가 되기 전에, 먼저 우리 개인의 필요가 예수님을 통해 사랑으로 충족되어야 한다. 예수님은 그 필요들을 채워주실 수 있는 유일한 분이다.

내게는 모든 부모가 이 사실을 빨리 깨달으면 좋겠다는 소망이 있다. 빨리 깨달을수록 부모와 자녀가 더 행복해진다고 단언한다. 그러나 어릴 때부터 교회를 다녔더라도 부모가 그리스도인이 아니라면, 부모가 그리스도인이지만 인격적으로 하나님을 만나지 못했다면, 혹은 어른이 된 후에 그리스도인이 되었다면, 하나님과 인격적인 관계를 맺는 데 모델이 없으므로 시간이 더 걸린다.

부모와의 관계가 원만하지 못했거나 부모에게서 상처를 크게 받은 사람이라면, 그 시간이 더 걸릴 수도 있다. 어떤 남성은 교회에서 하나님을 아버지로 부르는 것에 거부감을 가지고 있었다. 왜냐하면 그의 아버지는 술에 취해 가정폭력을 행사하는 사람이었기 때문이다. 어떤 사람은 고집불통의 아내와 살면서, 그 아내가 고집을 부릴 때마다 돌아가신 아버지 생각이 나서 아내 얼굴도 보기 싫었다고 한다. 결국 자신이 가지고 있는 부모의 이미지가 부정적으로 투영

되는 것이다. 그런 상황에서 자녀가 부모님의 사랑을 느끼기는 어려울 수밖에 없다. 하나님의 사랑도 당연히 와닿지 않을 것이다.

♥ 지금부터 다시 시작하면 된다

부모가 된다는 것은 나 아닌 또 다른 인생을 빚어내고 영향을 미치는 과정이다. 자녀들은 부모를 닮는다. 어떤 사람은 자기가 태어나고 14개월 만에 아버지가 돌아가셨는데도 외모뿐 아니라 입맛, 말투, 삶에 대한 태도까지 아버지를 똑 닮았다. 어떤 엄마는 입양한 딸의 성격이 주도적이고 자기중심적인 남편과 닮았다고 힘들어한다. 어떤 할머니는 갓 태어난 손주에게서 30년 전 천국 간 남편의 모습이 보인다고 감격의 눈물을 흘린다. 이처럼 부모의 인생은 대부분 자녀의 인생에서 재현된다.

부모의 유전적인 요소뿐 아니라 행동, 습관, 삶의 태도까지 그대로 흘러가는 것을 볼 때, 우리의 인생은 자녀의 인생에서 완성될 거푸집이라는 생각이 든다. 좋은 사람이 좋은 엄마가 되고 좋은 아빠가 된다. 좋은 부부관계 속의 아내가 좋은 엄마이기도 하다. 결국 좋은 엄마 아빠가 되기 전에 먼저 좋은 사람이 되어야 한다.

이 책을 읽는 중에 '내 부모는 좋은 사람이 아니었는데, 그렇다면 나도 좋은 부모가 되지 못하는 걸까?', '나는 좋은 사람이 아닌데 부모가 되었으니 틀렸어'라고 생각하는 사람이 있을지도 모른다. 걱정하지 마시길 바란다. 그런 생각이 출발점이 된다. 나 역시 아버지가 부재한 어린 시절을 겪었고, 엄마는 우리를 양육하기에 성숙한 사람은 아니었다. 또한 나는 젊은 나이에 남편을 먼저 떠나보내고 아이들을 잘 키우려는 욕심에 아이들에게 상처를 주었다. 내가 겪어보았기에 확신을 가지고 이야기할 수 있다. 사랑이신 하나님과 관계를 맺는 것이 가장 먼저라고, 지금부터 시작하면 된다고 말이다. 사랑받고 싶지 않은 사람은 없다. 그것은 남자나 여자나, 아이나 어른이나 마찬가지이다. 하나님과 관계를 다시 맺어라. 사랑이신 하나님께서 당신을 창세 전부터 사랑하고 계셨음을 알게 될 것이다.

하나님과 관계를 맺기로 했다면, 그래서 하나님의 형상을 회복했다면, 이제 하나님의 사랑을 넘쳐나게 흘려보낼 차례이다. 어떻게 해야 하나님의 사랑을 흘려보내는 부모가 될 수 있을까? 부모가 먼저 하나님의 형상을 회복한 것처럼 먼저 하나님의 말씀을 먹어야 한다. 주님은 우리가 말씀으로 살기를 바라신다. 그리고 말씀으로 살아낸 우리 이야기가 다음 세대로 흘러가기를 바라신다. 부모가 자녀에게 전해줄 선물이 있다면 그것은 하나님의 말씀이다.

신대원에 진학한 후 나는 구약성경 한 장 읽고 한 시간 공부하고, 신약성경 한 장 읽고 한 시간 공부하는 방식으로 공부했다. 대학 졸업 후 한참 만에 시작하는 학업이라 어려웠다. 그렇지만 새로 시작한 공부가 사람을 살리는 공부이기를 바랐다. 공부하려고 성경을 읽는 것 같았지만, 사실은 성경을 읽기 위해 공부한 것이다. 그러면서 가훈도 '공부해서 남 주는 인생이 되자'로 바꾸었다. 말씀이 좋아질수록 하나님을 잘 알게 되면서 더 친밀해졌고, 하나님의 사랑을 통해 나도 사랑을 베풀 수 있는 사람이 되어갔다.

> [1]복 있는 사람은 악인들의 꾀를 따르지 아니하며 죄인들의 길에 서지 아니하며 오만한 자들의 자리에 앉지 아니하고 [2]오직 여호와의 율법을 즐거워하여 그의 율법을 주야로 묵상하는도다 _시 1:1-2

새벽기도회에 다녀오거나 큐티를 하며 그날 본문 중에서 중요한 구절 하나를 외웠다. 그러고는 온종일 그 말씀을 읊조리다가 잠자리에 들 때쯤, 그 말씀이 내 마음 가운데 이루어진 것을 경험했다. 내가 하나님의 사랑으로 가득 채워지는 것을 우선으로 생활하면서, 나는 그렇게 하나님의 사랑으로 충만해져갔다.

그런데 자녀가 부모와 사이가 나쁘면 부모가 아무리 좋은 것을 주려고 해도 자녀 쪽에서 거부하려 한다. 그러므로 언약의 통로로서 부모가 효과적으로 언약을 전달하기 위해서라도 우선 하나님의 형상으로서의 부모상을 회복해야 한다. 만약 내게서 하나님의 형상이 회복되지 않았다면, 즉 사랑이신 하나님과 관계를 제대로 맺지 못했고, 말씀을 먹으며 하루하루 살아가지 않았더라면, 자녀와 나빠진 관계를 방치한 채 내 욕심만 부렸을지도 모른다. 그러나 내가 하나님의 사랑으로 충만해졌을 때, 비로소 여유가 생겨서 자녀를 기다려줄 수 있었다.

♥ 아이들이 기도하는 부모의 등을 본다면

내가 사랑이신 하나님과 관계있는 사람이 되었다고 해서 한순간에 바뀌지 않는다. 방치되거나 나빠진 관계가 바뀌지도 않는다. 나에게서 하나님의 형상을 회복하고 나의 삶과 모든 것을 하나님께 드리며, 자녀와의 관계를 서서히 개선하는 것은 오직 기도와 말씀으로 가능하다.

아침마다 아이들을 위해 사랑으로 기도해야 그 사랑과 축복을 가지고 자녀들이 하루를 살아갈 수 있다. 아침의 기도로 온 가족의 둘레에 보호의 울타리를 쳐줄 수 있다. (이럴 일은 드물겠지만 만약) 아이들이 새벽에 부모의 방에 들어갔다가 어두운 데서 기도하고 있는 부모의 등을 보면 무엇을 느낄까?

> 주께서 그와 그의 집과 그의 모든 소유물을 울타리로 두르심 때문이 아니니이까 주께서 그의 손으로 하는 바를 복되게 하사 그의 소유물이 땅에 넘치게 하셨음이니이다 _욥 1:10

욥이 아침마다 자녀들을 위해 기도할 때 하나님이 울타리를 둘러 주셨다. 나 역시 이렇게 하나님이 쳐주신 사랑의 울타리에서 보호 받고 살아왔다.

사랑을 많이 받아서 사랑이 많은 사람이 사랑을 줄 수 있고, 사랑을 못 받아서 사랑이 없는 사람은 사랑을 줄 수 없다. 우리 자신의 필요가 채워지지 못하면 그것을 남에게 줄 수 없듯이, 사랑받은 엄마가 사랑을 줄 수 있고 사랑받지 못한 엄마는 사랑을 줄 수 없다. 하나님이 나에게 듬뿍 주신 사랑을 늦게야 깨닫고, 나는 비로소 사랑을 주는 엄마가 되었다.

남편이 떠났을 때 나에게는 네 살, 한 살이던 아이들이 이제 마흔한 살, 서른여덟 살이 되어 각각 가정을 이루었다. 그 아이들을 보면서 자녀양육이 얼마나 영광스러운 사역인지 다시금 감격하고 있다.

언젠가 딸이 준비하던 시험에서 2년째 실패한 적이 있다. 나는 그때 아이를 사랑으로 격려했다.

"하나님께서 이 세상에 있는 딸들을 줄 세우고 이 중에서 네 딸을 다시 선택하라 하면 나는 너를 선택할 거야. 왜냐하면 너는 내 딸이니까."

딸은 그날 밤 잠을 이루지 못했다고 했다. 한때 내가 일등을 강요하는 바람에 엄마의 눈도 제대로 쳐다보지 못하고 친구도 사귀지 못하던 아이였다. 아이에게도 그 기억은 선명했을 것이다. 그런 아이가 다음 날 아침 일찍 나를 깨우며 이렇게 고백했다.

"엄마의 그 말을 듣고 내 세포 하나하나가 살아났어요!"
나는 지금도 사랑의 하나님을 배우고 있다.

2장

거룩하신 하나님과
사이좋은 부모

자녀가 하나님과 친해진다

많은 부모가 자녀가 수험생이 되면 신앙생활을 잠시 쉬거나 부모와 함께 '대예배'만 드리고 공부에 매진하라고 한다. 나도 주일학교 전도사 시절에 그런 부모를 많이 만났다. 그러다 시험 기간이 되면 그 예배마저 학업 때문이라며 빠질 때가 많았다.

의사인 어느 부부의 이야기이다. 그 부부는 교회에서 매우 신실한 중직자였고 자녀들도 최선을 다해서 키웠다. 부부는 자녀들이 신앙도 좋고 세상에서도 성공한 사람이 되기를 바랐다. 그들의 아들은 공부를 잘할 뿐 아니라 신앙도 좋았다. 고등학교에 다니는 동안 성적이 좋았고, 하나님의 관점으로 공부하고 함께 기도하자는 기도 모임을 만들어 이끌기까지 했다. 엄마는 그런 아들이 자랑스러웠지만, 한편으로는 기도 모임에 시간을 많이 쓰는 것이 마음에 들지 않아서, 지금은 공부에 더 전념해야 한다고 설득했다. 아들은 엄마에게 승복하고 열심히 공부해서 의대에 진학했다.

그러나 의대 공부는 쉽지 않았다. 아들은 그럴수록 더 기도에 매진해보았지만 그것도 마음이 편하지 않았다. 공부보다 기도에 힘쓰는 것이 부모님을 속이는 것 같아서 죄송하다고 했다. 고등학교 때는 아무 생각 없이 부모님 말씀대로 대학만 들어가면 될 줄 알았다. 그런데 대학에 간 후에도 고등학교만큼, 어쩌면 그 이상으로 공부가 힘들었다. 이 과정만 지나면 된다는 부모님의 말씀에도 더는 고등학생 때처럼 순종하기가 힘들었다. 이 아들은 부모님에 대한 죄책감을 가지고 공부도 해내고 신앙생활도 해내려니, 이 둘이 충돌하는 이율배반에 빠져 점점 우울해졌다.

엄마는 그런 아들의 모습을 보고 초조해졌다. 그러나 아들을 다그치거나 고등학생 때처럼 무조건 공부하면 된다고 하지 않고 어디서부터 잘못되었는지 돌이키기 시작했다. 의대 6년에 인턴, 레지던트 코스를 거쳐 전문의가 되는 것보다 더 우선되어야 하는 것이 바로 하나님과의 관계 개선이다. 결국 아들은 힘겹지만, 세상에서 성공하는 데 힘쓰기보다 매일매일 하나님의 사람으로 거룩하게 서 있기를 선택했다. 그 아들이 의사가 되었는지 어떻게 되었는지는 중

요하지 않다. 이 가정은 성공을 최우선으로 하는 세상 속에서도 신
앙생활을 버리지 않으며, 거룩하게 구별되기를 바라시는 하나님 앞
에서 최선을 다하고 있다. 이것이 중요하다.

♥ 거룩은 구별되기다

　하나님은 우리가 세상과 거룩하게 구별되기를 바라신다. 구약성
경에서 '거룩'은 '카도쉬'인데 '따로 떼어놓다, 구별하다'라는 뜻을
가진 단어이다. 세상으로부터 따로 떼어 구별해놓았다는 말이다.
'성도'는 한문으로 聖徒인데, 거룩한 무리를 말한다. 한마디로 구별
된 사람의 무리라는 뜻이다. 그러므로 우리는 세상과 구별되어야
하고, 거룩한 하나님을 닮아가야 한다. 하나님은 우리에게 하나님
을 닮아 거룩하라고 명령하신다.

> [1]여호와께서 모세에게 말씀하여 이르시되 [2]너는 이스라엘 자손의 온 회중에
> 게 말하여 이르라 너희는 거룩하라 이는 나 여호와 너희 하나님이 거룩함이
> 니라 _레 19:1-2

> 너희가 내게 대하여 제사장 나라가 되며 거룩한 백성이 되리라 너는 이 말을
> 이스라엘 자손에게 전할지니라 _출 19:6

그들이 또 순금으로 거룩한 패를 만들고 도장을 새김같이 그 위에 '여호와께
성결'이라 새기고 _출 39:30

하나님은 제사장의 머리에 쓰는 관에다 '여호와의 성결'이라고
덧쓰라고 하셨다. 한 글자 한 글자를 굵은 글자로 쓰라고 할 정도로
거룩을 강조하고 또 강조하셨다. 그런데 이렇듯 거룩을 강조한 하
나님이 이스라엘 백성을 거룩하지 않은 땅으로 보내셨다.

이스라엘 백성이 광야에서 40년이나 헤매다가 도착한 가나안은
전혀 거룩하지 않았다. 오히려 심각하게 타락한 땅이었다. 가나안
의 문화는 물질적 풍요를 욕망하였고, 그들이 섬기던 종교도, 그들
이 섬기던 신도 음란했다. 거룩을 중요하게 생각하시고, 거룩하라
고 직접 명령까지 하신 하나님이 왜 그들을 음란한 가나안으로 인
도하셨을까? 약속하신 땅이라도 타락하지 않은 때를 골라서 보내
든지, 아니면 타락한 가나안의 문화와 종교를 모두 쓸어버린 다음
이스라엘을 그리로 보내든지 하시면 안 되었던 것일까?

하나님이 진짜 원하시는 것은 아무도 없는 곳에 가서 우리끼리만
거룩하게 사는 것이 아니다. 오히려 타락한 가나안 땅에서도 그들
과 구별되어 살기를 바라셨다.

37이스라엘 자손이 라암셋을 떠나서 숙곳에 이르니 유아 외에 보행하는 장정
이 육십만 가량이요 38수많은 잡족과 양과 소와 심히 많은 가축이 그들과 함

하나님의 은혜로 이스라엘이 애굽을 떠날 때부터 그 안에 수많은 잡족이 섞여 있었다. 그들은 자신들의 문화와 종교를 가진 채 이스라엘 백성과 똑같이 불기둥과 구름기둥을 따라갔고, 갈라진 홍해를 건너갔다. 이것은 이스라엘 백성을 타락한 가나안으로 보내신 것과 맥을 같이 한다. 만약 하나님께서 이스라엘을 성결하게 유지하겠다고 마음먹으셨다면 잡족은 광야의 여정에 동참하지 못했을 것이다. 하나님은 이스라엘이 광야에서, 거룩하지 않은 사람들 가운데서도 거룩을 지켜나가기를 바라셨다.

> 나는 너희의 하나님이 되려고 너희를 애굽 땅에서 인도하여 낸 여호와라 내가 거룩하니 너희도 거룩할지어다 _레 11:45

♥거룩은 잘라내기다

거룩을 뜻하는 '카도쉬'는 영어로 cut, 자른다는 의미도 있다. 거룩은 죄로부터 구별되는 것, 죄를 잘라내는 것을 의미한다. 레위기 전체는 우리가 하나님께 나아가는 제사를 가르치면서, 세상으로부터 구별되고 죄를 잘라내야 하나님께 나아갈 수 있다고 말씀한다.

하나님은 우리가 하나님의 거룩한 성품을 닮기를 바라신다. 하나님의 소원은 우리가 거룩하신 하나님을 닮아가는 것이다. 그러기 위해서 하나밖에 없는 외아들까지 내어주어 우리를 구별하시며 새로운 신분으로 바꿔주셨다. 하나님은 그만큼 우리가 하나님을 닮은 거룩한 아들이 되어 살기를 간절하게 원하신다.

그러나 거룩한 삶은 하루아침에 이루어지지 않는다. 매일 반복하여 습관이 되게 하고 삶으로 익혀 몸에 배게 해야 한다. 거룩한 삶은 하나님을 우선순위에 둘 때 가능하다. 하나님은 그 방법도 일러주셨다.

8여호와께서 아론에게 말씀하여 이르시되 9너와 네 자손들이 회막에 들어갈 때에는 포도주나 독주를 마시지 말라 그리하여 너희 죽음을 면하라 이는 너희 대대로 지킬 영영한 규례라 10그리하여야 너희가 거룩하고 속된 것을 분별하며 부정하고 정한 것을 분별하고 11또 나 여호와가 모세를 통하여 모든 규례를 이스라엘 자손에게 가르치리라 _레 10:8-11

아론은 하나님께서 제사장으로 선택하셨다. 그 자녀들도 제사장의 자녀들로서 하나님을 섬기는 일을 하도록 부르심 받았다. 그들은 땅을 분깃으로 받지도 않고 오직 하나님만 의지하고 살라는 명령을 받았다. 그러므로 제사장들은 일반 백성들과 다른 삶을 살아야 했다. 하나님께로 구별되어야 하나님께 쓰임 받을 수 있기 때문이다. 그들은 거룩하지 않으면 죽임을 당해도 할 말이 없었다.

여기까지만 보면 거룩하지 않으면 큰일을 당할 것 같은 불안감이 든다. 나더러, 우리더러 거룩하냐고 물으면 "그럼요. 저는 거룩합니다. 구별되었습니다. 죄가 없습니다"라고 대답할 수 있는가? 아니, 그렇게 대답할 수 있는 사람이 있기는 할까? 애초에 에덴동산에 거하던 아담과 하와도 거룩함을 잃어서 낙원에서 쫓겨났다.

성경에도 죄와 허물이 가득한 사람들이 등장한다. 위대한 왕 다윗이나 믿음의 조상 아브라함 같은 신앙의 위인들도 허물과 죄가 많았다. 사도 바울은 '나는 죄인 중에 괴수다'라고까지 말했다.

성경 시대 이후에도 타락했던 신앙 위인은 많다. 신앙의 교부 어거스틴은 젊은 시절에 죄 가운데 지냈다. 음란에 음란을 거듭했고 우상에 빠진 적도 있다. 그런데 성경은 그들을 죄인이라고 기록했지만, 동시에 하나님께서 그들을 거룩하다고 하신 것도 기록되어 있다. 이유는 간단하다. 그들도 비록 죄를 지었지만, 죄를 끊고(cut) 돌아서서 하나님께로 돌이켰기 때문에 하나님께서 그들을 거룩하다고 구별하신(different) 것이다.

거룩은 죄에서 돌이키는 능력이다. 죄에서 돌이키고 하나님께서 거룩하다 하실 때, 우리는 거룩하신 하나님과 비로소 관계를 맺을 수 있다.

그러나 너희는 택하신 족속이요 왕 같은 제사장들이요 거룩한 나라요 그의 소유가 된 백성이니 이는 너희를 어두운 데서 불러내어 그의 기이한 빛에 들어가게 하신 이의 아름다운 덕을 선포하게 하려 하심이라 _벧전 2:9

♥하나님과 사이좋아지기 위한 필수 요소

우리가 죄의 길에서 돌이킬 때, 죄를 잘라낼 때, 구원받은 우리는 신분이 변화되어 왕 같은 제사장으로서 하나님과 관계를 맺을 수 있다. 하나님은 타락한 세상 속에서 우리를 죄인의 상태에 머물러 있게 하지 않으시고, 거룩하신 하나님의 형상을 닮아가도록 준비시키고 훈련시키신다.

하나님이 우리를 왕 같은 제사장으로 부르셨다는 말은 예수 그리스도의 형제로, 그와 동등한 신분으로 우리를 부르셨다는 뜻이다. 주님께서 우리에게 왕권을 가진 제사장으로 살 것을 분부하신 것이다. 그러므로 내가 얼마나 영광스러운 존재인지, 내가 어떤 신분의 사람인지 그 가치를 알아야 한다.

거룩은 우리가 거룩하신 하나님과 사이좋아지기 위한 필수 요소이며 동시에 악한 세상에서 살아가고 도전하고 승리하는 능력이 된다. 앞서 출애굽한 이스라엘 백성 이야기를 했다. 이스라엘에 거룩을 명령하셨던 하나님은 지금 우리에게도 동일하게 요구하신다. 세상에서 살면서도 세상과 구별되게 살라고, 그들과 구별된 거룩을 구현해내라고 하신다. 우리 주님은 우리가 따로 독야청청하기를 바라지 않으신다.

지금 우리는, 교회는 과연 구별된 삶을 살고 있는가? 세상 사람들이 교회를 보며 느끼는 감정은 걱정 혹은 분노이다. 교회가 왜 자기들과 똑같으냐고, 달라야 하는 것 아니냐고 한다. 세상은 자신들이 못 해도 우리 그리스도인들은 할 수 있기를, 자신들과 구별되고 거룩하기를 바란다.

특별히 우리 자녀들이 그들과 다르기를 바란다면, 다르게 기르고 교육해야 한다. 세상과 다르게 자녀교육을 하고 양육해야 한다. 심지어 세상도 기독교인 부모에게 그것을 바란다. 그런데 내가 겪어보니 세상에서 제일 어렵고도 중요한 일이 자녀양육인 것 같다. 어리면 어린 대로, 사춘기면 사춘기인 대로, 장성하면 장성한 대로, 그때마다 문제와 새로운 어려움에 봉착한다.

성인이 되어 결혼하고 자녀를 두었다면, 그 후부터 세상을 떠나기까지 부모라는 이름으로 살게 된다. 그런데 부모라는 이름이 붙었더라도 다 같은 부모는 아니다. 언론에는 자녀를 학대해서 죽음에 이르게 한 부모가 등장하는가 하면, 자녀를 잘 키웠다고 칭찬받는 부모도 소개된다. 사람들은 누군가가 세상에서 월등하거나 성공하면 그 부모까지 칭찬하는 것이다.

세상은 그리스도인에게 다르기를 기대하는 것처럼, 그리스도인 부모 또한 다를 것이라고 기대한다. 그래서 자녀를 학대하여 뉴스에 나오는 부모가 만약 그리스도인이라면 사람들은 더 크게, 더 많이, 더 호되게 질책하고 손가락질한다. '너희는 달라야지'라는 무의식적 기대가 드러나는 행동이다.

게리 토마스는 《거룩이 능력이다》에서 "거룩함은 회복의 승리다"[6]라고 했다. 우리도 주님이 보고 듣고 생각하시는 것처럼 보고 듣고 느낄 수 있도록 성령께서 우리를 변화시켜주시기를 기도해야 한다. 우리가 거룩하면 하나님은 우리를 통하여 세상에 영향을 미치는 동인(動因)이 되신다. 나는 이 진리의 가르침 덕분에 어디를 가든 그리스도의 대변자가 되는 것을 내 인생의 사명으로 삼았다.

우리가 성화된다는 것은 하나님을 섬기기 위해 구별된다는 뜻이다. 즉, 거룩해지면 하나님을 섬기기에 유용해진다. 하나님께서 우리를 통해 하나님의 뜻을 이루시고 하나님을 영화롭게 하시기 때문에, 우리는 거룩해져야 한다.

거룩은 단순히 하지 말아야 할 것을 하지 않는 것을 뛰어넘어, 주님 때문에 해야 할 것을 적극적으로 하는 존재가 되는 것이다. 우리가 자녀를 거룩한 사람이 되도록 양육할 때, 죄를 짓지 않고 악하고 음란한 것을 끊어내는 것은 중요하다. 그러나 그 위에 덧붙여, 다른 사람의 필요를 알아채고 하나님의 임재를 나누는 데 쓰임 받는 것도 외면해서는 안 된다. 내가 왜 거룩해져야 하는지, 왜 자녀를 거룩한 자녀로 키우려는지, 그 목적을 착각하면 안 된다.

♥ 자신을 어떻게 드리는 게 '거룩'일까?

나는 아이들을 잘 키워서 세상과 교회에서 인정받고 싶었다. 내 아이들이 세상에서 성공한 사람이 되게 하고 싶었다. 엄마와 아빠 둘이 키우는 것 이상으로 잘 키우고 싶었지만, 아이에게 양육자는 나밖에 없었다. 그래서 여기저기로 아이를 잘 키우는 방법을 찾아 배우러 돌아다녔다. 그 방법을 어디서 어떻게 알 수 있는지 몰라서 백화점 문화센터건 YMCA건 학원이건 닥치는 대로 찾아다녔다. 얼마나 열심이었는지 "이 아이들이 대학만 들어가면 나는 죽을 거다. 이 아이들을 내가 어떻게 키우나 봐라"라고 말하고 다닐 정도였다.

나는 머리로는 세상을 이기는 거룩한 자녀로 키운다고 생각했다. 그러나 가슴은 그렇지 않았다. 나를 혼자로 만든 세상에 화가 나서 세상을 이기고 싶었다. 그런 마음 때문에 아이가 공부를 잘해서 좋은 학교 들어가고 세상의 스펙도 쌓아서 누구에게도 흠 잡히지 않는 사람이 되도록 키우고 있었다. 이성적으로 추구하는 것과 가슴에서 원하는 것이 다르니, 실제로 아이들을 어떻게 대해야 할지 몰라서 힘들었다. 그럴 때마다 나는 하나님을 원망했다. "하나님 저에게 왜 이러세요?" 하고 부르짖기를 10년쯤 했다.

하나님이 남편을 데려가셨기 때문에 나 혼자서 아이를 키우게 되었으니 하나님이 잘되게 해주셔야 한다고, 누구보다 잘해서 경쟁에서 이겨야 한다고 소리쳤다. 힘든 일이 생기면 나에게는 이런 시련

1부 | 관계의 '기초'와 사이좋은 부모 되기

을 주시면 안 되는 거 아니냐고 하나님한테 화를 냈다.

시간이 많이 흐른 뒤에, 하나님께서 "너는 왜 안 되는데?"라고 물어보시는 것 같았다. 혼탁한 세상 가운데서 공부보다 스펙보다 능력보다, 하나님을 우선으로 여기는 자녀교육을 너는 왜 못 하느냐고 단호하게 따지시는 것 같았다. 내가 혼자라서 그 일을 못 한다는 것은 변명이었다. "너니까 이렇게 했다"라고 하시는 것 같았다. 세상에서 성공한 자녀로 키우겠다는 욕심을 내려놓고 '네 하나님, 저는 주님의 종입니다. 어떻게든 주님 뜻대로 하세요'라고 고백하기까지 10년이 걸렸다. 주님이 인도하시는 대로 따라가기로 했다.

"네 아이들이 힘드니? 너라서 그 아이를 맡겼어. 아버지 없이 자라야 하는 아이를 너에게 맡긴다. 그러니 세상 가운데 하나님을 위하여 유용하게 구별된 아이, 세상을 이기는 아이로 키워주렴. 이 아이들이 너무 소중해서 너한테 맡긴 거야."

2007년 2월 분당의 샘물교회에서 전도사로 사역하던 때였다. 그 무렵엔 매년 500여 명쯤이 새롭게 '전입'해오고 있었다. 그중에서 처음 예수 믿게 된 사람은 별로 없었다. 한마디로 다른 교회에서 옮겨왔다는 말이다. 나는 2005년부터 2년 정도 기존의 구역 조직을 '가정교회'로 전환하는 사역을 준비하면서, 되도록 기존 교인의 수평 이동(전입)을 막고 있었다. 당시 샘물교회가 가정교회를 하려는 목적 자체가 지역의 새 신자를 대상으로 전도하겠다는 것이었고, 물량적으로나 혹은 세상 기준으로 성공했다고 하는 교회와도 구별되어야 한다고 생각했기 때문이다. 그것이 거룩하신 하나님의 뜻이라고 믿었다.

그런 결정을 한 그해 여름, 아프가니스탄 피랍 사건이 터졌다.

"하나님, 저희가 하나님의 뜻대로 살고자 했는데, 왜 이런 일이 생겼어요?"

부르짖었다. 한 사람이 죽고, 또 한 사람이 죽자, 교회에 몰려든 부모들은 이성을 잃었다. 이번엔 내 아이 차례일지도 모른다며 두려워 떨었다. 어떻게든 이 아이들을 살려내야 하므로, 나는 한시도 텔레비전에서 눈을 떼지 못했다. '우는 자들과 함께' 울었다. 42일 동안 그들과 함께했고, 그들의 두려움에 동참했다. 역청 바른 광주리를 통해 모세를 건져내셨듯이, 그들을 살려내달라고 부르짖었다.

8월 15일, 두 명이 살아 돌아왔다. 그것도 처음에 결정된 사람이 아닌 다른 사람이 대신 돌아오는 것을 보면서 부모들의 마음이 하나님을 향하기 시작했다.

"우리는 아직 예수님을 잘 모르겠어요. 그러나 전도사님은 우리와 함께 계실 거죠?"

매일 이슬람 국가의 대사관을 찾으며, 정치적 이유도 경제적 이유도 아닌 부모의 마음으로 빨간 장미를 들고서, 피랍된 사람들을 살려달라고 호소했다. 그렇게 우리는 우리 자녀들을 살려냈다.

아프간 피랍 사건이 끝나고 예수를 모르던 부모 아홉 명이 세례를 받았다. 생명은 생명을 낳고, 생명으로 돌아온다는 것을 다시 깨닫는 시간이었다. 우리 모두는 자녀 두 명이 죽고 부모 아홉 명이 살아나는 것을 보고 통곡했다.

아프간 피랍 사태가 해결된 후의 나는 더는 이전의 내가 아니었다. 하나님의 소명을 이루려는 곳이라면 어디든 나를 사용하시라고, 어디든 괜찮다고 나를 내어드릴 수 있게 되었다. 때마침 군에서 제대한 아들은 그 길로 신대원에 진학했다. 아들은 원래 방송국에서 문화 사역을 하고 싶어했다. 하나님이 특별히 목회자로 부르시면 가겠지만, 세상에서 먼저 해보고 싶은 일들이 많던 아이였다. 그러나 아프간 피랍 사건은 아들에게도 자신을 하나님께 어떻게 드리는 것이 거룩한 것인지를 판가름하는 계기가 되었다.

♥ 안전하지 않은 세상에서 거룩한 자녀로 양육하기

훌륭한 어머니, 아내, 성도는 하나님의 말씀과 지속해서 어떻게 관계를 맺고 있느냐로 구별된다. 자녀를 키우는 방법을 아무리 열심히 익힌다 해도 그것은 그 순간 잠깐 등장했다가 사라지지만, 말씀의 원리 위에 우리를 세우는 것은 평생 그리고 진정으로 부모를 돕는 힘이 된다.

하나님은 교회라는 인큐베이터에서 거룩한 하나님의 사람들을 키워내고 계신다. 교회가 그 역할을 감당하기 위해 주일학교에 힘을 쏟는 일도 필요하지만, 그보다 어머니를 돕는 데 더 많이 힘써야 한다. 어머니들을 통해서 자녀들이 거룩한 그리스도인으로 자라게 해야 한다. 그리고 어머니들도 자녀가 세상에서 잘되기를 바라는 태도에서 한 걸음 더 나아가, 자녀들이 세상 속에서 거룩한 하나님의 자녀가 되도록 양육해야 한다. 그러기 위해 어머니들과 거룩하신 하나님과의 관계 회복이 절실하다.

이 시대에는 거룩한 하나님과 더욱 단단한 관계를 구축해야 한다. 유라굴로 광풍을 만나도 흔들리지 않는 담대한 믿음의 자녀, 어떤 장벽 같은 문제를 만나도 마음에 요동함 없는 자녀, 좌절하지 않는 평안함을 가진 자녀는 저절로 만들어지지 않는다.

남편을 천국 보내고 혼자 남아 두려웠던 나는 자녀를 안전하게 키우겠다는 마음으로 교회 안으로 들어왔다. 그러나 세상을 피해 안전한 곳에 들어가 사는 것보다, 오히려 안전하지 않은 세상에서 거룩을 구현하며 살아야 한다는 것을 배웠다.

내가 그렇게도 원하던 박사가 되고 신대원의 교수가 된 후, 소원을 이루었는데도 '이 길이 내 인생의 목표였나?' 하고 자꾸 질문하지 않을 수 없었다. 하나님께서 '네가 원하는 하나만 선택하라고 한다면 무엇을 선택할래?'라고 물으시는 것 같았다. 나는 학자와 목회자 사이에서 고민하다가 목회자로 남겠다고 고백했다. 아프간 사건을 통해 생명 하나라도 얻으려고 통곡했던 시간들을 떠올렸다.

나는 평생을 교회에서 상담 사역자로 살았다. 상담실에서 만난

이들은 자신들의 연약함을 통해서 오히려 예수를 만나기를 원했다. 상담이란 모호한 현실을 견디는 힘을 길러주는 것이라고 믿으며, 때로는 강하고 엄했지만 애끓는 마음으로 그들과 함께했다. 그렇게 어머니이자 교회의 사역자로 살면서, 거룩을 구현하는 사람을 키워내는 양육은 내가 할 수 없음을 깨달았다. 결국 주님께 의탁하는 기도에 전념하는 것이 거룩의 능력이었다.

♥용기있게 맞서라고 조언하라

존 웨슬리의 어머니 수산나 웨슬리는 아이를 열아홉 명 낳았는데, 그중 아홉 명이 죽었다. 자라서 어른이 된 열 명 중에서 두 명은 영국과 미국에서 놀라운 일을 하며 큰 영향을 끼쳤다. 그 둘은 바로 감리교 창시자인 존 웨슬리와 '천부여 의지 없어서', '나 맡은 본분은' 등의 찬송가를 작사한 찰스 웨슬리이다.

수산나 웨슬리는 아이들이 글을 배우기 시작할 때, 제일 먼저 성경을 읽도록 가르쳤다. 다른 것을 읽기 전에 창세기 1장 1절부터 읽도록 했다. 아이들이 제일 먼저 배우는 글자는 '태초에', 즉 '브레쉬트'였다. 아침 9시부터 오후 5시까지 열 명의 자녀에게 날마다 성경을 가르쳤다. 그런데 정작 수산나 자신은 집안일을 해야 하고 자녀까지 많았으니 말씀을 가까이하고 기도하기가 쉽지 않았다. 오히려 그럴수록 허리에 두르고 있던 커다란 앞치마를 머리에 뒤집어쓰고 하나님과 독대하곤 했다. 어디서든지 기도 시간이 되면 앞치마를 뒤집어쓰고, 무릎을 꿇고서 자녀들을 위해 기도했다. 식구들은 그녀가 기도하는 데 한 시간이 걸린다는 것을 알고 있었다.

수산나는 많은 자녀를 양육하면서 하나님을 우선하여 거룩하게 구별해서 섬기는 거룩한 어머니였다. 존 웨슬리와 찰스 웨슬리가 기독교 역사에서 큰 발자취를 남기는 사람이 된 것은 거룩한 어머니 수산나의 양육이 있었기에 가능했다.[7]

내 딸아이가 대학 생활에서 가장 많이 부딪친 것은 술 문화였다. 신입생 환영회, 축제, 연주회 등, 학과 일이든 학과 밖의 일이든 준비할 때도 마칠 때도 술이 함께했다. 딸은 초등학교, 중학교, 고등학교 12년 내내 개근하고 대학에 갔을 만큼 성실했는데, 대학교에 입학하여 1년 다니고 나서는 학업을 이어가는 일을 두고 심각하게 고민하기 시작했다. 그리스도인 신분으로 술을 마시면서 대학을 다니기 곤란하다는 것이었다.

나는 용기 있게 맞서라고 조언했다. 학교를 그만둬도 된다고 했다. 술을 마시지 않는다고 하면 손가락질을 받을 수 있고 따돌림당할 수도 있다. 그러나 이런 두려움을 극복하지 못하면 지는 것이다. 술을 마시지 않는 것에는 용기가 필요하다. 스무 살에 용기 있게 맞서는 것은 인생 전체를 통해 중요한 경험이 될 것이라고 격려했다. 결국 딸은 휴학했다. 학교에 안 가는 1년 동안 열심히 영어학원에 다녔고, 그 선택은 두고두고 본인에게 격려가 되었다.

술을 마시지 않겠다는 선언은 어쩌면 매우 작은 일인지도 모른다. 그러나 작은 일부터 타협하지 말아야 한다. 그 작은 일이 거룩을 향하는 디딤돌이 된다.

거룩은 세상과 구별되는 것이다. 하나님은 거룩한 하나님이며 우리에게 거룩하라 말씀하셨다. 거룩한 하나님과 관계를 맺으려면, 그래서 자녀를 거룩한 사람으로 키우고 싶다면, 부모가 먼저 반드시 거룩의 길을 선택하고 그 길을 걸어가야 한다. 그리고 그 길을 가르쳐야 한다. 그리하면 그 자녀는 어느 날 세상을 이기는 거룩한 그리스도의 군사로 세상에 우뚝 서게 될 것이다.

주권자이신 하나님과 사이좋은 부모

하나님 자녀로 키워진다

하나님은 세상을 만드신 창조자이시고 만물을 다스리시는 통치자이시다. 인간은 하나님의 은혜와 긍휼이 없으면 살 수 없는 피조물이다. 창조자와 피조물 사이에는 도저히 표현할 수 없을 만큼의 거리가 있다. 따라서 지음을 받은 존재가 지은 자에게 자신을 왜 이렇게 만들었느냐고 말할 수는 없다. 그것은 오직 만드는 자의 주권이다. 귀히 쓸 그릇과 천히 쓸 그릇을 선택하는 것은 토기장이의 권리이지, 그릇이 요청할 수는 없다.[8] 피조물은 창조주의 주권에 대해 따지고 논할 자격이 없다. 오직 그의 처분에 따를 뿐이다. 그런데 인간은 창조자이신 하나님의 뜻에 반항하는 죄를 지었다.

하나님은 하나님의 창조물에게 절대주권을 행사하신다. 진노를 내리겠다고 작정하실 수도 있고, 긍휼을 내리겠다고 작정하실 수도 있다. 하나님이 내버려두기로 작정하시면 진노의 그릇이 되고, 불쌍히 여겨 택하신다면 그 사람은 긍휼의 그릇이 된다. 이것은 전적으로 하나님의 영역이다. 그러므로 죄인된 인간은 하나님의 주권적 선택 앞에서 겸손해야 하며, 우리를 지으신 하나님의 뜻을 드러내는 삶을 살아야 한다. 하나님의 놀라운 선택의 은혜를 생각하면 이방인인 우리로서는 만 입이 있어도 할 말이 없다.

♥ 하나님이시니까, 그렇게 하고 싶으셔서

로마서 9장을 보면 하나님께서 사람들을 자기 마음대로 사랑하기도 하시고 미워하기도 하신다고 했다. 사랑하신 자는 구원을 얻도록 선택하셨지만, 미워하신 자는 구원을 얻지 못하도록 버리셨다는 것이다. 하나님이 무슨 기준과 근거로 그렇게 하셨을까? 성경은 아무 근거 없이 단지 하나님께서 그렇게 하고 싶어서 그랬다고 말씀한다.

이 말씀이 나의 이성으로는 이해되지 않았다. 뭔가 따지고 싶은 생각이 울컥하고 치밀어 오르는 구절이다. 구원받지 못했다면 그것은 누구 탓인가? 하나님이 사랑하고 선택하였으면 구원받았을 텐데, 왜 그대로 내버려 두셨는가? 하나님이 내버려 두어 그렇게 되었는데, 왜 구원을 못 받게 하시고 벌하시는가? 사람을 가지고 노는 것인가? 마음속에서 수많은 반론이 피어났다. 그런데 바울은 이렇게 항의할 자격이 우리에게 없다고 말한다.

> ¹⁹혹 네가 내게 말하기를 그러면 하나님이 어찌하여 허물하시느냐 누가 그 뜻을 대적하느냐 하리니 ²⁰이 사람아 네가 누구이기에 감히 하나님께 반문하느냐 지음을 받은 물건이 지은 자에게 어찌 나를 이같이 만들었느냐 말하겠느냐 ²¹토기장이가 진흙 한 덩이로 하나는 귀히 쓸 그릇을, 하나는 천히 쓸 그릇을 만들 권한이 없느냐 ²²만일 하나님이 그의 진노를 보이시고 그의 능력을 알게 하고자 하사 멸하기로 준비된 진노의 그릇을 오래 참으심으로 관용하시고 ²³또한 영광 받기로 예비하신바 긍휼의 그릇에 대하여 그 영광의 풍성함을 알게 하고자 하셨을지라도 무슨 말을 하리요 ²⁴이 그릇은 우리니 곧 유대인 중에서뿐 아니라 이방인 중에서도 부르신 자니라 _롬 9:19-24

한마디로 "너 입조심해라. 지금 너 자신이 누구인지를 잘 몰라서 그렇게 말하는 것이다. 진흙을 빚어서 질그릇을 만드는 토기장이를 생각해봐라. 자기 마음대로 하지 않느냐? 토기장이는 왕이 먹을 음식을 담을 그릇을 만들기도 하지만, 요강 단지를 만들기도 한다. 요강이 된 진흙이 왜 나를 이렇게 만들었느냐고 대들 수가 있느냐? 절대 그럴 수 없다. 너는 하나님 앞에서 진흙이요 질그릇이다. 하나님께 주권이 있으므로 그것을 놓고 이렇다 저렇다 따질 권리가 너에게는 없다. 하나님이 좋아서 하시는 일을 두고 불공평하다느니 억울하다느니 따지는 것은 있을 수 없는 일이다. 만약 하나님이 누구신 줄 안다면 그렇게 건방을 떨 수 없다"라는 말이다.

♥지금 내 처지가 마음에 안 들 때

그런데 잘 살펴보면 진흙이고 토기인 우리는, 주로 고통스러운 환경 가운데 처하거나 낮은 자리로 굴러떨어졌을 때, 즉 귀한 자리에서 쓰는 그릇이 아니라 아무 데나 막 쓰는 그릇이라는 생각이 들 때 토기장이인 하나님께 반문한다. "왜 접니까? 왜 하필 이런 방법으로 저를 다루십니까?" 하고 울부짖고 항변한다. 한마디로 지금 내 처지가 마음에 들지 않는다고 하나님께 따지는 것이다.

> 질그릇 조각 중 한 조각 같은 자가 자기를 지으신 이와 더불어 다툴진대 화 있을진저 진흙이 토기장이에게 너는 무엇을 만드느냐 또는 네가 만든 것이 그는 손이 없다 말할 수 있겠느냐 _사 45:9

그러나 여호와여, 이제 주는 우리 아버지시니이다 우리는 진흙이요 주는 토기장이시니 우리는 다 주의 손으로 지으신 것이니이다 _사 64:8

여호와의 말씀이니라 이스라엘 족속아 이 토기장이가 하는 것 같이 내가 능히 너희에게 행하지 못하겠느냐 이스라엘 족속아 진흙이 토기장이의 손에 있음 같이 너희가 내 손에 있느니라 _렘 18:6

토기장이 이야기는 여호와께서 당신의 불충한 백성 이스라엘을 다루시는 방법을 나타내는 일종의 비유이다. 이스라엘은 토기장이신 하나님의 손안에 든 진흙인데, 이 진흙이 잘못 빚어진 것으로 판명되었으니, 이제 하나님이 이것을 깨뜨려 부수고 당신의 구상에 맞추어 새로 빚을 것이라는 의미이다.

예레미야서의 이 말씀은 이스라엘이 타국의 지배 아래에 있고 유약한 여호야긴이 왕이었던 기원전 600년경에 기록된 것이다. 400년 전에 사울과 다윗이 세웠던 왕국은 이 말씀을 받고 얼마 못 가서 완전히 멸망하고 만다. 당시 이스라엘은 이미 독립국이 아니었다. 게다가 이스라엘 역사를 통틀어 가장 끔찍한 민족적 비극인 바벨론 유배가 목전에 다가오고 있었다. 이런 상황에서 예레미야에게 내린 여호와의 말씀이다.

우리 각자도 하나님 손안에 든 진흙이다. 진흙은 스스로 제 모양을 빚어낼 수 없다. 자기가 어떤 그릇이 될지조차 알지 못한다. 아는 이는 오직 토기장이뿐이다. 한마디로 우리 역시 전적으로 하나님의 주권에 달렸다는 말이다. 그러므로 우리는 어떤 그릇으로 사용될지 결정할 수 없고, 오직 주님이 빚으시는 대로 순종해야 한다.

어떤 그릇이든 다 가치가 있다. 다만 우리는 깨끗해서 주인이 선한 일에 쓰기에 준비되어 있어야 한다. 그래서 주인의 권리에 따라 쓰임에 유용해야 한다. 주인의 쓰임에 합당한 그릇이 되는 것이 바로 우리의 비전이다.

주님께서 쓰시는 그릇이 되기 위해서 먼저 우리 자신을 그분의 손에 맡겨야 한다. 우리가 주님의 얼굴을 구하고 그분의 임재를 체험하고 그분을 따르기를 갈망할 때, 하나님은 우리 인생을 주도적으로 사용하여 하나님의 사랑을 전하는 그릇이 되게 하신다. 내 삶의 지나간 여정들을 돌이켜 보아도, 당시에는 하나님께 불평했으나 훗날에는 이때를 위함이 아닌가 싶을 때가 많았다.

우리는 이 땅에서 하나님의 그릇으로 쓰임을 다한 후에 하나님나라에 간다. 마지막 그때가 오기까지 우리는 자녀들에게 어떤 모습으로 기억될까? 이것은 상당히 중요한 말이다. 자녀들은 부모가 평생을 하나님 앞에서 어떻게 살았는지, 그릇으로서의 역할에 충실했는지를 기억한다. 귀하게 쓰인 그릇과 천하게 쓰인 그릇으로 구분하는 게 아니라, 하나님께서 쓰시고자 하는 그릇으로서 최선을 다해 사명을 감당했는지가 자녀들에게 기억되고, 자녀들은 그것을 보고 부모와 같은 신앙의 수준으로 살아간다.

♥ 주권을 인정하지 않는데 주님과 사이좋을까?

주권자이신 주님과 사이좋아지려면 먼저 주님의 주권을 인정하고 받아들여야 한다. 주님이 토기장이심을, 나를 어떻게 빚으시든 그 권리가 주님께 있음을 내가 인정하지 않는데 어떻게 사이가 좋아지고 관계가 개선되겠는가.

온전하고 정직하여 하나님을 경외하며 악에서 떠난 욥은 모든 재산을 잃고 건강도 잃고 자녀까지 잃어버리는 극심한 고통 가운데에서도 하나님의 주권을 인정하고 고백했다.

> 이르되 내가 모태에서 알몸으로 나왔사온즉 또한 알몸이 그리로 돌아가올지라 주신 이도 여호와시요 거두신 이도 여호와시오니 여호와의 이름이 찬송을 받으실지니이다 하고 _욥 1:21

욥의 인생에 있어 가장 중요한 것은 하나님께서 욥의 인생의 주인이시라는 것이었다. 하나님은 욥 인생의 주권자셨다. 욥의 인생뿐 아니라 모두의 인생, 곧 내 인생, 내 자녀의 인생까지 하나님의 주권 아래 있다. 이 세상 모든 것이 하나님의 소유이고(롬 11:36), 인간의 생사화복도 하나님이 주관하시며(암 3:6), 인생은 단지 하나님께서 주신 것을 관리하는 청지기에 불과하다(벧전 4:10). 욥은 이것을 잘 알았다. 그렇기에 그는 환란 중에서도 그의 신앙을 저버리지 않고 하나님을 찬송하며 경배했다. 욥의 고백이 나의 고백이 되고 우리의 고백이 되어야 한다.

C. S. 루이스도 그의 책《고통의 문제》에서 이렇게 이야기한다.[9]

"사람에 따라서는 무서운 일이 일어나기 전에는 하나님께 귀를 기울이지 않는 습성들이 남아 있다. 그러므로 고통이란 귀머거리에게 알아듣도록 하는 하나님의 확성기이다."

나 역시 어린 핏덩이 둘을 끌어안고 어떻게 키워야 할지 몰라서 쩔쩔맸던 순간이 있다. 너무 힘들고 막막해서 아이들 대학만 보내고 나면 죽으려고까지 했다. 그만큼 힘들었다. 하나님이 사랑의 하나님이라면, 정말 공의의 하나님이라면, 나같이 예수도 잘 믿는 사람에게 이런 일이 일어나면 안 된다고 생각했다. 심지어 믿지 않던 남편이 예수를 믿기 시작했는데, 갑자기 이렇게 허무하게 데려가시는 건 있을 수 없는 일이라고 생각했다. 하나님이 전능의 하나님이라면 죽은 뼈들을 살아나게 하시듯이 남편을 살려내야 한다고 절규했다. 나는 남편의 죽음 앞에서 하나님이 실수하신 것이라고 통곡했다. 너무 억울해서 왜 나에게 이렇게 하냐고 악을 쓰며, 하나님께 실망했다고 나쁜 말을 퍼부었다.

시간이 한참 지난 후 "너니까 그랬다, 너를 믿고 그랬다, 너보다 내가 더 아프다" 하시는 어렴풋한 대답을 듣고 나서야 하나님께서 나에게 이렇게 하실 수 있는 분이심을 깨달았다. 하나님의 주권으로 빚으신 내 인생임을 인정했다.

♥자녀가 하나님의 주권을 인정하도록 교육하는 것

우리는 하나님의 주권 아래에서 부모가 되었다. 이것 역시 하나님이 허락하셔야 가능한 일이다. 내가 아이를 낳았으니 부모가 되었다는 것은 믿지 않는 사람들이나 하는 말이다. 하나님은 나에게 부모로서의 사역을 허락하셨기에 자녀를 주셨고, 그래서 부모가 된 것이다. 우리의 인생은 우리가 사는 것 같지만, 하나님의 주권 아래 있다.

하나님께서 부모라는 사명을 주시고 그 사명을 담을 그릇으로 만드신 데에는 하나님의 뜻하신 바가 있다. 그 뜻은 자녀에게 신앙을 전수하는 그릇이 되라는 것이다. 어쨌든 지금 교회에 다니고 있으니, 혹은 지금은 교회를 떠나 있고 신앙생활에 게으르지만 주일학교를 다녔으니 '언젠가는 돌아와서 구원받겠지' 하고 생각해서는 안 된다. 하나님은 그 뜻을 돌이키기도 하신다.

> 만일 내가 말한 그 민족이 그의 악에서 돌이키면 내가 그에게 내리기로 생각하였던 재앙에 대하여 뜻을 돌이키겠고 _렘 18:8

> 만일 그들이 나 보기에 악한 것을 행하여 내 목소리를 청종하지 아니하면 내가 그에게 유익하게 하리라고 한 복에 대하여 뜻을 돌이키리라 _렘 18:10

내가 어떻게 쓰임 받든, 어떤 모양의 그릇이든, 부모가 되었다면 우리에게 주신 것을 하나님의 주권으로 돌이키시기 전에 자녀를 하나님의 제자로 만들어야 한다.

부모가 하나님의 절대주권으로 각각의 그릇으로 빚어졌듯이, 자녀들도 어떤 그릇으로 빚어질지는 하나님의 주권 아래 있다. 우리는 개입할 수 없다. 부모는 그저 그들을 위해 중보하고 하나님이 맡기신 진흙을 하나님이 주권대로 하시도록 돕는 청지기일 뿐이다. 그러므로 우리는 하나님이 맡기신 아이들을 옆에 앉히고 말씀을 가르쳐야 한다. 그래서 하나님의 주권을 인정하도록 양육해야 한다.

하나님께서 우리에게 어떤 계획을 갖고 계신지 물어보면서 사는 것이 하나님의 주권을 따르는 삶의 원리이다. 결국 부모의 역할은 그들을 향한 하나님의 목적이 그들의 삶에서 성취되도록 돕는 것이고, 자녀들에게 주님의 진리를 성실하게 전하는 것이다. 우리가 자녀들을 주님의 제자로 삼고 가르쳤을 때, 그들이 세상으로 나아가 배운 것을 펼쳐 보일 것이다. 그것이 세상에서 하나님의 의를 이루는 방법이다. 인생의 주권이 하나님께 있는 삶을 살아 그 본을 보이는 것, 그리고 자녀가 하나님의 주권을 인정하도록 교육하는 것, 이것이 주권자 하나님과 사이좋은 부모의 모습이 아닐까.

자녀들이 주님의 주권을 인정하며 성장했을 때 "어머니가 내 어머니라서 너무 다행이에요", "부모님은 제 인생에 하나님이 주신 가장 큰 축복의 선물이에요", "아버지를 존경합니다"라는 말을 들을 것이다.

　나는 나밖에 모르는 사람이었다. 내 인생의 주권을 내가 꽉 쥐고 있었다. 남에게 폐를 끼치지는 않았지만, 남을 돌아볼 줄도 몰랐다. 오로지 내 아이, 내 남편, 내 가정만 바라보고 살았다. 그리고 내 인생의 주인도 나였다. 내가 고통을 겪기 전에는 내가 잘나서 공부를 잘하는 줄 알았고, 내가 돈보다 명예를 택해서 군인과 결혼한 줄 알았다. 그러다 남편이 떠나고 오랜 시간이 지나서야 하나님의 주권을 인정하는 사람으로 바뀌었다. 내 시선도 나와 내 자녀들과 우리 가정에 머물러 있지 않고 밖으로 확장되어, 지금은 상처받은 사람에게나 자녀를 어찌 키워야 할지 몰라 쩔쩔매는 부모에게까지 미친다. 죽고 싶다는 사람 때문에 한밤중에도 뛰어나가는 사람이 되었고, 깨진 관계로 고통받는 사람 옆에서 같은 마음으로 안타까워할 줄 아는 사람이 되었다.

　우리가 이 보배를 질그릇에 가졌으니 이는 심히 큰 능력은 하나님께 있고 우리에게 있지 아니함을 알게 하려 함이라 _고후 4:7

♥ 네 등짝 좀 치워라!

부모는 자기 의지와 계획과 주권을 내려놓고 하나님의 주권을 자녀

　　　　　　　　　　　1부 | 관계의 '기초'와 사이좋은 부모 되기

들의 삶에 실행해야 한다. 그러나 내 주권을 내려놓는 일은 사실 쉽지 않다.

2007년 아프간 피랍 사건으로 내가 피랍자의 부모들과 42일간 동고동락할 때, 딸아이는 임용고시 준비 때문에 늘 가던 단기선교를 그해는 가지 못하고 마음속으로 울고 있었다. 그러던 중에 관심이 있던 기독교학교의 교사 채용 공고가 났다. 혹시 하나님께서 기회를 주시는 것인가 싶어 기도하면서 시험을 보았다. 필기시험, 수업 시연, 면접 등 여러 차례 시험을 순조롭게 치렀다. 그러나 결과는 낙방이었다. 나는 나 자신이 거절당한 것 같아 슬펐고 동시에 화도 났다. '내가 하나님의 일을 이렇게 하고 있으니까 하나님께서는 내 일을 대신 해주셔야 하는 것 아닌가?' 죽을 둥 살 둥 하면서 피랍자들을 위해 기도하는데, 하나님은 딸의 임용이라는 소박한 꿈 하나 안 들어주시는 것 같아 너무 서운했다.

그런데 기도 중에 하나님이 어떤 그림을 한 장 보여주셨다. 딸아이가 피랍자들의 무사 귀환을 위해서 기도하고 있는데, 나는 그 아이를 부둥켜안고 아이의 교사 임용고시를 위하여 기도하는 그림이었다. 그러면서 마음속으로 하나님의 음성이 들렸다.

'얘야, 아이를 에워싸고 있는 네 등짝 좀 치워라. 내 새끼 얼굴이 잘 안 보이는구나! 그 아이가 네 자식이냐? 내 자식이다!'

딸아이 인생의 주권도 내 인생의 주권도 하나님께 있었다. 나의 열심이 아이를 성공시키는 것이 아니었다. 과부의 아이니까 하나님이 불쌍해서 돌봐주시는 것도 아니었다. 내 아이라고 생각했던 두 자녀는 하나님의 자녀였다. 따라서 나에게 필요한 것은 자녀를 하나님께 맡기는 것과 하나님이 당신의 권리로 자녀들을 가장 좋은 길로 인도하실 것을 믿는 신뢰였다. 그 사실을, 내 의와 열심으로 그 아이를 키우는 것이 아니라는 사실을 하나님께서 가르치시는 것 같았다. 내가 자녀를 키우는 일은 매일매일 자녀를 하나님의 광주리로 옮겨가는 과정의 연속이었다.

♥ 오래 참으심

하나님의 주권은 오래 참으심에서도 나타난다. 이 사실은 매우 중요하다. 인간은 죄인이므로 하나님의 진노 가운데 있다. 그렇지만 하나님은 오래 참으며 진노의 그릇을 관용하고 계신다. 하나님이 오래 참으시는 이유는 무엇일까? 그 이유는 많은 사람이 회개하고 하나님께로 돌아오기를 기다리시기 때문이다. 영광 받기로 예비하신 긍휼의 그릇들에게 하나님의 부요하심을 알게 하시려는 것이다.

　하나님의 오래 참으심이 우리로 하여금 긍휼의 그릇이 되게 했다 (롬 9:22-23). 이방인이었던 우리가 하나님의 긍휼의 그릇이 된 것은 놀라운 은혜가 아닐 수 없다. 그러므로 만약 하나님의 주권에 불만을 품는다면, 하나님이 진노를 지연시키시는 것에 대해서도 불만으로 항변해야 한다.

다시, 처음에 했던 질문, 하나님께 '왜 나예요?'라고 던졌던 질문을 살펴보자. 내 하나님께 내 그릇이 내 마음에 들지 않는다고 항변하고 불만하는 이유는, 내 삶의 주권이 하나님께 있는 것이 싫기 때문이다. 내가 계획하고 의도하던 것, 세상적으로 취하려던 영화, 곧 내 주권과 하나님의 주권이 충돌하기 때문이다. 이때 우리는 어떻게 해야 할까? 하나님은 예레미야 선지자의 입을 통하여 이미 말씀하셨다.

> [1]여호와께로부터 예레미야에게 임한 말씀에 이르시되 [2]너는 일어나 토기장이의 집으로 내려가라 내가 거기에서 내 말을 네게 들려주리라 하시기로 [3]내가 토기장이의 집으로 내려가서 본즉 그가 녹로로 일을 하는데 [4]진흙으로 만든 그릇이 토기장이의 손에서 터지매 그가 그것으로 자기 의견에 좋은 대로 다른 그릇을 만들더라 [5]그때에 여호와의 말씀이 내게 임하니라 이르시되 [6]여호와의 말씀이니라 이스라엘 족속아 이 토기장이가 하는 것 같이 내가 능히 너희에게 행하지 못하겠느냐 이스라엘 족속아 진흙이 토기장이의 손에 있음 같이 너희가 내 손에 있느니라 _렘 18:1-6

우리가 어떤 일을 하는 것이 아니라 주님이 우리를 사용하시도록 내어드릴 때, 곧 주님의 주권을 인정할 때 주님은 우리를 통하여 심히 큰 능력을 나타내실 것이다.

²⁰큰 집에는 금그릇과 은그릇뿐 아니라 나무그릇과 질그릇도 있어 귀하게 쓰는 것도 있고 천하게 쓰는 것도 있나니 ²¹그러므로 누구든지 이런 것에서 자기를 깨끗하게 하면 귀히 쓰는 그릇이 되어 거룩하고 주인의 쓰심에 합당하며 모든 선한 일에 준비함이 되리라 _딤후 2:20-21

2부

관계의 '시작'과
사이좋은 부모 되기

자녀들이 부모와 관계가 좋으면 하나님을 만나기가 쉬워진
다. 그러나 부모와 관계가 좋지 않으면 하나님 아버지 앞에 나
가기가 어렵다. 굉장히 멀리 돌아서 가야 할지도 모른다.

원가족과 사이좋은 부모

잘못된 양육태도가 고쳐진다

성경에 '누구의 아버지'라는 구절은 많이 언급되지만 어머니는 가끔 나온다. 잘난 아들의 어머니도 있고 그렇지 않은 자녀의 어머니 이름도 있다. 우리 이름은 자녀들의 인생 가운데 어떻게 기록될까? 우리가 인생을 마감하고 자녀들에게 세상을 맡기고 떠나갈 때 어떤 이름으로 기억될까?

여호사밧이 유다의 왕이 되어 왕위에 오를 때에 나이가 삼십오 세라 예루살렘에서 이십오 년 동안 다스리니라 그의 어머니의 이름은 아수바라 실히의

1장에서도 이야기했지만, 자녀들이 하나님을 믿을 때 그들의 부모와 관계가 좋으면 자녀들도 하나님을 아버지로 부르고 하나님을 만나기가 쉬워진다. 그러나 부모와 관계가 좋지 않으면 하나님 아버지 앞에 나가기가 어렵다. 굉장히 멀리 돌아서 가야 할지도 모른다. 만약 우리 자녀가 "나는 하나님의 존재를 고민하지 않았다. 당연히 하나님이 계신 것을 믿었다"라고 말한다면 그것은 정말 큰 축복이다.

♥부모의 양육태도가 올바르지 못하면

나는 어릴 때부터 교회를 다녔지만 완벽주의자 아버지 덕분에 하나님을 인격적으로 믿기가 쉽지 않았다. 훗날 예수를 믿은 후에는 달라지셨지만, 내가 어릴 때에는 인정과 사랑을 좀처럼 주지 않으셨다. 그래서 내가 뭘 잘할 때까지는 하나님께도 받아들여지지 않을까 걱정했다.

우리 시대에 자녀가 부모 앞에서 내세울 수 있는 것은 공부였던 것 같다. 자녀를 키우면서 자녀를 있는 모습 그대로 보기보다는, 자녀의 성취나 결과에 따라 사랑을 표현하기도 하고 그렇지 않기도

했다. 나는 그런 시대를 살았고, 내 아이들도 그렇게 교육하려 했다.

남편이 세상을 떠난 후 직장 때문에 울산으로 내려갔다. 그곳에서 딸아이는 나를 위로라도 하듯이 공부를 잘했다. 경남에서 일등을 한 적도 있다. 그러던 아이가 서울로 전학한 후에는 공부 잘하는 아이가 아니었다. 그 모습을 보고는 화가 났다. 엄마 혼자서 저희를 데리고 힘들게 살고 있는데, 어떻게 그 은혜를 원수로 갚느냐고 소리치고 싶었다. 나 혼자 억울해하고 있었다. 그러다가 나의 어린 시절을 떠올렸다. 생각해보니 나도 어렸을 때 아버지로부터 인정을 받지 못했다. 초등학교 3학년 때 아버지가 한문으로 써서 책상머리에 붙여준 글귀가 마음을 얼마나 짓눌렀는지 모른다. '극기공부 최절어일용'(克己工夫 最切於日用), 곧 자신과 싸워 이겨 공부하는 것이 일상생활에서 가장 절실한 것이라는 말이다. 지금 생각하면 초등학교 3학년짜리 책상에 붙어 있기에 과하다 싶다.

어쨌든, 나는 나도 모르게 아버지와 똑같은 사람이 되어 있었다. 겨우 초등학교 3학년인 딸이 전국에서 1-2등을 하지 못했다는 것 때문에 밥을 먹을 수 없었고 살고 싶지 않았다. 아버지를 극복하지 못하고, 딸을 나와 똑같은 아이로 키우고 있었던 것이다.

어릴 때 자신의 어머니한테 매를 맞으며 자란 엄마가 있었다. 어릴 때 한 달에 한 번, 혹은 두 달에 한 번씩은 어김없이 엄마한테 맞았다. 어머니가 자기를 사랑한다는 것은 알지만, 언제 화를 내며 때릴지 몰라 불안과 초조 가운데 생활하다가, 한 번 맞고 나면 '한 달은 편하게 살 수 있겠구나'라고 생각했다고 한다. 그게 너무 큰 아픔이라서, 자신은 절대로 아이를 때리지 않고 키우겠다고 결심했다. 그 엄마가 결혼 후 첫째 딸을 낳았는데, 아이가 공부도 꽤 잘해서 기대가 컸다. 그런데 화가 나면 자기도 모르게 손에 잡히는 대로 아무것이나 잡아서 집어던지고 아이를 때렸다. 절대로 손찌검을 하지 않겠다던 결심이 무색했다. 아이가 말을 잘 듣지 않으면 자신이 무시당한다고 생각해서 화가 머리끝까지 났다. 이성을 잃고 아이를 때리다가 정신이 번쩍 들었다. 자신은 절대로 엄마처럼 살지 않을 거라고 다짐했는데, 어느새 똑같은 엄마, 끔찍한 엄마, 괴물 같은 엄마가 되어 있었다. 자기에게서 어머니의 모습을 발견한 이후 때리지는 않으려고 이를 악물고 결심했지만, 불안하거나 무시당한다고 느끼면 습관적으로 아이에게 폭언을 퍼부었다.

폭력에 길들여진 사람들에겐 이런 식으로 상처가 대를 이어간다. 폭력만이 아니라 부모의 상처도 자식에게 이어진다. 아내를 때리는 남편의 90퍼센트는 어머니를 때리는 아버지 밑에서 자랐다고 한다. 그게 그렇게 싫었으면서도 어느새 그것이 DNA가 되어버린 것이다. 이렇게 극단적인 예가 아니더라도, 사실 모든 부모는 자기만의 상처를 안고 있다. 그것을 끊어내느냐 이어가며 드러내느냐가 다를 뿐이다.

어떤 엄마는 아주 어린 시절에 아버지를 잃었다. 삶이 너무 두려웠고 자기 인생을 치열하게 붙잡지 않으면 안 될 것 같아 정말 열심히 살았다. 사람들이 부러워하는 명문 대학을 졸업하고 좋은 직장에 취업했으며, 훌륭한 남자를 만나서 결혼도 했다. 그 정도면 잘 살아왔다고 할 수 있다. 그런데도 두려움이 늘 그를 지배했다. 남편이 실직할까 봐, 죽을까 봐 두려웠다. 아내는 두려움을 분노로 표현하며 남편을 다그쳤고, 아내의 그런 태도가 힘들어 남편이 일에 몰두하면 이번에는 가정을 돌보지 않고 자기를 무시한다고 밤새도록 소리 지르며 죽자고 싸웠다.

이 엄마는 아무도 믿지 못했다. 왜냐하면 그 엄마의 어머니가 젊은 나이에 남편을 잃은 후 세상에 분노하는 마음으로 양육했기 때문이다. 어린아이와 혼자 남았으니 믿을 것은 오직 자기 자신의 힘뿐이어서 여유를 가지고 양육할 수 없었다. 어머니는 늘 바빠서 자녀를 기다려주거나 품어주지 않았다. 그래서 그 엄마는 누군가가 자기를 떠날까 두려워 늘 불안하고 초조한 어린이였고, 겉으로는 잘 자란 어른처럼 보였지만 그 마음은 여전히 불안한 어린아이였다.

처음에 남편에게 집착하던 그 엄마는 나중에는 자녀에게 집착했다. 자녀를 자신보다 더 훌륭한 스펙을 가진 사람으로 키우는 것으로 내면의 불안과 초조를 상쇄하려 한 것 같았다. 아들은 사람들이 다 부러워하는 학교에 입학했지만, 어머니에 대한 분노를 가라앉힐 수 없어서 상담실 문을 두드렸다. 아들은 적개심에 가득 차서 엄마에게 억울하다고 했고, 사람들에게 거절당할까 봐 관계에 집착하고 있었다. 이처럼 부모의 양육태도가 건강하지 못하면 그 양육을 받은 자녀가 부모가 되었을 때도 건강한 양육을 하기 힘들다. 이런 문제가 생긴 배경은 다름아닌 그런 사람의 가정이다. 이것을 '원가족'이라고 한다.

♥원가족이 누구인가?

원가족은 사람이 태어나 처음 만나는 가정의 구성원을 말한다. 자녀가 태어나 제일 먼저 경험하는 원가족은 부모다.[10] 부모는 자녀들이 하나님께 나아가는 제1의 통로이다. 하나님께 가는 통로가 부모만 있는 것만은 아니다. 친척, 믿음의 스승, 친구, 교회, 주일학교 교사 등 많고 다양하다. 그러나 하나님께서는 부모에게 우선적인 책임을 주셨다. 태어나면서부터, 아니 뱃속에서부터 부모와 함께 살면서, 부모는 그 아이가 하나님께로 나아가도록 이끄는 첫 번째 스승이 되는 것이다.

가정은 사람이 태어나서 처음 접하는 사회이고, 가족은 처음 접하는 사람이자 이 세상에서 살아가는 데 버티는 힘을 제공해주는 존재이다. 가장 편안한 공간이 가정이고, 가장 가깝고도 소중한 존재가 가족이다. 아니, 그런 존재가 되어야 한다. 그러나 안타깝게도 이렇게 중요한 가정에서 사람들은 오히려 가장 깊은 상처를 주고받는다. 가장 친밀하기 때문이다. 내가 아무렇게나 해도 다 알아주고 이해해주리라 생각한다. 남에게는 체면을 차려도 집에서는 모든 것을 내려놓는다. 가족은 서로 사랑하기 때문에 모든 것이 받아들여질 것이라고, 무엇을 해도 받아줄 것이라고 오해한다. 그럴 때는 가정이 세상을 살아가도록 힘을 주고 북돋아 주기는커녕 삶의 의욕을 빼앗아버릴 수도 있다.

오히려 가족끼리여서 더 해서는 안 되는 말, 해서는 안 되는 행동이 있다. 가족 간에도 서로 넘어서는 안 되는 경계선이 있다. 그 경계선을 지키지 못하는 가정이 생각보다 많다. 관계가 밀접하고 거리가 가까울수록 선을 지켜야 하는데, 그걸 지키지 못하고 무너뜨리면 오히려 더 자주, 더 세게 부딪쳐서 상처도 더 많아지고 커지게 마련이다.

가까운 만큼 더 세심하게 주의해야 한다. 따라서 가족 사이에 합리적인 기대치가 필요하며, 가족이라고 해서 모든 것을 다 쏟아놓아서는 안 된다. 지나치게 감정적으로 관여하거나 여과 장치 없이 감정을 퍼붓는 것은 피해야 한다. 가족끼리도 적절한 필터링이 필요하다.

♥부모의 자존감이 중요한 이유

인간은 누구나 태어난 후 가장 먼저 가족과 접촉하면서 자아를 형성해간다. 부모가 자신을 어떻게 대하는지, 얼마나 사랑하는지, 얼마나 소중하게 여기고 인정해주는지에 따라 자기 자신을 높게 혹은 낮게 평가한다.

부모 자녀 간에 친밀한 관계를 맺으려면 우선 부모가 먼저 자신의 내면을 이해해야 한다. 자신을 스스로 어떻게 생각하고 느끼는지에 따라 자존감이 높아지기도 하고 낮아지기도 하며, 이런 자존감은 다른 사람과의 관계를 맺는 데 큰 영향을 준다. 그러므로 부모가 자기를 스스로 수용하고 인정하고 사랑하는 것은 자녀를 양육하기에 앞서 무엇보다 중요한 과제이다.

그러나 여과 장치 없이 감정의 폭우를 맞으며 자란 부모는 자존감이 낮다. 자존감이 낮고 자기중심적인 부모는 과대망상적으로 자신이든 자녀든 최고가 되어야 한다고 믿으며, 자식에 대한 모든 결정권을 가지고 자녀를 통제한다. 자녀를 자신과 분리하지 못하고 자신의 일부라고 생각한다.

이들은 완벽주의적이고 자녀들에게 지나치게 높은 목표를 부여하며 끊임없이 잔소리한다. 어떤 결과에도 절대로 만족하지 않는다. 자녀를 자기가 원하는 방향으로 강압적으로 끌고 가려고 하며, 자녀의 성공이 자신의 성공이라고 믿는다. 그 과정에서 자녀를 착취하거나 감정적으로 학대하기도 한다. 자기중심적인 부모는 자녀가 부모의 기대를 채워주었을 때만 조건부로 사랑과 인정을 준다. 또한 다른 사람들의 평가에 민감하여 상처를 잘 받으므로 방어적으로 생각하고 행동하며, 자녀들도 자연스럽게 그런 부모의 눈치를 보게 된다.

이들은 자신이 최선을 다하는 완벽한 부모라고 믿기 때문에 자신의 옳음을 설득하기 위해 애쓰며, 때로는 자신들이 인정받기 위해 자녀를 이용하기도 한다. 이들은 자녀가 인정받고 뛰어나기를 바라기 때문에 자녀를 과잉보호하고 지나치게 희생적이다. 그러고는 자신의 희생을 인정받고 보상받기를 바란다. 자녀가 자기들을 돌봐주기를 기대하는 것이다. 자녀가 자신을 알아주기를 바라면서 반대로 자녀의 요구는 무시한다.

이런 부모는 대개 공감능력이 모자라서 자녀들의 마음을 들여다보거나 객관적으로 호응하지 못하고, 긍정적인 피드백도 주지 못하며 부정적이고 비판적인 반응을 한다. 이들은 부모로부터 공감이나 진정한 사랑을 받아본 경험이 없어서 자녀를 사랑하거나 자녀에게 공감할 능력이 없는 것이다.

이런 부모가 양육하는 자녀들은 자기의 기대가 아닌 부모의 기대대로 살려고 한다. 자신의 인생이 아닌 부모의 인생 목표를 이루어주는 삶을 살려고 항상 애를 쓴다. 자신을 위해 희생하는 부모를 매우 존경하면서도, 자기 의견과 생각을 묵살당하기 때문에 속으로는 분노를 억압하고 있다. 그 마음은 부모가 아닌 타인을 대할 때에도 영향을 주어서 끊임없이 타인의 감정 상태를 살피게 하는데, 다른 사람들이 자신을 존중하지 않는다고 느끼면 거부감을 지나치게 느끼면서, 분노를 폭발적으로 표출하기도 한다.

이렇게 양육된 자녀는 경계선이 약해서 다른 사람에게 쉽게 설득당한다. 그래서 원하지 않는 일에 개입하거나 일을 지나치게 많이 떠안거나 책임지기도 한다. 늘 긴장 상태에 있으며, 다른 사람들이 항상 자신을 좋아해주고 인정해주기를 바라면서 타인의 눈치를 보고 과잉행동을 하는 등 에너지를 소진한다. 남을 지나치게 의식하기 때문에, 만약 자신이 믿던 사람에게 거부당하거나 배신당하면 지나치게 수치심을 느끼며 모든 책임을 자기에게 돌려 자신에게 상처를 입힌다. 주위 사람들이 행복해야 자신도 행복하다고 느끼지만, 이들은 대체로 우울하다.

만약 자신에게 이런 성향이 있다면 부모가 되기 전에 먼저 과거의 아픈 상처를 그대로 인정해야 한다. 그래야 그 상처에서 벗어날 수 있다. 그런 다음 자신에게 상처를 준 사람들을 용서해야 한다. 학대받고 잘못된 양육을 받았던 슬픔과 아픔을 이겨내고, 그 이면에 존재하는 새로운 자유를 얻어야 한다. 필요하다면 기독교 상담가나 교회의 도움을 받는 것도 좋다.

♥ 문제를 일으키는 부모의 양육태도

부모 또는 원가족과의 관계가 어려운 사람들은 자신들의 문제가 아직 해결되지 않은 성인아이와 같아서, 자녀를 대할 때 과거의 미해결 문제에 얽매여 자유롭지 못하다. 자녀든 타인이든 건강하고 자유로운 마음으로 대하려면 과거의 나와 대면하여 극복하는 과정을 거쳐야 한다.

정신과 의사인 W. 휴 미실다인은 《몸에 밴 어린 시절》이라는 자신의 책에서 문제를 일으키는 양육태도가 있다고 했다. 부모의 잘못된 양육태도에는 완벽주의, 강압, 유약, 과잉보호, 심기증, 응징, 방치, 거부, 성적 자극 등이 있다.

완벽주의로 키우기

아이가 더 잘하기를 바라며 자녀의 성과를 쉽게 인정하지 않는 부모들이 있다. 다음에 더 잘할 수 있다며 지금의 아이를 인정하지 않는다. 만일 어떤 사람이 성공했으면서도 더 성공하기 위해, 더 완벽해지기 위해 애쓴다면 그 부모가 완벽주의로 키운 것이다.[1]

아이에게 끊임없이 성공을 요구하면 아이는 자신이 성취하고도 성취를 인정하지 않고 비하하는 사람으로 자란다. 그래서 완벽주의자들은 타인과 관계를 맺고 사람들과 가까이 지내는 것을 몹시 어려워한다. 인간적 사랑을 바탕으로 가깝고 절친하며 따뜻하게 관계 맺는 것을 어려워하고, 때로는 그것 때문에 불행해지기도 한다.

완벽주의자에게는 휴식이 불가능하다. 그들은 성공을 거두기 위해 자신을 철저히 몰아붙임으로써 사회적으로나 물질적인 기준에서 상당히 성공하지만, 엄밀히 말하면 성공한 실패자이다. 성공했음에도 성공했다고 인식하지 못하기 때문이다. 또한 이들은 실패를 용납하지 못한다. 완벽주의자는 자녀에게 보통 이상을 기대하며 강요하기 때문에, 자녀는 자신의 노력을 과소평가하도록 학습된다. 완벽주의는 곧잘 한 세대에서 다음 세대로 유전된다.

안타깝게도 완벽주의는 그동안 사회적으로 교묘하게도 바람직한 양육태도를 보여왔다. '더 열심히 해라, 더 착한 사람이 돼라'라는 가르침이 아이들에게 강요되었다.

강압적으로 키우기

강압으로 키워지면 어떤 일을 할 때 곧바로 착수하지 못하고 꾸물거리게 된다. 늘 피곤한 상태이고, 공상에 몰두하느라 목표를 달성하지 못한다. 이들은 해야 할 일을 부모가 낱낱이 일러주고 조종하는 가운데 양육되었기 때문이다.[12] 그들은 자신이 목적한 바를 좀처럼 이루지 못하며 잠재력도 제대로 발휘하지 못한다. 이런 사람들은 강압적인 태도에 익숙하며, 스스로를 꾸짖고 과소평가하며, 억압하면서 고통을 겪는다.

만약 부모가 자녀를 아주 어렸을 때부터 강압적으로 대했다면,

그 자녀는 대체로 아무런 반항 없이 부모의 지시에 따르게 된다. 그렇게 자란 아이들은 부모에게 사랑받지 못하게 될까 봐 두려워서 이의를 제기하거나 반항하지 못하고 순종한다. 그러다가 어느 정도 성장한 후에는 부모의 강압적인 태도와 지시에 반항하고 도전하기도 한다.

우리나라의 양육 문화는 부모가 자신의 불안 때문에 자녀에게 지나치게 간섭하고 강압하는 경향이 강하다. 성인의 상당수가 강압적인 분위기 가운데 날마다 채근받으며 살아왔을 가능성이 크다.

강압은 부모가 자녀의 발달을 걱정하는 데서 기인한다. 양육할 때에는 아이를 혼자 내버려두어서 아이 스스로 자기 생각과 감정과 관심을 존중하고 발달시킬 시간을 주어야 한다. 그렇지만 많은 부모가 그런 태도를 자녀에게 무관심한 것으로 여기며, 아이들 스스로는 아무것도 성취하지 못한다고 생각한다. 그러나 그런 걱정이 오히려 자녀를 망치는 요소이다.

유약하게 양육하기

어떤 부모는 자녀가 무엇인가 요구하면 즉시 모두 들어준다. 이것은 유약한 양육태도이다. 유약으로 양육된 사람은 참고 기다리는 것을 힘들어하며, 요구가 많고 충동적인 경우가 많다. 이들은 사람들이 자기 뜻을 따라주지 않으면, 그것이 자신을 사랑하지 않는 증거라고 생각한다.[13]

어렸을 때 철없는 자녀의 변덕과 요구를 다 들어주는 것은 유약으로 키우는 방식이다. 적절한 한계선 없이 아이들의 충동적인 요구까지 다 들어주는 것은 자녀를 잘 키우는 것이 아니다. 요즘은 자녀 수가 적고 물질이 풍요하며 사회적으로도 허용의 범위가 넓어져서 아이의 요구를 다 들어주는 부모가 많아졌다. 그것이 아이의 기를 죽이지 않고 잘 기르는 것이라고 생각한다. 그러나 그렇게 자란 아이들은 성인이 되어 사회에 나갔을 때, 다양한 상황에 적절한 대처 방법을 몰라 고통받는다.

유약한 사람들은 변덕스럽고 늘 더 좋은 것을 찾아 헤맨다. 그들은 지나치게 많이 먹고 많이 마시며, 자동차도 빨리 몰고, 이성에게 집적대고, 돈을 낭비하곤 한다. 그들은 자신의 충동적인 요구가 채워지지 않으면 발끈 화를 낸다. 이들은 인내와 끈질긴 노력이 요구되는 일을 성가시게 여긴다. 엄마에게 특별한 자녀이거나 엄마 자체가 유약으로 키워진 경우, 그 자녀들 역시 유약으로 양육될 가능성이 크다.

과잉보호로 키우기

과잉보호는 부모가 자녀를 지나치게 보호하고 허용하며 키우는 양육방식을 말한다. 자녀가 요구하기도 전에 부모가 알아서 자녀의 비위를 맞추고 응석을 받아주는 양육태도이다. 과잉보호로 키워진 아이들은 쉽게 지루해하고, 무슨 일이든 진득하게 견뎌내지 못한다. 이들은 제대로 된 목표를 세우거나 그 목표를 향해 나아가지 못하고, 목적의식 없이 헤맨다. 그리고 다른 사람의 도움에만 의존하려 한다.[14]

과잉보호는 유약과는 전혀 다르다. 유약이 적극적이며 요구만 하는 철부지 어른을 길러내는 반면, 과잉보호는 지루해하고 소극적이며 불만에 찬 응석받이 어른을 길러낸다. 이들은 쉽게 싫증 내고 따분해하기 때문에 직장도 자주 옮기고, 심지어 배우자도 쉽게 바꾼다. 자신은 손가락 하나 까딱하지 않으면서 다른 사람들이 자기를 위해 모든 것을 해주기를 바란다.

헬리콥터 부모(helicopter parent)는 헬리콥터처럼 아이의 주변을 맴돌며 모든 것을 간섭하는 부모로서 과잉보호를 하는 부모의 전형이다. 이런 부모는 자녀를 마마보이나 파파걸로 만드는 경향이 있다. 부모의 간섭과 개입을 지나치게 받으며 자란 아이는 자신의 온전한 삶을 살지 못하고 공허감을 느낀다. 항상 상공에서 자신의 일거수일투족을 감시하며 지시하는 부모 때문에 스스로 원하는 것을 실행하지 못하는데, 이것은 곧 자녀의 삶을 부모가 조종하는 것을 뜻한다.

과잉보호하는 부모는 자녀가 잘되기를 바라는 마음으로 지나치게 간섭하는 것이다. 그런데 그 마음은 대개 부모의 욕심이나 자기만족이며, 자녀가 스스로 겪고 시행착오를 할 기회를 빼앗는다. 이것은 아이가 상처받고 그를 통해 성장할 기회도 빼앗는다는 의미다. 그러다 보니 아이는 늘 부모의 기대에 못 미치지는 않을까 전전긍긍하고 성공에 집착해서, 작은 실패에도 견디지 못하며 좌절한다. 이런 자녀들은 대인관계에서도 실패할까 봐 두려워서 상대에게 집착하는 사람이 될 수도 있다.

부모의 과잉보호는 자녀의 폭력성을 부추기기도 한다. 어렸을 때는 하라는 일에 순종하지만 성인이 되어서는 모든 것을 거부하거나, 부모와 관계가 틀어지거나 분노를 표출하기도 한다. 그 부모들은 이런 자녀를 보고서, "경쟁적인 사회에서 자녀들에게 최선의 것만 주었는데 왜 저러는지 모르겠다"고 탄식하곤 한다.

심기증으로 노심초사하기

근거 없이 자신이 큰 병에 걸렸다고 생각하는 심기증(心氣症)을 가진 부모는 자녀도 건강을 지나치게 걱정하는 건강염려증 환자로 키울 수 있다. 이들은 쉽게 기분이 언짢아지고 피곤을 빨리 느끼며, 모든 증상에 대해 자가 진단을 한다. 그러고는 자기 몸의 상태와 기능을 모두 질병의 가능성과 관련지어 생각한다.[15]

심기증은 대개 부모의 지나친 과잉보호 때문에 생기는 경우가 많다. 몸이 조금만 아파도 학교에 보내지 않고, 피곤할까 봐 나가서 동네 아이들과 놀지도 못하게 하는 경우다. 너무 귀한 자녀라서 다치거나 병이 날까 봐 조심스러워한다. 이들은 아이가 체험학습이나 수학여행에 가지 못하게 하고, 반나절의 소풍도 불안해서 못 가게 한다. 등산이나 수영처럼 몸을 쓰는 것을 금지하는 부모도 있다. 이런 부모는 자신의 불안지수가 높아서, 자녀가 어떻게 되기라도 할까 봐 불안에 떨며 노심초사한다.

　이렇게 키워진 사람들은 성인이 되면 자신의 부모와 똑같이 불안해하고 두려워하는 태도로 스스로를 대한다. 이들은 사소한 아픔이나 고통도 과장해서 받아들이며, 자신이 어떤 일을 하지 못하는 구실로 삼는다. 신체적으로 근거 없는 통증과 고통에 시달리며, 약속이나 해야 할 일을 못 하는 이유를 '건강이 허락하지 않아서'라고 생각한다. 이런 사람들은 조금만 아파도 약을 많이 먹고 병원도 쇼핑하듯 다니며, 자신에게 분명히 어딘가 아픈 데가 있다고 여긴다.

　심기증은 과잉보호의 한 형태이자 결과다. 심기증의 소극성과 다른 사람들에게 모든 것을 기대하는 의타심은 과잉보호라는 부모의 병적 태도를 통해서 반복된다.

응징으로 키우기

응징은 부모가 지나치게 엄격하고 자녀를 가혹하게 처벌하는 양육 태도이다. 응징으로 키우는 부모는 자녀를 훈육한다는 이유로 아이의 수준에 감당하기 어려운 징벌이나 처벌을 하기도 한다. 응징으로 양육 받은 사람들은 자기가 착하지 않거나 악하므로, 자신을 스스로 처벌하고 있다거나 다른 사람에게 처벌받고 있다고 생각한다. 이들은 증오심을 자주 내보이며 과거사에 대해 보복하고자 한다.[16]

이렇게 키워진 사람은 자신을 인정하지 못한다. 자신의 능력을 받아들이지 못하고, 칭찬을 받아도 믿지 않고, 그것에 만족하는 일에 죄책감을 느낀다. 응징으로 키우는 부모는 늘 자녀의 실패나 불완전을 예상한다. 자녀를 불신하는 것이다. 이런 불신 때문에 부모들은 자녀들의 적극적인 활동을 방해한다. 결국 실패자를 양산해낸다.

이들은 어릴 때 지나치게 처벌받은 것 때문에 세상을 질투하고 증오하며, 세상에 복수하고자 하는 마음이 있다. 부모를 매우 증오하기 때문에 보편적인 부모상이 잘못 형성되어 있어서 세상에 보복하려는 것이다. 어렸을 때 보복적인 증오심이 있던 사람은 어른이 되어서도 쉽사리 만족을 느끼지 못한다. 응징의 환경에서 자란 사람은 죄책감과 동시에 공포심을 느끼면서 성장한다. 이들은 누구도 신뢰하지 못하고 자기가 생각하는 자신의 정체, 곧 자신이 악하고 부족하다는 것이 드러나고 처벌을 받을까 봐 두려워한다.

범죄자들의 성장 환경을 조사해보면 응징으로 키워진 사람이 많다. 지나친 학대나 폭력을 당하면 뇌의 변연계가 제대로 형성되지 못하여 심리적 성장이 더디고 공감 능력이 빈약해진다. 그래서 공감받지 못하고 사랑받지 못한 채, 폭력과 학대에 노출된 자녀들은 성장하여 사회에서 폭력과 학대를 일삼는 범죄자가 될 가능성이 있다.

방치한 채 키우기

방치란 자녀의 욕구에 대해 부모가 시간과 관심을 부족하게 주거나, 아예 주지 않는 태도이다. 방치된 어린 시절을 보낸 사람은 성인이 되어서도 채워지지 못한 어린아이의 심리 상태에 머무는 경우가 많다. 자신에게 부족한 것을 공급해줄 사람을 기대하며, 그런 사람을 찾아 이 사람에서 저 사람으로 옮겨 다니게 될지도 모른다. 이들은 소속감이 없고, 스스로도 어디든 소속되기 어렵다고 생각한다. 그래서 친근감이 없고 모든 관계에서 겉돌며 피상적이다. 방치되어 자란 사람은 자기는 주체성이 없다고 생각하며, 불안과 고독으로 심한 고통을 받는다.

이들은 오직 다른 사람들이 나를 어떻게 보는지에만 관심을 둔다. 이들은 주목받으려고 하지만 친밀해지지는 않는다. 혹은 '나를 사랑한다면 이 정도는 해줘야 믿을 수 있어'라고 극단적으로 생각하면서, 관계에 지나치게 집착하며 관계중독에 빠질 수도 있다.

아이에게 가장 심각한 방치 혹은 박탈은 생후 5년 이내에 어머니를 잃는 것이다. 방치는 부모의 사망, 입원, 이혼 혹은 바쁜 외부 활동 때문에 장시간 부모와, 특히 엄마와 떨어지게 돼 나타나는 양육 태도의 결과이다. 어린 시절에 심각한 박탈을 경험한 아이는 다시 어머니를 만나도 이상할 정도로 무관심하고 아예 알아보지 못하는 것처럼 보이기도 한다. 불안정 애착의 징후인 회피나 혼란, 거부, 저항 등이 나타나는 것이다. 이들은 불쑥 화를 내거나 파괴적인 행동, 즉 걱정스러울 정도로 난폭한 행동을 하기도 한다.

2부 | 관계의 '시작'과 사이좋은 부모 되기

거부하며 거절하기

거부는 자녀를 적극적으로 거절하고 받아들이지 않는 태도이다. 이런 양육자는 자녀를 성가신 존재, 말썽의 근원 정도로 여긴다. 이런 부모가 있을까 싶지만, 실제로 신문 지상이나 주변에서 종종 볼 수 있다. 부모가 자신의 결혼 생활이 매우 불행하다고 여기면 자녀를 돌볼 여력이 없어 자녀를 거절하기도 한다.[17]

결혼 생활에서 실패한 대가를 자녀를 거부하는 것으로 대응하는 사람도 있다. 자녀가 생겨서 억지로 결혼했거나 사회활동을 포기해야 했다면 결혼에 좋은 감정을 가지기 힘들다. 경제적으로 매우 힘들 때 태어난 아이나 한부모가정의 아이도 거부당하기 쉽다. 신체에서 드러나는 요소, 곧 외모의 문제나 장애로 거절당하기도 한다. 자녀의 성별이 부모가 원하던 것이 아니어서 거부하는 경우도 있다.

거부하는 태도로 양육된 이들은 가까운 사람들의 태도를 곡해하여 받아들이고 그들에게 적개심을 드러낸다. 친구들에게서 자기중심적이라는 비난을 받으며, 자기 자신에게 불만을 품고, 신랄한 자기 비하와 의기소침으로 괴로워한다. 그들은 자신이 쓸모없다고 굳게 확신하기 때문에 다른 사람들이 일상적으로 주고받는 대화에서 단순히 간주하는 말에도 거부와 멸시를 느낀다.

거부당한 사람은 사랑받고 인정받기를 간절히 원하지만, 아이러니하게도 사랑의 제안을 진지하게 받아들일 능력이 없다. 이들은 사실 평생 사랑을 갈구해온 터라 애정에 지나치게 집착하여 상대방

에게 부담을 준다. 조금만 관심을 덜 보이면 지난날에 거부당했던
상처가 재현되어 상대를 오해하고 상처받고 적개심을 품는다.

성적 자극을 왜곡하기

성적 자극은 두 가지 태도로 나타나는데, 하나는 자녀의 성적 욕구
를 지나치게 부인하고 억압하는 태도이다. 세상에는 건강하지 못한
성 문화가 넘쳐나는 반면, 교회나 가정에서 성은 별로 언급하지 않
는 영역이다. 그러다 보니 특히 일부 크리스천 부모들은 주변의 눈
치를 보며 자연스러운 성적 욕구와 역할까지 금지하고 억제하며,
그것이 지나쳐서 자연스러운 호기심까지 부정하는 것이다. 그러나
어릴 때 지나치게 성적 욕구를 금기시하면 어른이 되어서 오히려
성적 활동을 과도하게 추구하는 경향이 생긴다.[18]

또 다른 태도는, 가정에서 성별 경계선이 약해서 부모가 무심하
게 신체를 노출하거나, 성장 과정에서 자녀의 신체나 성적인 영역
을 과도하게 자극하고 은연중에 유혹하는 경우다.

자녀는 신체가 성장하는 과정에서 적극적으로든 소극적으로든
성적 자극을 받는다. 만약 어른들에게서 지나치고 직접적인 성적
자극을 받았다면, 심한 경우 성범죄에 노출되었다면, 성인이 되어
서 성에 대해 깊은 혐오와 적대감을 품을 확률이 높다.

오늘날은 각종 매체와 문화 속에 왜곡된 성 문화가 넘쳐난다. 대
중매체들에서 쏟아지는 성적 자극이 어린이에게 끼치는 영향은 심

각하다. 컴퓨터나 휴대폰으로 뉴스 사이트에 접속하면 음란 콘텐츠 광고가 계속 팝업으로 뜬다. 현실적으로 말하자면, 자녀들에게서 성적 자극으로 점철된 문화를 차단하는 건 불가능해 보인다. 그러므로 아이를 지나치게 억압하고 성적 접근을 막으려고만 하기보다, 건강한 성 가치관을 가지도록 교육하고 돕는 일이 적절하다.

성 자체는 잘못된 것이 아니다. 성은 인간의 정서적인 교제나 접촉과 밀접한 것이며 자연스러운 충동이다. 성을 상업적으로 이용하거나 성적 자극만 강조하는 문화, 그리고 미디어가 성을 왜곡하는 것이 잘못이다. 그러므로 자녀가 어떤 것을 보고 듣더라도 바르게 판단하고 행동할 수 있도록 건전한 가치관을 심어주어야 한다. 자녀의 성 가치관은 부모의 태도나 자녀를 양육하는 정서적 환경을 통해서 형성되므로, 부모의 역할이 매우 중요하다.

♥잘못된 양육태도를 극복하는 길

이상으로 부모의 지나치거나 왜곡된 양육태도를 살펴보았다. 공통점이 보이는가? 잘못된 양육을 하는 부모 역시 그 부모로부터 잘못된 방식으로 양육되었다는 것이다.

어릴 때는 부모가 세상의 전부이다. 부모의 보호가 필요하기 때문에, 그곳에서 벗어날 수 없기 때문에, 아이일 때는 잘못된 분위기

속에 머물 수밖에 없었다. 그러나 우리는 이제 성인이다. 내가 어떤 방식으로 양육되었는지 스스로 분석할 수 있다. 자신이 양육받은 방식을 돌아보라. 만약 현명한 방식으로 양육되어서 그것이 내 안에 내재화되어 있다면, 그보다 감사한 일은 없을 것이다. 이런 사람들은 대개 원가족과 관계도 원만하며 화목하다.

반면에 원가족과 연락을 단절하는 게 좋을 만큼 극단적인 상황에서 양육받은 사람도 있다. 그런 사람은 자신도 모르게 그 방식을 반복하여 양육할 가능성이 크다. 만약 잘못된 양육방식이 내재화되어 있다면 그것을 단절하려고 노력해야 한다.

때로 '부모는 나를 이렇게 키웠는데, 나는 그걸 다 감내하고 꾹 참고 내 자식을 키우라고? 억울해!'라는 마음이 들 수도 있다. 1부에서 말했듯이, 그런 모든 억울함을 사랑의 하나님이 품어주신다. 그러므로 우리는 사랑의 하나님을 먼저 만나고 그 사랑으로 덮어야 한다.

가끔 부모가 뒤늦게나마 잘못을 깨닫고 자녀에게 사과하여 극적인 장면을 연출하며 원가족과의 관계가 회복되기도 한다. 원가족과의 관계가 직접적으로 해결되든 아니면 하나님을 통해 간접적으로 해결되든 간에, 원가족과 사이가 좋아야 좋은 부모 될 수 있음을 기억하자.

나의 원가족이 좋은 양육태도를 지녔든지 그렇지 못하든지, 나는 좋은 양육태도를 보여야 한다. 어떤 방식으로 자녀를 양육하는 것이 좋은 태도일까? 먼저 부모로서 자녀를 존중한다면 자식이 무엇을 하고 싶어하든지 인정해주어야 한다. 무엇이든지 해주라는 말이 아니다. 자녀의 생각이나 의견이 부모와 다르더라도 자녀의 의견과 생각을 존중해주라는 것이다.

뛰어난 재능을 가지고 있으면서도 부모의 기대와 욕심 때문에 그것을 펼치지 못하고 부모가 원하는 다른 길로 가는 사람을 본 적이 있다. 자신의 의지와 재능을 버리고 간 길에서 성공했다 하더라도, 과연 그가 행복할지는 미지수다.

아이들에게 가장 좋은 것은 부모의 개입 없이 스스로 해보고 도전해보는 것이다. 아이들은 넘어지고 다치고 성취하면서 성장한다. 어릴 때는 걸음마를 시작하면서 수없이 넘어진 후에야 걸을 수 있는 것처럼, 감정적·정서적·심리적으로도 넘어지고 다치면서 제대로 걷는 법을 익힐 수 있다. 그러나 많은 부모가 자녀들이 시행착오를 겪는 것을 견디지 못한다. 아이들이 상처 입고 아파하는 것을 보지 못하여 부모가 대신해주든지, 혹은 그러지 않도록 미리 조처한다. 단호히 말하건대, 이것은 분명히 잘못된 양육태도이다.

♥존중, 가족 사랑의 시작과 끝

존중은 자녀뿐 아니라 모든 사람이 가족에게서 바라는 것이다. 부모는 부모로서, 자녀는 자녀로서 존중을 받고 싶어한다. 각각 자기가 있는 그대로, 상대가 원하는 대로 뜯어고치지 않더라도 온전한 자신의 모습 그대로 존중받기를 원한다.

가정에서 가장 소중한 개념은 사랑이지만, 존중 없는 사랑은 침범이다. 자녀를 존중하는 부모는 자녀의 기대와 성품과 자질을 인정하고 경계선도 지키며 사랑한다. 그런 부모는 간섭하지 않고 적절한 거리를 두고서 지켜보며, 자녀가 온전히 홀로 서서 떠나갈 때까지 기다릴 수 있다. 부모든 자녀든 내가 어떤 이야기를 해도 이곳에서는 받아들여질 것이라는 신뢰가 있고 서로의 마음을 존중해준다면, 힘들지만 희망의 관계를 이루어낼 수 있다. 그러기 위해, 하나님께서 우리 부모에게 말씀하셨다.

5너는 마음을 다하고 뜻을 다하고 힘을 다하여 네 하나님 여호와를 사랑하라 6오늘 내가 네게 명하는 이 말씀을 너는 마음에 새기고 7네 자녀에게 부지런히 가르치며 집에 앉았을 때에든지 길을 갈 때에든지 누워 있을 때에든지 일어날 때에든지 이 말씀을 강론할 것이며 _신 6:5-7

하나님께서는 이스라엘 백성들이 가나안 땅에 들어간 후 광야를 경험하지 않은 다음 세대를 말씀 안에서 양육하기를 바라시며, 부모를 먼저 훈련시키셨다. '부모인 너희가 먼저 내 말을 마음에 새기고, 그 후 자녀들에게 전하라'라는 말씀이다.

자녀가 행복해지기를 원한다면 부모가 먼저 행복해야 한다. 자녀가 멋진 인생을 살기를 원하면 부모가 먼저 멋진 인생을 살아야 한다. 하나님께서 우리에게 자녀를 주신 주님의 뜻을 생각하기에 앞서, 부모가 먼저 하나님 앞에 거룩하게 서야 한다.

자녀들은 부모가 하나님 앞에서 실수했을 때 어떻게 회개하고 용서받는지, 위기를 만났을 때 어떻게 하는지를 보고 배운다. 회개하고 죄의 자리에서 돌이키는 모습, 고난 가운데 굳세게 일어서는 모습을 보면서, 자녀들도 하나님 앞에 서는 법을 배운다.

우리는 원가족과 직접 화해하든 하나님을 통해 간접적으로 화해하든 그 관계를 개선하여, 내려오는 복은 받아들이고 잘못된 관습은 단절하는 부모가 되어야 한다. 그럴 때 믿음의 대가 이어져, 천대에 이르도록 우리 가문에 은혜를 베풀겠다 하신 약속의 말씀이 성취될 것이다.

5장

배우자끼리 사이좋은 부모

가정에 두 기둥을 우뚝 세운다

결혼 후 남편이 바빠서 가정에 소홀해지자 남편 대신 아들에게 집중한 엄마가 있었다. 사실 우리나라에서는 엄마들이 '독박 육아', 즉 혼자서 육아를 전담하는 경우가 많다. 아직은 양육의 책임을 모성 쪽에 두는 경향이 강하다. 그러다 보면 남편과 가져야 할 부부간의 밀착이 자녀에게 기울어, 자녀는 양육하는 대상인 동시에 의존하는 대상, 엄마의 마음을 알아주는 존재가 되기도 한다. 이러면 엄마 쪽만이 아니라 자녀 쪽에서도 엄마와 비정상적인 애착 관계를 형성한다.

그러다가 동생이 태어나면 그 아이는 엄마에게서 떨어질까 봐, 혹은 다시는 이전처럼 사랑받지 못할까 봐 두려워하며 엄마에게 더 집착하기 시작한다. 엄마는 그런 아이를 이해하기보다 둘째 양육에 쫓겨 "너는 이만큼 자랐으니 이제 동생에게 양보해"라고 한다. 그러면 아이는 엄마 곁을 맴돌다가 기회만 생기면 엄마에게 매달리며 스킨십과 같은 애정을 갈구한다. 언젠가 이런 아이가 엄마인 줄 착각하고 옆에 앉은 교회 누나의 몸에 손을 댔는데, 그 누나의 엄마가 그걸 성추행이라고 말하는 것을 보았다. 다행히 오해는 곧 풀렸지만, 마음은 아팠다.

♥ 가정의 기둥이 해야 할 역할

부부관계는 가정의 가장 큰 기둥이자 버팀목이며, 그 가정이 거룩함을 추구하는 터전이 된다. 부부관계가 든든하고 안정적인 가정에서는 자녀들의 심리도 안정적이다. 자녀를 훌륭한 성인이 되도록 돕고 싶다면, 자녀에게 집중하기보다 부부관계를 먼저 돈독하게 세워야 한다. 사이좋은 부부 사이는 자녀와도 좋은 관계가 되는 출발점이자 버팀목임을 기억하고, 가정에서 여러 관계가 깨져 있다면 가장 먼저 부부관계부터 점검하며, 하나님 말씀에 비추어 개선해나가야 한다. 따라서 자녀양육 이전에 우선되어야 할 것은 바로 부부

관계이다. 부부가 건강한 관계를 맺고 있다면, 즉 부부가 세상에서 제일 친한 사이라면 자녀들은 안심하고 자란다.

부부의 관계성은 부부 내에 한정되어야 하며 배우자끼리 공유해야 한다. 그런데 그 관계에 틈이 벌어지면 관계가 확장되면서 문제가 생긴다. 아이가 부부 사이에 끼어 삼각 구도를 형성하거나 대리 배우자가 되기도 한다. 가족치료자 보웬(M. Bowen)은 부부 체계가 가족 체계에서 가장 우선되는 하위 체계라고 했다. 부부관계가 정립되지 못해 가정이 혹은 자녀나 배우자가 병드는 가정의 사례는 많다.

한 엄마가 딸 때문에 상담실에 왔다. 이유도 없이 갑자기 걷지 못하게 되었다는 것이다. 따뜻해 보이는 엄마와 그 엄마에게 매달리다시피 바짝 붙어 있는 딸, 그리고 걱정스러운 얼굴의 외할아버지와 외할머니가 함께 방문했다. 딸은 수영장에 갔다가 남자아이들이 자기를 물에 밀어넣어서 그렇게 되었다고 했다. 이 가정의 아빠는 매우 능력 있는 사람이어서 출장이 잦고 집에 잘 들어오지 못할 정도로 바쁘다고 했다. 그 까닭에 엄마는 자녀와 친정 부모님과 함께 살고 있었다. 엄마가 아빠와의 친밀감이 없으니 자연스럽게 자녀와 밀착 관계를 형성했고, 아이가 혼자 할 수 있는 일까지도 필요 이상으로 도움을 주었다. 동시에 엄마도 자신의 부모에게 그런 돌봄을 받고 있었다.

아이는 수영장에 빠졌기 때문이라고 했지만, 실제로 아이가 발을 쓰지 못하게 된 계기는 아버지의 전출이었다. 아빠가 다른 지방으로 가야 하니 가족들에게 이사하자고 했다. 그러나 엄마는 낯선 곳에서 부모님 없이 바쁜 남편과 살고 싶지 않았다. 딸의 갑작스러운 마비 증상은 엄마를 대신해 아빠에게 보여주는, 온몸으로 조부모와 헤어지기를 거부하는 몸짓인지도 모른다. 부부끼리는 소외되었고 친밀감이 상실되었다. 대신 엄마와 자녀는 지나치게 밀착되어 서로 의존하고 있었다.[19]

이 가정은 세대의 경계선이 매우 모호했다. 부부의 문제에 어린 딸이 끼어들고 조부모도 부부의 문제에 끼어들었기 때문에, 정작 부부관계에서 당사자인 아빠는 소외되었다. 요즘은 이런 집을 쉽게 찾을 수 있다. 고부 사이, 장서 사이에서 갈등이 심하다는 것은 결국 세대 간에 역할과 경계선이 명확하지 않아 서로 침범한다는 의미이다. 이 가정에서 생긴 문제의 주원인은 부모로부터 독립하지 못한 아내일 수 있다. 그러다 보니 남편도 자기 자리를 제대로 찾지 못하고 있었다. 내가 아빠와 상담했을 때, 그는 아내가 친정 부모에게 매여서 아이를 키우고 있으니 자신이 끼어들 자리가 없다면서, 언젠가 자신이 소리 소문도 없이 사라져도 아무도 모를 것이라고 탄식했다. 이 집 아이의 증상은 어쩌면 가정을 하나님의 관점으로 다시 세우기를 바라시는 하나님의 마음인지도 모른다.

아이에게 끌려다니면서 아이가 원하는 대로 다 들어주며 매사에 힘들다고 우는 소리를 하는 엄마가 있었다. 그는 어린 시절에 밖으로 도는 아버지와, 혼자 양육하느라 지쳐서 부부관계의 허용 범위를 넓힘으로 자녀에게 호의를 얻어 자녀를 조종하려는 어머니 밑에서 자랐다. 아버지와 어머니는 자녀양육에서 의견이 맞지 않았고 서로 친밀감을 상실했다. 아버지는 어머니가 자녀를 너무 나약하게 키운다고 불평했고, 어머니는 아버지가 너무 강압적이라고 몰아가면서 자녀의 비위를 맞추어 자기 편으로 삼았다. 어머니는 늘 아프다고 드러누웠고, 아버지는 그 모습이 보기 싫어서 집에 들어오다가도 다시 신을 신고 나가버렸다. 자녀가 이런 가정에서 자라서 어른이 되면 자신의 부모와 비슷한 자존감 수준의 가정을 이룰 가능성이 크다.

그렇게 자란 엄마는 자녀에게 어떤 규칙도 세우지 못했다. 적절한 규제를 받아보지 않았기 때문에 자신도 규제 없이 자녀를 방치했고, 그러다 걱정되면 반대로 너무 심하게 아이들을 옥죄었다. 기준 없이 우왕좌왕하는 동안에 아이와 사이만 나빠졌는데, 정신을 차리고 보니 올바른 관계에서 너무 멀어져 버린 것 같다고 말했다.

아이는 자기가 선택한 것을 책임지고 대가를 치르도록 교육받지 못한 탓에, 사춘기에 들어선 후에 제멋대로 행동하며 엄마를 무시하였고, 그럴수록 엄마는 더욱 우는 소리를 냈다. 자녀양육이 힘들면 남편에게 도움을 구하면 좋았을 텐데, 이 엄마는 그러기보다 남편에게 서운함을 느끼며, 자기 어머니처럼 혼자서 모든 것을 해결하려고 했다. 이 가정에서도 자녀양육을 바르게 하려면, 아이와의 관계를 개선하기 전에 먼저 남편과의 친밀감을 회복하고 부부 사이를 개선해야 한다.

♥ 자녀가 '심리적 배우자'가 되는 경우

시어머니와 함께 사는 가정이 있었다. 시어머니는 비아냥거리며 며느리에게 심한 말을 하곤 했는데, 며느리는 매우 힘겨웠지만 3년만 함께 살면 아파트를 물려준다고 해서 꾹 참고 있었다. 만약 며느리가 남편에게 위로를 받고 응원을 받았다면 시어머니의 심술을 견딜 수 있었을지도 모른다. 안타깝게도 남편은 부모에게서 독립하지 못한 사람이었다. 어릴 때 부모로부터 훈육을 지나치게 받아서 자존감이 낮았기 때문에, 부모의 잘못된 태도에도 그것을 거부하지 못했다. 그러면서도 자기중심적이어서, 회사 일을 핑계로 술을 많이 마시고 늦게 퇴근하기 일쑤였다.

아내는 외향적인 사람이라서 주말에 남편과 아이들을 데리고 외출하고 싶었다. 그렇게라도 해서 시어머니와 거리를 좀 두고 마음을 편하게 하고 싶었다. 그러나 남편은 주말 내내 술 마시고, 집에 누워서 쉬고만 싶어했다. 어쩌다 아내의 바람대로 영화를 보러 나가도 싸우고 돌아오기 일쑤였다. 남편은 아내의 잔소리가 싫어 술을 마시고 늦게 들어오는 일이 더 많아졌고, 아내도 힘들 때면 집을 나가곤 했다. 이 부부는 부부 사이에 문제가 있다고 생각하면서도, 문제를 직면하면 끝장을 보자는 말을 할까 봐 대면하지 않고 서로 회피하고 있었다.

이 아내는 비교적 훈육이 적은 가정에서 자랐지만, 자기 자녀는 훈육을 강하게 했다. 혹시라도 자녀가 잘못 자라서 남편처럼 시어머니에게서 독립하지 못하는 사람이 될까 봐 불안했기 때문이다. 큰아이는 짜증이 심했는데, 남편은 큰아들이 야단맞으면 어릴 때 자기가 꾸중 듣던 경험이 떠올라서 마치 자신이 야단맞는 것처럼 불쾌하고 두려움이 엄습했다. 작은아이는 유순했지만, 엄마가 힘들어서 집을 나가버리면 어떻게 하나 하는 불안감에 '부당한 관심 끌기'를 하고 있었다. 아이들은 둘 다 불안이 심해서 화장실도 혼자 못 갔다. 아이들이 보는 데서 부부가 자주 싸운 탓이라고 여겨진다.

어떤 가정은 남편이 밤에 일하는 직업을 가지고 있었는데, 대인관계를 다양하게 맺기보다 혼자서 일하기를 좋아했다. 그는 자존감이 낮고 내성적이어서 관계에 취약했고 친구가 없었다. 반면에 아내는 교회 활동을 활발하게 했고, 머리도 화장도 늘 깔끔하고 화려했다. 이전에 연예인을 꿈꾸다가 교회에서 남편을 만나 결혼하면서 꿈을 접었던 사람이다. 그렇다고 꿈을 완전히 포기한 것은 아니어서 교회에서라도 꿈을 펼치고 싶었다. 밝고 유쾌해 보이는 아내의 모습 뒤에는 자기 연민과 우울, 인정받지 못함에 대한 두려움이 숨어 있었다. 매우 의존적이어서 다른 사람의 피드백에 영향을 많이 받았다. 남편은 그런 아내를 어린아이처럼 돌보고 있었다.

남편이 밤에 일하러 나가기 때문에 아이 둘을 낳은 후부터 아내는 계속 아이들과 잤다. 아이들이 다 커서 중학생이 되었는데도 자녀들은 무서워서 밤에 혼자 못 잔다고 했다. 어쩌면 엄마가 그렇게 조종하고 있는지도 모른다. 엄마의 의존 욕구가 아이들과 분리되는 것을 막은 것 같다. 남편은 그런 아내를 안타까워하면서도, 자신이 아내에게 해줄 역할이 있어서 안심하는 것 같기도 했다. 아내는 실제로 혼자 운전도 하고 교회도 가곤 하지만 남편과의 관계 안에서는 아무것도 하지 않고 매우 의존적이었다. 의존을 통해서 남편의 사랑을 확인하려고 하는 어린아이 같았다.

남편이 애쓴 덕분에 결혼이 유지되고는 있었지만, 남편은 매우 힘들어했다. 그동안 책임감을 가지고 성실하게 가정을 짊어지고 있었지만, 너무 힘들면 한 번씩 폭발했다. 그러고 나면 더 우울해했다. 아내도 자신이 성장해야 한다는 것은 알지만, 남편이 밤에 출근하고 나면 허전해서 아들들을 데리고 잠을 청했다. 그런데 이제 아들들은 사춘기에 접어들었고, 남편의 직업을 바꿀 수도 없는 형편이어서 어찌해야 할 바를 모르고 있었다.

이상의 사례에서 보듯이, 남편과 사이좋지 않은 엄마들은 필요 이상으로 자녀양육에 매달려 자녀를 '심리적 배우자'로 만든다. 그렇게 되면 절대로 자녀를 떠나보내지 못한다. 마마보이, 파파걸은 고치지 못하는 질병이다. 어쩌면 암보다 더 무서운 질병일지 모른다.

♥첫째, 가정의 목표를 다시 세우라

부부가 사이가 좋아야 자녀를 대리 배우자가 아니라 하나님의 형상으로 볼 수 있다. 하나님의 형상으로 보아야 온전히 집착을 버리고 하나님께서 그 자녀를 책임져주신다는 인식도 생긴다.

부부관계가 제대로 성립되지 않아 자녀와 기형적인 애착 관계를 형성하면, 하나님을 향해야 할 관계의 방향까지 자녀에게 향하여 가장 근본적인 하나님과의 관계를 단절해버린다. 그러고는 모든 에너지를 쏟아부어 자녀와 한 덩어리(enmash)가 되는 것이다. 서로 엉켜 있어서 아이와 자기 자신이 분리가 안 된다. 그래서 아이가 밖에 나가서 맞고 들어오기라도 하면 미쳐버릴 것 같고, 학교에서 성적이 조금만 떨어져도 소화가 안 되고 머리가 지끈거려서 일상생활이 불가능해진다. 그러나 부모와 자녀는 각각 다른 존재이고, 다른 존재여야 한다.

그러면 해결책은 있는가? 틀어진 부부의 관계를 어떻게 재정립할 수 있을까? 성경은 결혼에 대해 무엇이라고 말씀하고 있는가? 부부가 어떤 결혼 생활을 해야 다음 세대인 자녀가 하나님을 바라보고 살 수 있을까?

부부의 관계를 바르게 세우려면 가정의 목표를 다시 세워야 한다. 그 목표는 가정이 교회가 되는 것이다. 교회는 예수 그리스도가 죽으심으로 태어난, 하나님이 직접 만드신 공동체이다. 가정 역시 하나님이 직접 만드신 최초의 공동체이다. 교회와 가정의 목표는 행복이 아니라 거룩이어야 하고, 교회의 주인이 예수님인 것처럼 가정의 주인도 예수님이셔야 한다. 그래야 그 결혼에, 그 가정에 기적이 일어난다. 하나님을 우선순위로 두면 자기중심적인 이기심을 벗어날 수 있고 서로 돕는 배필로서 살 수 있다.

그런데 부부간에 가장 큰 문제는 서로 존중이 없는 것이다. 앞 장에서 사랑과 존중이 얼마나 중요한지 말했다. 부부가 서로 가정에 바라는 바, 상대에게 바라는 바를 우선하기 때문에 존중하기보다 배려받기를 바란다. 부부 사이가 가장 가까워야 하는 사이는 맞지만, 가정의 목표는 부부 사이를 우선하는 것이 아니라 교회를 세우는 것이어야 한다. 그럴 때 비로소 자기중심적인 생각을 내려놓고 서로 존중할 수 있다. 모든 부부 문제는 주님을 경외함으로 피차 복종하는 존중이 없을 때 발생한다.

그리스도를 경외함으로 피차 복종하라 _엡 5:21

♥둘째, 떠나고 연합하고 하나가 되라

부부관계를 바르게 하기 위해, 결혼은 떠나고 연합하고 하나가 되는 여정임을 다시 인식해야 한다.

이러므로 남자가 부모를 떠나 그의 아내와 합하여 둘이 한 몸을 이룰지로다

_창 2:24

이 구절은 신약성경의 각기 다른 곳에 세 번 반복해서 나온다. 예수님은 이혼 문제를 논하면서 이 구절을 인용하셨다(마 19:5). 바울은 결혼 생활에서 남편과 아내의 역할을 논하면서 이 구절을 인용하였고(엡 5:31), 고린도인들에게 성적 부도덕을 피하라고 경고하면서 이 구절을 다시 인용하였다(고전 6:16).

원가족을 떠나 새 가정을 이루는 데에는 명확한 세 단계가 있다. 첫 번째 단계는 아버지와 어머니를 떠나는 것이다. 두 번째 단계는 배우자와 연합하는 것이고, 세 번째 단계는 배우자와 하나가 되는 것이다.

가정을 떠나 새 가정을 이루기까지 본래 어떤 변화가 나타나는지 좀 더 자세히 살펴보자. 이 변화의 과정을 어떻게 이끌어가느냐에 따라 새로운 가정생활을 얼마나 건강하고 성공적으로 해나갈 수 있는지가 결정된다.

떠나라 : 결정권 주고받기

먼저 떠남을 배워야 한다. 이는 결정권을 주고받는 것이다. 사람이 결혼하여 원가정을 떠나면 함께하던 사람들이 뒤에 남겨진다. 남은 사람 중에서 부모의 비중이 제일 크다. 그런데 착각하지 말아야

하는 것이 있는데, 부모가 남겨진다는 것은 인생의 결정권이 부모에게서 배우자에게로 이양된다는 말이지 부모가 버려진다는 의미는 아니라는 것이다. 일단 자녀가 결혼하면 자녀의 삶에 대한 부모의 역할이 달라져야 한다. 부모를 떠나는 것은 지리적 · 영적 · 감정적 · 경제적 독립, 그리고 관계상의 독립을 한다는 의미이다. 그러므로 남녀는 각각 원가족을 떠나 새로운 가정을 이루어야 한다.

만약 떠날 만큼 충분히 성장하지 못했거나 어른이 되지 못했다면, 책임감 있는 결혼 생활을 해나가는 데 어려움을 느낄 것이다.

예수는 지혜와 키가 자라가며 하나님과 사람에게 더욱 사랑스러워가시더라

_눅 2:52

몸은 성장했지만 사회적 · 정서적으로 아이 상태에 머물러 있는 사람을 '성인아이'라고 한다. 가정의 문제(부모의 부재, 사별, 이혼, 학대, 중독, 폭력) 때문에 성장에 방해를 받은 사람들은 성인이 되어서도 부모의 교육(돌봄)이 필요하다.

성장기의 결핍을 메우는 데 필요한 것은 배우자가 아니라 부모이다. 불행히도 이런 사람들은 배우자에게 부모의 역할을 기대하며, 정서적으로도 연약해서 쉽게 상처받는다.

이런 사람에게는 육신의 부모가 채워주지 못한 자리에 하나님이 계시도록 이끌어주어야 한다. 육신의 부모가 우리를 버려도, 하나

님은 우리 아버지가 되셔서 우리를 받아주겠다고 약속하신다.

내 부모는 나를 버렸으나 여호와는 나를 영접하시리이다 _시 27:10

하나님이 주인 되시는 가정은 어릴 때의 상처를 극복하려는 사람들에게 치유와 회복의 장소가 된다. 그러나 반대의 가정은 오히려 상처를 더하는 모양새를 가진다.

어떤 사람은 결혼하고도 계속 어린아이의 자리에 머물면서 비정상적으로 부모에게 의존한다. 반대로 자녀가 성인이 되었는데도 놓아주지 않고 계속 자기에게 의존하기를 바라는 부모도 있다. 이런 부모는 자녀의 부부 문제뿐 아니라 경제적 부분까지 간섭한다. 이런 상황이 계속된다면 배우자는 자신도 모르게 상대방의 부모에게 원망을 품게 된다. 원가정을 떠나더라도 부모와 관계가 좋아야 하지만, 때가 돼서도 서로 떠나지 못하고 의존하거나 간섭하려는 가정은 축복과 양육의 장소가 아니라 속박과 억제의 장소가 된다. 그러므로 원가정, 즉 부모에게서 제대로 떠나는 과정이 결혼의 첫 단계이다.

연합하라 : 마음과 힘을 합해 생활하기

원가족과 건강하게 분리되었다면, 그런 다음에 부부는 연합하여 하나가 되기 위해 노력해야 한다. 사람이 부모를 떠나는 것은 배우자와 합하기 위해서이기 때문이다. 건강한 결혼 생활을 해나가려면 남편과 아내가 서로 연합해야 하며, 연합한다는 것은 둘이 마음과 힘을 합해 생활해나간다는 뜻이다.

부부의 연합이란 둘이 상의하고 결정하여 가정을 세워나가는 것이다. 그런데 결혼 후에도 둘 중 한쪽이 독단적으로 어떤 것을 결정하거나 가정의 일을 배우자가 아닌 원가족과 상의한다면, 즉 우선순위를 다른 데 둔다면, 이것은 결혼의 기반을 무시하는 행동이다. 제대로 연합하지 못한 것이다.

사실 원가족을 떠나 결혼이라는 과정을 통해 새로운 생활을 시작하는 일은 쉽지 않다. 안전하고 익숙한 환경을 떠나 새롭고 불확실한 생활 속으로 들어가는 것이기 때문이다.

그러면 어떻게 해야 잘 연합할 수 있을까?

연합의 시작은 바로 예수 그리스도께 순종하는 것이다. 연합의 기준을 예수 그리스도에게 두면 되는 것이다. 가정의 목표가 교회를 세우는 것이므로, 이런 목표가 잘 서 있다면 자연스럽게 예수 그리스도가 연합의 기준이 된다.

부부가 연합하려면 먼저 각자가 하나님께 나아가 그분의 사랑으로 가득 채워져야 한다. 하나님의 사랑이야말로 결혼을 아교처럼 결속시키는 사랑이다. 옳고 그름을 따지기보다 조건 없는 사랑으로 품을 때, 연합의 은혜가 넘쳐 서로를 구원하는 관계가 된다.

하나가 되라 : 서로를 존중하고 받아들이기

마지막으로, 결혼 생활에 대한 하나님의 궁극적인 계획은 하나 됨 이다. 하나님은 부부가 한 몸이 되기를 원하신다. 예수님은 "그런즉 이제 둘이 아니요 한 몸이니"(마 19:6)라고 말씀하셨다. 그러므로 결혼은 취소할 수 없는 밀접한 거리를 수반한다. 비록 이혼하더라 도 상대의 일부분은 여전히 자신 안에 남아 있다. 그래서 이혼은 두 사람의 삶을 분리하는 것이 아니라, 두 사람의 공유된 삶을 찢어 놓 는 것이다.

결혼식에서 주례자가 성혼을 선포하면 두 사람은 공식적으로 연 합하여 하나가 된다. 그리고 그리스도인 남편과 아내는 하나님에 의해 연합하여 영적으로 하나가 된다. 이 심오하고 강력한 영적 결 합은 바로 성령으로 말미암는 것이다.

부부가 되는 것은 일단 연합하는 것이지만, 하나가 되는 것은 즉 시 이루어지기도 하고 시간을 두고 이루어지기도 한다. 그런데 한 몸이 된다는 것은 개인의 정체성을 버리고 배우자와 같아진다는 뜻 이 아니다. 서로의 정체성을 존중하고 받아들이며, 겸손과 사랑 안 에서 함께 인생 길을 걸어간다는 것을 뜻한다. 하나가 되어가는 길 에서 이 말씀들을 기억하라.

22아내들이여 자기 남편에게 복종하기를 주께 하듯 하라 23이는 남편이 아내 의 머리 됨이 그리스도께서 교회의 머리 됨과 같음이니 그가 바로 몸의 구주시니라 ²⁴그러므로 교회가 그리스도에게 하듯 아내들도 범사에 자기 남편에게 복종할지니라 ²⁵남편들아 아내 사랑하기를 그리스도께서 교회를 사랑하시고 그 교회를 위하여 자신을 주심같이 하라 _엡 5:22-25

그러나 너희도 각각 자기의 아내 사랑하기를 자신같이 하고 아내도 자기 남편을 존경하라 _엡 5:33

남편들아 이와 같이 지식을 따라 너희 아내와 동거하고 그를 더 연약한 그릇이요 또 생명의 은혜를 함께 이어받을 자로 알아 귀히 여기라 이는 너희 기도가 막히지 아니하게 하려 함이라 _벧전 3:7

그리고 부부는 정서적 필요를 채움으로써 하나가 되어야 한다. 부부는 서로의 깊은 정서적 필요를 채워주어야 하는 사이이기 때문이다.

여호와 하나님이 아담을 깊이 잠들게 하시니 잠들매 그가 그 갈빗대 하나를 취하고 살로 대신 채우시고 _창 2:21

하나님이 아담의 갈비뼈를 취하여 여자를 만드셨다. 갈비뼈는 가장 상처 입기 쉬운 심장을 비롯한 장기들을 보호하는 역할을 한다.

그런 자의 남편의 마음은 그를 믿나니 산업이 핍절하지 아니하겠으며

_잠 31:11

아내는 남편의 갈비뼈 역할을 하고 남편은 가정의 심장과 같은 역할을 한다. 남편에게도 상처받기 쉬운 연약함이 있다. 이럴 때 아내가 남편의 정서적 필요를 채우고 강하고 담대해지도록 보호함으로 하나 되는 은혜를 누릴 수 있다.

또한 부부로서 성적 관계를 맺을 때 한 몸이 된다. 서로의 육체적 필요를 채움으로써 하나가 되어 연합하는 것이다. 부부가 누리는 이러한 한 몸 됨의 관계는 그리스도와 그리스도의 신부인 교회의 관계이다. 하나님께서는 부부의 하나 됨을 지상에서 가장 아름답고 신비롭고 친밀한 관계라고 말씀하셨다.

네 샘으로 복되게 하라 네가 젊어서 취한 아내를 즐거워하라 _잠 5:18

서로 분방하지 말라 다만 기도할 틈을 얻기 위하여 합의상 얼마 동안은 하되 다시 합하라 이는 너희가 절제 못함으로 말미암아 사탄이 너희를 시험하지 못하게 하려 함이라 _고전 7:5

15너는 동산의 샘이요 생수의 우물이요 레바논에서부터 흐르는 시내로구나 16북풍아 일어나라 남풍아 오라 나의 동산에 불어서 향기를 날리라 나의 사랑

2부 | 관계의 '시작'과 사이좋은 부모 되기

하는 자가 그 동산에 들어가서 그 아름다운 열매 먹기를 원하노라 _아 4:15-16

아내와 남편이 서로의 육체적 · 정서적 · 영적 필요를 채워 하나
됨을 이룰 때, 그 가정을 통해 하나님의 일을 하는 공동체가 된다.

❤️ 셋째, 돕는 배필이 되기를 노력하라

결혼은 돕는 배필이 되는 것임을 마음에 새겨야 한다.

여호와 하나님이 이르시되 사람이 혼자 사는 것이 좋지 아니하니 내가 그를
위하여 돕는 배필을 지으리라 하시니라 _창 2:18

누가 진짜로 하나님을 사랑하는지는 그가 배우자를 사랑하는 모
습을 보면 알 수 있다. 돕는 배필은 상대를 내 뜻대로 바꾸려 하지
않고 평생 그 모습 그대로 받아들이고 살아간다. 이런 것처럼 자신
의 모습도 그대로 받아들여져야 한다. 그런데 이 일이 말처럼 쉽지
는 않다. 지금 모습 이대로 받아들이기 힘들어하는 경우가 많다.
결혼하면 많은 사람이 남편을 통해, 또 아내를 통해 자신의 갈망
을 채우려고 한다. 결혼으로 내가 못 이룬 모든 것을 이루고 부족한
것을 채우려고 하면, 그 결혼은 실패할 수밖에 없다. 그러나 주님은

오직 주께서 각 사람에게 나눠주신 대로, 하나님이 각 사람을 부르신 그대로 행하라고 하신다. 하나님을 갈망하며 자신의 것은 온전히 자신이 감당하고 성취해야지, 다른 사람 평계를 대면 안 된다는 것이다.

유진 피터슨은 《메시지 성경》에서 "오직 주께서 각 사람에게 나눠주신 대로 하나님이 각 사람을 부르신 그대로 행하라 내가 모든 교회에서 이와 같이 명하노라"라는 고린도전서 7장 17절 말씀을 이렇게 설명했다.

"여러분은 어딘가 다른 곳에 있기를 바라거나, 누군가 다른 사람과 살았으면 하고 바라서는 안 됩니다. 여러분이 지금 있는 곳이야말로 하나님께서 여러분을 위해 마련해주신 삶의 자리입니다. 바로 거기에서 살고 순종하고 사랑하고 믿으십시오. 여러분의 삶의 가치를 결정하는 것은 하나님이시지, 결혼 여부가 아닙니다."

우리가 자신의 부족이나 배우자의 부족이나 환경의 부족을 느낄 때 '다른 사람과 결혼했더라면' 하는 생각을 할 수는 있다. 그러나 이런 생각으로는 문제를 해결할 수 없다. 돈이 더 많은 배우자와 결혼했으면, 더 자상한 배우자와 결혼했으면, 엄마같이 잘 돌보는 배우자와 결혼했으면, 음식도 잘하고 성격도 좋고 예쁘고 몸도 건강하고 부지런한 사람과 결혼했더라면 하고 바라지 말고, 지금 당신이 있는 곳, 바로 거기에서 하나님을 믿고 순종하며 살라는 것이다. 남편과 아내, 결혼, 돈, 그 외 내가 기대하는 그 어떤 것도 우리 삶을 규정하지 못한다. 우리 삶을 규정하는 것은 바로 하나님이시다.

♥넷째, 자기중심의 이기심과 우상 버리기

부부는 이기심과 자기중심의 우상을 버려야 한다.

> 그리스도를 경외함으로 피차 복종하라 _엡 5:21

하나님은 부부가 서로 사랑하고 존중하고 신뢰함으로 하나 되기를 바라신다. 그러나 죄가 세상에 들어온 후 가장 가까운 관계인 부부관계에 자기중심적인 성향, 이기심이 만연하여 서로를 비난하고 원망하고 평계 대기에 바쁘다.

> 12아담이 이르되 하나님이 주셔서 나와 함께 있게 하신 여자 그가 그 나무 열매를 내게 주므로 내가 먹었나이다 13여호와 하나님이 여자에게 이르시되 네가 어찌하여 이렇게 하였느냐 여자가 이르되 뱀이 나를 꾀므로 내가 먹었나이다 _창 3:12-13

많은 부부가 제각각 무시당하고 존중받지 못해서 일생이 억울하다고 하소연한다. 남편은 평생 가족을 위해 헌신했는데, 격한 말 한

두 마디 했다가 자녀들과 사이가 틀어졌고, 아내는 혼자서 육아를 감당했다며 "그동안 당신은 무엇을 했냐"고 다그친다. 아내는 남편이 벌어오는 돈으로 알뜰히 살림하고 자신도 아르바이트를 하며 아이들을 키웠는데, 아이들이 크고 나서는 저 혼자 큰 것처럼 엄마를 무시해서 마음이 상한다. 남편한테 위로를 받으려 해도, 남편은 집에서 살림하는 게 뭐가 힘드냐고 한다면서 억울해한다.

이때 주님은 우리에게 우상을 버리라고 한다. 어떤 우상을 버리라는 것일까? 우리가 쉽게, 자기도 모르게 우상의 자리에 놓는 것이 바로 자기 자신이다. 자기중심적인 생각을 가지고 자기를 신의 자리에 놓는 것은 창세기 3장의 범죄 이후부터 나타난 인간의 모습이다.

모든 인간은 하나님을 제하고 자기가 자기 삶의 중심에 있고자 한다. 하나님의 말씀에 따라 사는 것이 아니라 자기가 판단하고 생각하는 대로 살려는 것이 바로 자기중심적인 우상이다.

우리는 대개 성인이 된 후에 결혼하는데, 몸은 어른이 되었지만 그 안은 여전히 어린아이인 채로 결혼 생활을 하는 부부가 너무 많다. 어린아이의 특징은 자기만 아는 것이다. 상대를 탓하고, 상대를 내 의지대로 바꾸려고 한다. 상대방을 바꿔서 내가 행복하려 한다면 그 가정은 지옥이 되고 만다. 정신적으로 어린 사람은 사랑이라는 이름으로 끊임없이 배우자에게 밀착하여 통제하고 고치려 하기 때문이다. 자신 역시 돕는 배필이어야 함을 망각하고 상대방만 돕는 배필이 되어주길 바란다.

게리 토마스는 《결혼, 영성에 눈뜨다》에서 가정의 목표는 행복이 아니라 거룩함이라고 설파하고 있다.[20] 목표를 제대로 잡으면 우리는 하나님의 뜻대로 살 수 있다. 하나님을 우선순위로 두면 이기심에서 벗어나서 돕는 배필로 살게 된다는 말이다.

부부를 상담해보면, 대부분 성격이 맞지 않아서 살 수 없다고 한다. 그러나 자세히 들어보면, 이들은 원하는 것을 표현하는 법을 배운 적이 없고 실상 무엇을 원하는지도 서로 모른다. 그러고는 기대가 채워지지 않아서 서운하고 억울하다고, 그래서 이혼하겠다고 한다. 그렇다면 이것은 누구의 잘못인가? 누구의 기대가 먼저 해결되었어야 하는가? 누구의 기대가 더 중요하고 더 큰가? 이것은 정말 어리석은 질문이다. 부부 사이에서는 이런 질문 자체가 성립될 수 없다.

우리는 대개 성장 과정에서 기대를 표현하는 방법을 배우지 못했다. 특히 우리나라는 '동방예의지국'이라 부르며, 유교적 예절을 중요시하여 양보를 미덕으로 보기 때문에, 사양하는 것을 예의 바른 일이라고 여긴다. 그러니 더 배우기 힘들었다.

어떤 사람은 화를 내면서, 또 어떤 사람은 울면서 표현했던 기대라는 것이 당사자 각자에게는 너무나 절실하고 중요하다. 그러나 남자와 여자가 다른 것처럼 서로 원하는 것도 표현하는 방식도 정말 다르다. 그런데 부부라면, 사랑한다면 알아서 해줄 것으로 생각하고 서로 그러기를 바라기 때문에, 이런 상황에서 갈등은 불가피하다.

부부 감정 코치인 최성애는 《행복 수업》에서 부부 갈등의 31퍼센트는 풀리는 문제이지만 69퍼센트는 풀리지 않는 문제라고 말한다. 남편들이 일, 스포츠, 섹스 등을 생각할 때 아내는 인간관계를 주로 생각하고, 섹스, 애완동물, 먹을 것, 후회, 소변, 나이 드는 것, 남자들 흉보기 등을 잡다하게 생각한다. 이런 온도 차이는 유전자, 환경, 성장 과정 등으로 오랫동안 형성된 것이다.[21]

부부는 다를 수밖에 없다. 그런데 차이를 인지하지 않고 '나는 이렇게 생각하는데 저 사람은 왜 저럴까?' 하고 판단하면 할수록 서로의 거리는 점점 더 멀어진다. 가까우면 가까운 사이일수록 기대가 크기 때문에, 상대편의 처지에서 생각하는 것은 너무 어렵다.

♥ 다섯째, 사랑하는 법을 배우기

그러므로 부부는 사랑을 배워야 한다. 가만히 있는다고 저절로 사랑하게 되지 않는다. 결혼하고 2-3년이 지나면 사랑하게 하는 호르몬이 더는 분비되지 않는다고 한다. 따라서 결혼을 통해 상대가 알아주기를 바라는 '결핍사랑'으로 살면 바라는 배필이 되고, 결혼을 통해 상대를 채워주려는 '성장사랑'으로 살면 돕는 배필이 된다. 돕는 배필은 주님의 사랑으로 스스로 충족되어 상대에게 그 사랑을 흘려보내는 것이다.

> 내가 주는 물을 마시는 자는 영원히 목마르지 아니하리니 내가 주는 물은 그
> 속에서 영생하도록 솟아나는 샘물이 되리라 _요 4:14

> 남편들아 이와 같이 지식을 따라 너희 아내와 동거하고 그를 더 연약한 그릇
> 이요 또 생명의 은혜를 함께 이어받을 자로 알아 귀히 여기라 이는 너희 기도
> 가 막히지 아니하게 하려 함이라 _벧전 3:7

아내와 남편은 각각 서로를 공부해야 한다. 남편은 아내를 관찰하며 아내가 언제 기뻐하는지, 어떤 것을 싫어하는지, 무엇을 원하는지, 언제 신이 나는지, 어떤 것을 힘들어하는지 공부해야 한다. 아내 역시 남편을 이처럼 공부해야 한다.

돕는 배필이 되라는 주님의 말씀은 상대방 중심으로 생각하라는 것인데, 우리는 이것을 참 못 한다. 그러니 계속 자기중심적으로 생각하는 것이다. 이것이 바로 우상숭배이다. 자기 자신이 우상이고 자기의 판단이 우상이 된다. 자기가 중심이고 기준이기 때문에, 저 사람이 틀린 게 아닌데도 틀렸다고 생각한다. 그때 필요한 것은 나라는 우상을 내려놓는 일이고, 이것은 사랑으로만 가능하다.

에베소서 5장 22-30절은 남편과 아내, 곧 부부에 대한 말씀인데 종종 이해가 안 된다는 사람들이 있다. 그렇다면 그 앞의 15-21절

을 읽으면 이해가 된다.

> 15그런즉 너희가 어떻게 행할지를 자세히 주의하여 지혜 없는 자같이 하지 말
> 고 오직 지혜 있는 자같이 하여 16세월을 아끼라 때가 악하니라 17그러므로 어
> 리석은 자가 되지 말고 오직 주의 뜻이 무엇인가 이해하라 18술 취하지 말라
> 이는 방탕한 것이니 오직 성령으로 충만함을 받으라 19시와 찬송과 신령한 노
> 래들로 서로 화답하며 너희의 마음으로 주께 노래하며 찬송하며 20범사에 우
> 리 주 예수 그리스도의 이름으로 항상 아버지 하나님께 감사하며 21그리스도
> 를 경외함으로 피차 복종하라 _엡 5:15-21

이 구절은 그다음에 나오는 구절, 곧 부부관계에 적용되고 있다.
진짜로 예수 믿으면 부부의 관계가 달라진다는 말이다. 만일 예수
를 믿는데 달라지지 않았다면, 그건 교회를 다녔을 뿐 예수를 진정
으로 믿은 것은 아니다. 예수가 내 안에 계시고 내 주님이 되는 것
을 깨달아야 예수 믿는 사람이라고 할 수 있다. 그러므로 부부 문제
의 해답은 내가 예수님으로 인해 행복해지는 데 있다.

내 안에 계신 예수께서 주께 하듯 남편에게 복종하라고 하신다.
그리스도께서 교회를 사랑하고 그 교회를 위하여 자기를 주심같이
아내를 사랑하라고 하신다.

복종이든 사랑이든 사람의 본성으로는 할 수 없다. 그런데 결혼
에서 이것이 가능해지는 기적이 일어나는 비밀이 있다. 앞에서 말

했듯 결혼의 목표가 행복이 아니라 거룩함일 때 가정은 영광스러운 교회가 되고, 복종하고 사랑하는 기적이 일어난다. 이때 하나님은 결혼이 기적이 되게 하신다.

주님의 계획은 결혼이 기적이 되는 것이다. 기적은 우리가 일으키는 것이 아니다. 우리 힘으로는 할 수 없다. 예수 그리스도가 교회의 주인이시듯이, 우리 가정에서도 주인이 되셔야만 일어나는 일이다. 하나님은 이것이 비밀이라고 하셨다.

부부는 서로를 통해 자기의 결핍을 채우려 해서는 안 된다. 그것을 목적으로 사랑한다면, 그 사랑은 곧 사라지고 만다. 그러므로 서로의 결핍을 채우기 위한 사랑이 아니라 주님으로부터 공급받아 서로에게 흘려보내는 사랑을 해야 한다. 그러기 위해서는 결단하는 사랑, 존중하는 사랑, 믿어주는 사랑, 끝까지 견디는 사랑으로 사랑해야 하겠다.

특히 신뢰는 부부 간에 매우 중요하다. 래리 발라드는 《가족, 놀라운 하나님의 선물》이라는 책에서 예수 그리스도라는 기초석 위에 가정을 세우는 네 가지 벽돌로 조건 없는 사랑, 신뢰, 존중, 이해를 들고 있다.[22] 예를 들어 배우자가 외도를 하면 가정을 깨뜨리지 않기 위해서 용서하고 결혼 생활을 유지할 수는 있겠지만, 이전과 달리 신뢰는 깨진 상태이다. 신뢰는 가장 깨지기 쉬우며, 한 번 깨지면 가장 오랜 시간에 걸쳐 회복되는 덕목이다. 부부 사이에는 신뢰와 사랑이 있어야 한다.

♥여섯째, 믿음의 가문 세우기

부부는 믿음의 명문 가문을 세우려고 노력해야 한다. 믿음을 지켜서 천 대까지 은혜를 누리는 믿음의 명문 가문이 되는 것은 우리 힘으로는 안 된다.

> 나를 사랑하고 내 계명을 지키는 자에게는 천 대까지 은혜를 베푸느니라
> _신 5:10

> 그에게는 영이 충만하였으나 오직 하나를 만들지 아니하셨느냐 어찌하여 하나만 만드셨느냐 이는 경건한 자손을 얻고자 하심이라 _말 2:15

남편과 아내를 오직 하나씩만 두게 하신 것은 부부를 하나 되게 하여서 경건한 자녀를 얻고자 하시는 주님의 큰 그림이다. 자녀에게 가장 좋은 선물은 부부가 사이좋게 지내서 자녀들이 안심하고 자랄 수 있는 베이스 캠프가 되어주는 것이다. 그 어떤 것도 부부 사이에 끼어들 수 없고, 끼어들어서도 안 된다.

가정의 중심은 부부이다. 아무리 전적인 돌봄이 필요할 정도의 장애가 있는 자녀나 질병 가운데 있는 부모가 있더라도, 가정의 중심은 부부이다. 언제나 그래야 한다. 부모가 배우자보다 자녀를 더 사랑하거나 부모를 더 신뢰하는 것은 가정을 향한 하나님의 뜻이

아니다.

　하나님은 우리 가정이 티나 흠이나 주름 잡힌 것이 없이 거룩하게 하여 우리 가정을 통해 하나님의 뜻을 이 땅에 널리 펼치려 하신다. 그것이 하나님의 뜻이다.

6장

자기 자신과 사이좋은 부모

자녀의 자존감이 높아진다

하나님은 우리에게, 그리고 우리 가정에 하나님의 사랑으로 서로 사랑하라고 하셨다. 또한 하나님을 사랑하고 이웃을 사랑하라고 하셨다. 그런데 여기에는 조건이 하나 있다.

둘째도 그와 같으니 네 이웃을 네 자신같이 사랑하라 하셨으니 _마 22:39

이웃, 곧 타인을 나 자신처럼 사랑하려면 먼저 나를 사랑해야 한다. 하나님의 사랑을 받는 나를 사랑할 줄 알아야 나를 사랑하듯 이웃을 사랑할 수 있다. 만약 나를 사랑하지 못한다면 이웃도 사랑하지 못한다.

자신을 사랑한다는 말은 자기만 사랑하는 이기심과는 확연히 다르며, 자기 자신과 사이좋다는 의미이다. 자신을 긍정적으로 받아들이고 긍정적인 시선으로 보는 것이다.

고린도전서 3장 1-3절은 그리스도 안에서 어린아이들 같은 자들은 육신에 속하여 시기와 분쟁을 일삼고 있다고 말한다. 다툼이 있고 폭력적이고 학대적인 가정에서 자란 사람들은 어린 시절에 상처받았던 가정의 분위기에서 벗어나지 못한 채 그 자리에 머물러 있다. 평소에는 아무렇지도 않다가, 스트레스 상황에 부딪히면 어린 시절에 느꼈던 두려움에 매몰되어 버린다.

자녀들은 부모가 자기 자신을 어떻게 생각하고 사랑하는지에 큰 영향을 받는다. 그러므로 부모는 하나님이 우리를 바라보는 시선으로 자신을 바라보고, 건강한 방식으로 자신을 사랑할 줄 알아야 한다. 잘못된 방식으로 양육되거나 학대받은 자녀는 그 부모와 자신을 동일시하여, 훗날 부모가 되었을 때 부모의 양육방식을 답습하며 자기가 받은 나쁜 양육방식을 되풀이한다. 하나님이 바라보는 시선이 아니라 여전히 부모의 나쁜 양육방식과 잘못된 시선으로 바라보기 때문에, 자신을 사랑할 수 없을 뿐 아니라 자녀를 사랑하는 데도 문제가 생기는 것이다.

♥ 나를 부정하게 하는 결핍들

우리는 어떻게 잘못된 방식으로 양육되었고, 그 결과 어떻게 나를 부정적으로 받아들이며 어떤 '역기능 가정'을 형성하는 것일까? 우리는 왜 나를 긍정하지 못하고 사랑하지 못하는 것일까? 만약 내가 나를 사랑하지 못한다면, 그 원인을 찾아 제거하면 된다. 먼저 나의 결핍을 살펴보자. 그러려면 우리의 어린 시절을 들여다보아야 한다.

아이들은 부모의 정서적·신체적 지지가 필요하다. 아이와 아이의 필요를 존중해주고, 아이가 자신의 감정을 긍정하도록 허용해야 한다. 아이 개인의 본성을 존중해야 한다는 말이다. 만약 자신이 어린 시절에 다양한 감정을 긍정받지 못했다면, 지금 자신 안에 그때의 감정, 즉 긍정을 받지 못해 생긴 여러 가지 감정이 그대로 남아 있다는 것을 인정해야 한다. 이 말은 자신에게 상당한 약점과 단점이 있음을 수긍해야 한다는 말이기도 하다. 그러나 많은 부모가 그렇게 하지 못한다.

우리 부모님 세대와 우리 세대가 받은 교육은 통제되고 획일화된 것이었다. 감정을 정직하게 대면하고 돌아보는 방법을 배우지 못하고, 자신의 감정을 자유롭게 표현하지 말라고 배웠다. 억울하거나 화가 나도 그냥 참아야 했고, 좋아도 마음껏 표현할 수 없었다. 분노를 비롯한 감정의 에너지를 억압해왔다. 그게 미덕인 줄 알았다. 그러나 감정이란 우리를 있는 그대로의 삶과 생생하게 연결시켜 주는 것으로, 우리가 감정 표현을 억압하여 감정과 단절되면 우리의 마음과 욕구를 제대로 알 수 없다. 그래서 아무것도 충족시키지 못하여 불만족스러운 상태가 지속된다. 무엇을 어떻게 얼마나 원하는지를 모르니, 충족시키는 방법도 알 수 없는 것이다.

아이는 엄마의 감정을 통해 자기의 핵심 감정을 형성한다.[23] 아이의 초기 욕구를 '건강한 자기애적 욕구'라고 하는데, 자기애적 욕구를 한 번도 채움 받지 못한 아이가 자라서 부모가 되면 자녀들을 자신의 자기애적 만족을 채우는 대상으로 이용한다. 이러면 아이는 아무리 어리더라도, 자신이 생존하기 위해서 부모의 정서적 필요를 돌보아야 한다는 것을 직관적으로 깨닫는다.

이제 여러 가지 사례에서 결핍의 종류를 살펴봄으로써, 내 결핍의 원인을 하나씩 찾아보자

결핍의 신체적 원인

아이는 신체 접촉을 통해 따뜻함, 소속, 애착을 느낀다. 따뜻한 신체 접촉을 통해서, 신뢰할 수 있고 의지할 수 있는 누군가가 바깥세상에 있다는 것을 알아간다. 신체 접촉이 없으면 아이들은 죽을 수도 있다.

2차 세계대전 후 유럽에서는 전쟁고아가 많이 생겼다. 국가에서 지원하는 보육원은 다른 곳보다 시설이 좋고 영양도 충분히 공급하면서 위생적인 환경에서 아이들을 돌보고 보호했다. 그런데 오히려

열악한 보육원보다 사망률이 높았고, 생존한 아이들조차 신체적·정신적 발달이 부진했다. 원인을 살펴보니 그 보육원은 돌보는 손길이 부족해서 아이들이 신체적 접촉을 많이 못 받았기 때문이었다.

결핍의 정서적 원인

정서적 접촉은 관심을 보여주고, 아이의 가치를 인정하고 높게 평가하며 발달의 성취에 성원을 보내는 것이다. 아이들은 모두가 각각 특별한 사람으로서 소중히 여김을 받아야 한다. 아이의 감정, 필요, 충동이 돌보는 사람을 통해 메아리쳐 아이에게 돌아가야 아이들은 자신에 대한 감각을 가질 수 있고 내면의 통합이 일어난다.

그런데 만약 어떤 부분은 받아들여지고 어떤 부분은 거절당한다면, 거절당한 부분은 쪼개져 나간다. 우리 안에서 거절당한 부분이 남아 있음을 느낄 때마다 내면화된 부모의 눈과 목소리로 거절을 반복하고, 이렇게 거절당한 부분들은 지하에 숨어 작동한다. 성적 느낌, 분노, 공격성 등등이다. 그러다가 예고도 없이 자제력과 통제력을 잃고 감정이 폭발하면서 드러난다.

강제로 착한 아이가 되었거나 즐거움을 표현하는 것을 절제하도록 길러지면 '거짓자기'를 만들게 된다. 거짓자기는 부모의 규칙을 지킴으로 사랑과 인정을 받고자 하는 욕구 때문에 형성된 것이다.

아이는 자신의 감정을 온전히 경험하도록 허락되어야 적절한 발달 과정을 통해 개별화될 수 있다. 그런데 만약 아이가 부모의 감정을 돌보는 데 이용된다면, 아이는 자신의 감정과 접촉점을 잃어버리고, 자신의 감정을 증명하기 위해 다른 사람에게 의지하게 된다.

신체와 정서의 두 가지 접촉은 아이에게 기본적인 필요이다. 만일 이런 것을 건강한 방법으로 공급받지 못하면, 다시 말해 결핍이 생기면 아이들은 그것을 채우려고 무슨 짓이든 하려고 한다. 이것이 아이들이 일탈하는 이유이다.

결핍과 수치심의 관계[24]

각 개인은 고유하고 독특하며 누구와도 비교될 수 없다. 그런데 아이들이 유아기를 지나면서 개별화와 자율성이라는 '발달과제'를 획득하지 못하면 자신의 독특성이라는 자신감을 잃어버리며, 수치심에 근거해서 결핍이 많고 복종하는 아이들이 된다. 수치심은 아이의 의지력을 완화하기 때문이다. 수치심이 결핍의 한 원인이 되는 것이다.

그런데 지나치게 수치감을 느끼거나 수치감을 주는 상황에 부닥치면 아이는 반대로 자신의 의지를 행사하려 하고, 자신을 거스르는 주위 환경을 조종하려 한다. 자신을 지나치게 통제하고 양심이 과도하게 발달하며, 자신의 반복적인 행동 패턴에 집착한다. 곧 강박적 신경증이 있는 지나친 완벽주의자가 되는 것이다.

부모가 자신의 결혼 생활에 만족하지 못하거나 문제가 생기면 그때마다 감정과 문제를 잘 풀어가야 하는데, 그 과정이 생략되기도 한다. 감정을 직시하지 않고 외면한다. 각자가 감정 표현을 놓치고 회피하는 것은 그 감정이 고통스럽기 때문이다. 그렇더라도 감정을 소유해야 할 당사자가 그 감정을 계속 외면하면 거꾸로 감정이 그 사람의 마음을 소유해버리고, 자신의 삶에 불만이 생겨 수치심을 느끼게 된다. 그 수치심은 자녀에게 소리를 지르거나 지나친 과제를 부여하는 형태로 나타나고, 아이들에게도 수치심을 심어준다.

수치심은 소리 지르는 것, 꼬리표 붙이는 것, 비판, 놀림, 모욕, 비교, 경멸 등의 심리적 학대 때문에 길러진다. 이런 수치심이 감정으로 머물다가 결국 정체성이 되며, 수치심 이후에는 죄책감이 양심을 형성한다. 수치심은 자기 자신에 대한 부적절함을 느끼는 것이고, 이는 존재의 문제를 일으킨다. 그리고 죄책감은 부모의 가르침을 위반했을 때 느끼는 후회의 감정으로서, 행동의 문제를 일으킨다. 특히 만성적 역기능 가정에서 사는 사람은 특별한 사람이 되려고 시도할 때 더욱 죄책감을 느낀다.

시행착오할 기회를 빼앗김

아이들에게는 수용과 좌절 둘 다 필요하다. 지나치게 허용적인 부모는 아이가 살면서 겪어야 할 적절한 좌절을 경험할 기회를 주지 않음으로써, 아이가 시행착오를 겪으며 성장할 기회를 박탈해버린다. 좌절은 성장할 기회를 주며 마음에 지혜를 새겨준다. 지나치게 완벽주의적이거나 지나치게 가혹한 부모는 아이가 마땅히 느껴야 할 수용도 좌절도 가로막는다. 그러면 그 아이는 감정적으로 예방주사를 맞지 못하여, 성인이 되고 나서도 감정에 면역력이 없어서 부정적 감정과 반응 앞에서 어떻게 해야 할지 모르고 당황한다.

아이는 자신의 경계선과 자기 정체성을 찾되 안전한 한계 안에서 그 작업을 수행해야 한다. 아이들이 이렇게 자신의 한계를 시험해 보는 동안 부모는 곁에 머물러주고 지지해주어야 한다. 그래서 아이들에게는 의지할 수 있는 부모가 필요하다. 아이도 자신의 부모가 예측 가능한 태도로 자신을 위해 곁에 있어 주기를 바란다. 부모가 '안전한 한계'라는 울타리가 되는 것이다.

자신의 한계를 시험해보는 일은 정체성 형성을 위해 매우 필요하다. 그런데 이런 과정 없이 성인이 된 부모, 곧 성인아이인 부모들은 종종 자녀를 자신의 대체물로 이용한다. 이러한 분위기에서는 아이들이 자기 자신의 감정, 필요, 욕구를 돌보지 못하고 부모의 정서와 조종에 휘둘릴 수밖에 없다. 이런 가정은 부모든 자녀든 정서적으로 문제가 생길 수밖에 없다.

♥ 만성 역기능 가정과 동반의존증

지금까지의 서술에서 공통점을 찾았는가? 무엇이든 결핍된 요소가 있어서 정상적인 자아정체성을 형성하지 못한 사람이 어른이 되고 부모가 되면 자녀를 자신의 아바타쯤으로 여긴다. 그래서 자신의 결점(결핍)을 채우는 데 자녀를 이용한다. 이것은 의식적 영역에서 일어날 수도 있고 무의식적 영역에서 일어날 수도 있다. 이와 같이 만성 역기능 가정에서는 대개 '동반의존증'(co-dependence)[25]이 나타난다.

나는 하나님의 형상으로서의 나 자신이 될 권리가 있다. 하지만 가족과 적절하게 분화되지 않으면, 다시 말해 가정 안에서 각각의 역할과 그 한계선이 명확하지 않으면 그 삶에서 독립하여 자율적으로 살아가려 할 때 죄책감을 느낀다. 자기 자신을 있는 그대로 받아들이고 사랑할 수도 없다. 자기 자신을 사랑하지 않으면 가정을 진심으로 사랑할 수도 없다. 자기 자신과 진실한 관계없이 거짓자기로서 가족의 역할을 한다면 역기능은 오래 계속될 수밖에 없다. 이런 모습이 동반의존증의 증상이다.

가족 내에서 정서적 문제가 발생하면 가족 전체가 환자가 되는데, 그 중에서도 증세가 많이 있는 개인이 그 가족의 정신병리를 드러낸다. 동반의존증이 있는 가정에서는 자녀와 부모를 비롯해 모든 가족 구성원이 서로를 희생양으로 만들고 또 구원하는 과정을 반복하면서 비극적으로 밀착되어 있다. 이런 증상이 왜 생기는지, 가정에 만성적인 역기능이 나타나는 원인에는 어떤 것들이 있는지 알아보자.

부모가 미성숙한 경우

부모가 미성숙하면, 예컨대 어머니에게 가장 집착하는 아이에게 어머니의 문제가 이어진다. 이런 아이가 성장하면 미성숙한 배우자를 선택할 가능성이 크다. 그렇게 미성숙한 배우자와 결혼하면 그 자녀는 더욱 미성숙한 환자가 된다. 이런 자녀에게 자기 자신에 대한 느낌, 곧 자아상은 어머니가 자신을 대하던 감정과 기대에서, 다시 말해 어머니가 나를 어떻게 바라보는가에 따라 형성된다. 그러면 살아남기 위해서 자신의 본 모습이 아니라 어머니가 원하는 모습의 가면을 쓰고 살아가는데, 이것은 '참자기'가 아니다. 거짓된 자아, 거짓자기이다. 이런 사람이 부모가 되면 자녀에게도 같은 전철을 밟게 한다.

부모가 자존감이 낮은 경우

기를 쓰고 자녀에게 지지 않으려고 다투는 엄마가 있었다. 이런 양육태도는 부모가 자신감이 적고 자존감이 낮기 때문이다. 아이와 기싸움에서 진다면, 그래서 기선 제압을 당한다면 자기 힘을 모두 빼앗긴다고 생각한다. 그래서 억지를 써서라도 자녀와 다투어서 기어코 이기고 만다. 통제적이고 독재적인 부모의 전형적인 태도이다.

이런 부모는 아이가 다른 사람들 앞에서 버릇없거나 무례하게 행동하면 지나치게 화를 낸다. 아이는 부모의 강요와 억압 때문에 반듯한 아이처럼 보이지만, 아이의 마음속에는 앙심과 억울함이 쌓여간다. 결국 아이가 자랄수록 쌓인 부정적 감정 때문에 부모에게 반항하고 매일 다투는 일상이 반복된다. 하지만 부모도 자녀도, 그 누구도 서로를 존중하거나 소중하게 여김을 받은 경험은 없다.

부모가 아이일 때 방치를 경험한 경우

여섯 살밖에 안 된 아들이 마음에 들지 않는다고 감정적으로 대하는 아빠가 있었다. 이 아빠는 부모에게서 정서적인 돌봄을 받아본 적이 없다고 했다. 자신의 아버지는 최선을 다해 가족들을 부양하고 자녀 학비를 벌기 위해 열심히 사회생활을 하면서 고생하셨지만, 자신이 사춘기가 된 이후 아들인 자신과는 1분 이상 대화해본 적이 없다고 했다. 그러면서도 아버지는 자녀에게 늘 존댓말과 예의 바른 태도를 강조했다. 그는 다른 가정도 다 그렇다고 생각했으며, 자신의 아버지와 정을 나눈 것이 없다고 생각했다. 지금도 명절날 본가에 가면 늘 아버지와 싸우고 온다고 했다. 케케묵은 이야기나 하면서 자식을 이기려고만 하는 아버지를 볼 때면, 늙고 힘이 빠진 자신의 모습을 애써 감추려고 하는 것 같아 씁쓸하다고 한다. 그러나 그런 아버지를 씁쓸하게 생각하는 자신도 아이와 노는 방법과 대화하는 법을 알지 못해, 아이에게 자존심을 세우고 기를 쓰고 이기려 한다고 했다.

부모가 지나치게 허용하는 경우

규칙이나 한계 없이 아이가 원하는 대로 모든 것을 허용하는 부모가 있었다. 그 가정의 자녀는 유치원 때 도벽 습관이 생겼고, 도벽은 초등학교 6년 내내 지속되었다. 아버지는 아이를 위해 열심히 기도했지만 도벽이 사라지지는 않았다. 그럴 때마다 아버지는 자신의 자존심 때문에 아이의 잘못을 교정해주지 못했다. 잘못된 행동을 변명하며 심지어 이사를 하고 아이를 전학시켰다. 무슨 일이 생길 때마다 아버지가 변명하며 이사와 전학을 반복했던 것이다. 그러다가 아이가 중학생이 되었을 때 내 상담실을 찾아왔다. 어떨 때 물건을 훔치는지 아이에게 물었더니, 친구들에게 무시당하여 자존심이 상할 때, 그 친구들에게 복수하려는 마음으로 순간적으로 친구들의 비싼 물건을 자신의 가방으로 옮겨놓는다고 했다.

아이의 도벽이 꽤 긴 시간 계속되었는데도 부모는 자녀에게 적절한 규칙을 세워주지 못했다. 아이가 성적이 꽤 좋았기에 시험을 잘 치면 두루뭉술하게 넘어갔고, 그것을 알아챈 아이는 그런 부모를 무시했다. 부모는 자존감이 낮아서 '도둑질'이라는 단어조차 입 밖에 꺼내지 못했다. 낮은 자존감이 가족 전체에 퍼져 있었다.

이 가정의 아빠는 매우 엄격하고 통제하는 부모에게서 양육되었다. 아빠가 아버지에게 칭찬을 받은 따뜻한 경험은 시험을 잘 봤을 때가 유일했다. 이 아빠도 자녀들이 공부를 잘하면 다른 것은 아빠가 해결해주곤 했다. 엄마는 남편이 자녀에게는 매우 허용적이지만 자신에게는 친절하지 않았기 때문에 남편과 데면데면하게 지냈다. 그러면서도 이들 부부 스스로 자신들이 자기 부모와는 다른 양육태도를 가진 따뜻한 부모라고 여겼다. 그러나 아이들은 부모를 존경하지 않았고 무시했다. 무시당한 부모는 아이들의 눈치를 보며 비위를 맞추느라 허용치를 더 늘렸고, 아이들은 적절한 규칙을 배우지 못한 채 사춘기를 맞았다.

아이에게 처음 도벽이 생겼을 때, 부모는 야단을 치고 다시는 그런 일을 못 하도록 단단히 약속했어야 했다. 그러나 적절한 조처를 하지 못하고 방치한 결과 자녀의 도벽은 해결되지 않았고, 부모도 적절한 권위를 가지지 못하고 있었다.

상담 후 아들은 태어나서 처음으로 부모님께 용서를 빌었다. 처음에는 부모에게 '죄송해요' 한마디로 엉거주춤 지나가려고 했다. 그러나 아이에게 구체적으로 어떤 잘못을 했는지 말씀드리고 용서를 빌며, 자신의 행동 때문에 부모님의 마음이 어떨지 생각하고 사과하라고 했다. "엄마 아빠, 제가 남의 물건을 훔치는 잘못을 저질렀어요. 저 때문에 속상하셨죠? 죄송해요. 다시는 이런 잘못을 저지르지 않을게요. 용서해주세요." 아이가 난생처음 울면서 어렵게 말을 꺼내는 모습을 보고 부모도 눈물을 흘렸다.

부모가 의존적인 경우

남편을 믿을 수 없어서 심리가 매우 불안정한 엄마가 있었다. 남편이 바람피울까 봐 불안을 느끼고 근심과 걱정에 매여, 늘 아프다고 하며 두통약과 신경안정제를 달고 살았다. 이 엄마는 심리적으로 약해서 자녀가 어린데도 학교에 다녀오면 나가서 놀거나 공부하기보다 아픈 자신을 돌보기를 바랐다. 가끔 귀가하는 남편에게도 자신을 돌보아주기를 바랐지만, 남편이 떠나가고 자녀들도 한 명씩 떠나 결국 혼자 남았다. 자녀들은 그런 어머니를 힘들어하고 귀찮아했다. 그 엄마는 남편이 바람을 피워 불행해진 자기를 자녀들마저 못 본 척한다고 억울하다고 했다.

그 엄마가 예수님을 믿게 된 후에는 사람에게 의존하지 않았고, 아프다고 하지도 않았다. 대신 이번에는 가족들을 전도하는 데 매달리기 시작했다. 또 자신을 돌보아주기를 기대하지 않는 대신, 자녀들을 돌보는 것으로 자신의 역할을 다하려고 했다. 그러나 자녀들은 성인이 되어 더 이상 엄마의 손길이 필요하지 않았는데, 엄마는 이제 통제하려고 간섭하고 잔소리하고 강요하는 것으로 사랑을 표현하였다. 자녀들은 엄마의 억압적이고 일방적인 사랑에 힘들어하다가, 어느 날 자신들이 엄마와 똑같이 자녀들에게 강요하고 간섭하고 있는 것을 발견하고는 울분을 토했다.

부모의 통제에서 자유롭기 위해서는 역으로 자기 자녀들을 내려놓는 훈련이 필요하다.

♥자녀가 아니라 부모가 문제다

자기중심적이고 자신에게만 열중하는 태도를 당연시하는 현대 사회에서 사는 부모 역시 자기중심적이고 이기적인 욕구에서 자유롭지 못하다. 가정 안에서조차 자기중심적인 태도와 그에 따르는 파괴적인 결과가 가득하다. 자기중심적이면서도 동시에 헌신적인 좋은 부모가 되는 길은 없다. 자기중심주의와 이기심을 가지고서는 부모로서 자녀를 바르게 양육할 수 없다.

자녀의 문제 행동이나 정신증(psychosis)은 부모의 무리한 욕심이나 이루지 못한 기대 때문인 경우가 많다. 부모의 우울증이나 강박증, 열등감, 자격지심 등이 자녀에게 그대로 이어지기도 한다. 많게는 육체 질병의 70퍼센트가 정서에서 유발된다고 보기도 한다. 아이들의 편집증, 강박증, 자폐증, 주의력 결핍 과잉 행동장애(ADHD), 공황장애 등은 정서의 결핍으로 생겨나는 경향이 있다.

부모는 아이들에게 DNA를 물려주는 동시에 가장 강력한 환경요인으로 작용한다. 상처가 있는 부모는 그 상처 때문에 자녀에게 문제가 생기지 않을까 염려한다. 부모와 자녀는 다른 사람인데도, 부모는 자신이 상처받고 두려워하는 부분에서 자녀 역시 그렇지 않을까 하여 전전긍긍한다.

나는 교만한 양육자였다. 혼자서 아이들을 키우면서 자존심 때문에 어머니에게 육아에 관해 묻지 않았다. 어머니가 나를 남자 형제, 오빠나 남동생과 차별해서 키웠다고 생각했기 때문에 어머니에게 감정이 좋지 않았다. 그런 데다 어머니는 간섭과 집착이 심했다. 그래서 내가 아이를 낳은 후 어머니가 무언가 가르쳐주려고 할 때마다 다투곤 했다. 나는 엄마가 되기 위해 많은 것을 배워야 한다고 생각하면서도, 교만과 자존심과 상처받았다는 생각 때문에 정작 어머니로부터는 아무것도 배우려고 하지 않았다. 어머니의 단점은 피했는지 모르겠지만, 결국 장점도 배우지 못했다. 그러다 딸아이가 나의 눈치를 보고 힘들어하는 시간을 겪으며, 하나님께서 나에게 주신 어머니와 조언자들의 가르침이 들리기 시작했다. 자존심을 세운다는 것은 자존감이 낮다는 증거이고, 낮은 자존감은 다른 사람의 조언이나 충고를 들으려 하지 않는 '교만한 태도'라는 형태로 드러난다는 것을 깨달았다.

우리 마음속에는 자녀들에게 최고의 부모가 되어주고 싶은 강렬한 욕구가 있다. 문제가 있는 부모든 그렇지 않든, 부모가 되었다면 훌륭한 부모가 되고 싶지 않은 사람은 없을 것이다. 그렇다면 어떻게 해야 좋은 부모가 될 수 있을까? 왜 우리는 매번 부모로서 넘어지고 실패할까?

이 장의 초반에서 말한 것처럼, 부모가 자기 자신을 긍정적인 시선으로 보지 않으면 아무리 훌륭한 인격자라고 해도 좋은 부모가 되기 힘들다. 자신을 긍정적으로 본다는 것은 자신이 훌륭한 사람이라고 생각하는 것이 아니다. 자신의 장점과 단점 모두 자신의 모습임을 인정하고 수긍하는 데서 긍정적인 자아상이 시작된다.

부모는 신이 아니다. 절대로 완벽할 수 없다. 세상에 완벽한 사람은 없다. 따라서 자신의 한계를 받아들이고, 어린 시절부터 내면화된 수치심을 끌어안고 받아들임으로 자신을 긍정할 수 있다. 그동안 외면하고 싶었던 모습까지 수긍할 때, 비로소 진짜 자신의 모습으로 돌아올 수 있는 것이다. 지금까지 살아온 자기 자신의 모습 그대로 사랑받지 못한 것을 수용하고 슬퍼하는 과정이 있어야 자기애적 상처가 치유되기 시작한다.

만약 자기의 모습을 직시하지 못하면 자기 자신의 진짜 모습, 곧 참자기(True Self)로 살지 못하고 거짓자기(False Self)로 살게 된다.[26] 거짓자기는 위선적이고 비판적이고 방어적이므로 자녀의 감정에 진심으로 공감할 수 없다. 그러면 자녀와 올바른 관계를 맺을 수 없다. 왜냐하면 부모는 공감과 사랑의 긍정적 경험을 통해서 자녀가 자기 자신과 좋은 관계를 맺고 타인과도 좋은 관계를 맺는 사람이 되도록 양육할 수 있기 때문이다.

자기 자신과 화해하고 수용하는 길은 마땅히 느껴야 할 고통도 껴안는 것이다. 자기가 양육되는 과정에서 놓친 것을 파악하고, 받아들이고 슬퍼해야 진정한 치유의 길로 갈 수 있다. 잘못된 양육방식 때문에 생긴 자신의 문제를 직면하고 해결법을 수용하려는 과정에 있을 때, 자신을 둘러쌌던 '방어기제'들이 풀리고 진정한 자신의 감정을 느낄 수 있다.

자기 자신과 화해할 때, 어린 시절의 발달단계를 다시 통과하면서 각 단계에 관련된 교정을 체험할 수 있다. 그동안 잘못된 교육 때문에 버림받았던 우리의 어린 시절과 접촉하여 내면의 회복을 시작하는 것이다. 어린 시절의 감정을 다시 경험하고 우리 안에 숨겨진 잃어버린 아이를 드러내, 우리 내면의 아이를 껴안고 다시 양육할 기회를 얻어야 한다. 되돌아가서 잃어버렸던 자기와 만난다면 우리는 진짜 자기를 발견할 수 있기 때문이다. 그리고 자신과 화해할 수 있다.

자기 자신을 받아들일 수 없는 부모는 자녀에게도 회복되지 않고 상처받은 어린 시절의 자신의 모습, 곧 낡은 과거를 물려줄 수밖에 없다. 그러므로 부모는 자녀와의 관계를 맺기 이전에 먼저 자신과, 다시 말해 상처받고 위축된 어린 시절의 자신과 관계를 잘 맺고 마무리해야 한다. 충동적이고 중독적인 행위를 제거하고, 자기 자신을 수용하고 스스로 억압하거나 압박하지 말며, 자신을 대하는 방식과 자기비판에 적절한 한계를 설정하고, 자신과 타인에게 친절하고 존중하는 태도를 보여야 한다. 의식적으로 자기 자신에게 작은 친절부터 베풀기 시작하고, 가능하면 자신을 너그럽게 대하고 자기비판을 줄여나가야 한다는 말이다. 그러면서 자신의 선택에 책임을 지는 능력을 기르고, 자신의 아픔과 고통에 굴복하지 말고 자기 자신에게 부모 노릇을 하며, 어린 시절에 경험하지 못했던 공감과 사랑을 새롭게 베푸는 연습을 해야 한다.

우리 각 사람은 예수 그리스도의 피값으로 사신, 누구와도 비교할 수 없는 소중한 하나님의 자녀이다. 그 누구와도 비교할 수 없는 존재로 태어나 좋은 어린 시절을 보낼 권리가 있다. 부모는 그 권리를 보호해줄 의무가 있다. 그러나 역기능 가정은 아이들의 권리를 박탈한다. 역기능 가정의 부모는 자기만의 감정 혹은 기준을 가지고 아이들을 착한 아이 혹은 나쁜 아이라고 판단하고 재단한다.

역기능 가정에서 미성숙한 부모와 사느라 어린 시절을 잃어버렸더라도 얼마든지 다시 자신의 삶을 살 수 있다. 자신의 잃어버린 어린 시절을 껴안는 것은 자기를 사랑하는 일의 시작이다. 이것이 나를 실패하게 하는 옛 사람의 법에서 벗어나 승리의 새사람의 법으로 살게 만들어준다(골 1:28). 내가 나와 화해할 때 비로소 나 자신이 그리스도와의 바른 관계에 있을 수 있다. 그리고 그리스도 안에서 우리는 진정한 자유인이 된다.

우리 힘으로는 이 일을 할 수 없다. 그러나 하나님은 모든 것을 다 알고 계시고, 우리 인생을 다 알고 계신 하나님께 우리 인생을 맡길 때 우리는 자아와 화해하고 드디어 부모로서 자녀에게 제대로 다가갈 수가 있다. 우리가 진정으로 자유함을 얻으려면 자신을 직시하고 하나님 앞에서 정직하게 자신을 드러내야 한다. 그럴 때 자신의 인생에서 고치고 바꾸시는 하나님의 기적을 볼 수 있다.

♥진정한 자기로서 살아가는 법

나는 아이들이 상처 받을까 봐 남편의 죽음을 알려주지 못했다. 솔직히 말하자면, 자녀들이 상처받는 것보다 상처받는 아이들을 보며 내가 더 상처받을까 봐 두려웠다. 남편을 잃고 자존감이 낮아질 대로 낮아진 나는 아이들에게 지지 않으려고 더 엄격하게 대했고, 아이들이 내 말에 순종하지 않으면 신세타령을 하면서 억울함을 호소했다. 혼자서 아이 키우는 나 자신의 모습을 받아들이기가 어려웠다. 그래서 우리집에서는 아무도 '아빠'라는 단어를 말하지 못했다. 아빠가 없어도 아빠가 있는 아이들보다 공부도 잘하고 잘 크면 된다고 생각했다.

　당시에, 나는 세상에 화가 나 있었다. 아니, 하나님한테 섭섭했다. 누가 한부모가정이라는 우리의 실체를 알까 봐 두려웠다. 나는 아무렇지도 않은 척, 괜찮은 척하고 살았지만, 사실은 괜찮지 않았다. 아이를 잘 키워보겠다고 서울에 갔지만 공부가 쉽지 않았던 아이는 기가 죽었고 나의 기대를 못 채울까 봐 두려워했다. 그런 아이들을 보며 나도 초조했다. 그런데 하나님께서는 나를 있는 모습 그대로 사랑하신다고 하셨다. 나는 나 자신을 솔직하게 받아들여야 했다. 그래서 하나님을 경외함으로 나 자신을 있는 모습 그대로 받아들였다. 혼자가 된 나 자신을 받아들이면서 나 자신과 화해했다. 그러고 나서야 아이들에게 현실을 알려주었다. 그때 딸은 초등학교 4학년,

아들은 초등학교 1학년이었다. 아이들은 그 이야기를 듣고 처음에는 울었지만, 생각보다 담담히 받아들였고, 오히려 나를 위로했다. 이제는 엄마가 밤에 몰래 울지 말고 울고 싶으면 울어도 된다고, 힘들면 힘들다고 말해도 된다고 했다. 아이가 오히려 어른을 위로하다니, 아이답지 않았다. 동시에, 그동안 집에 못 오는 아빠가 얼마나 궁금했을까 하는 생각이 들었다.

아이들이 물었다. "그럼 이제 우리는 어떻게 되는 거야?" 나는 "아무것도 달라지는 것은 없어. 다만 이제 아빠를 기다리지 않아도 돼. 우리가 아빠를 만나러 가는 일만 남았어. 혹시 우리가 아빠에게 가기 전에 예수님이 오시면, 그때는 예수님도 만나고 아빠도 만나게 되는 거야"라고 가르쳐주었다. 아이들은 그제야 마음 놓고 울었다. 나 역시 하나님 앞에서, 아이들 앞에서, 죄책감이나 수치심 없이 나 자신을 있는 모습 그대로 받아들였다. 그러면서 나도 나를 둘러싼 방어기제를 풀고, 아이들을 통제하고 억압하고 간섭하는 엄마의 자리에서 벗어나기 시작했다.

나를 사랑하지 않으면 가장 가까운 이웃인 가족을 사랑할 수 없다. 지금 나는 나를 있는 그대로 수용하고 받아들이고 있는가? 내 가족을 과거의 상처라는 필터 없이 대하고 있는가? 혹시 어린 시절의 상처를 지금 내 자녀에게 되풀이하고 있지는 않은가? 한 번쯤은 반드시 나에게 물어야 할 질문이다.

3부

관계의 '윈키'인
사이좋은 소통하기

세상에서 제일 조심하고 어려워해야 할 대상이 바로 자녀이
다. 자녀는 부모의 모든 것을 통해 세상을 배워나가기 때문이
다. 부모는 항상 자녀의 말을 들을 준비가 되어 있어야 한다.

1장

제대로 된
의사소통

충분히 공감하고 힘써서 들어주라

부모들은 자녀를 잘 키우고 싶어 한다. 그런데 '잘'의 기준은 각각 다르다. 사실 구체적이고 명확한 '잘'의 기준을 가진 부모는 많지 않다. 그저 아이가 즐겁고 행복하게, 넉넉하고 좋은 것만 누리게 키우면 된다고 생각한다. 그러다 보니 대개의 부모는 아이들이 시행착오를 겪는 것을 원치 않는다. 자식이 실패하고 힘들어하는 것을 마음 편히 볼 수 있는 부모는 물론 없다. 아이들이 실수하지 않고 최선의 삶을 살도록 도와주고 싶어하는 건 부모로서 당연하다.

부모가 자녀를 잘 도와주기 위해서는 자녀와의 소통이 필요하다. 소통 없이 일방적이면 아무리 잘해주려 해도 오히려 부작용만 낳을 수 있다. 그런데 정작 소통에서부터 실패하는 사례가 많다. 한마디로 자녀와 관계를 제대로 맺지 못했다는 것이다.

부모와 자녀는 그저 생물학적인 관계뿐 아니라, 부모와 자녀로서 적절한 양육태도와 가정환경을 통해 관계를 맺는 사이임을 잊어서는 안 된다. 적절한 관계를 맺지 못한 채 무작정 소통하려고 하니 실패하는 것이다. 다음의 예시에서처럼, 부모는 괄호 안의 내용을 의도하지만 제대로 전달하지 못해 오해를 사거나 관계가 멀어지기도 한다.

"너 왜 그랬어?"(잘해라.)

"너 이래서 형 따라가겠니?"(너도 형처럼 잘했으면 좋겠다.)

"쯧쯧, 자알 한다."(더 잘해라.)

"참 내, 기가 막혀서….”(네가 잘하지 못해서 속상하다.)

"그것 봐라. 내가 뭐라 그랬어?"(엄마 말 들으면 좋았을 텐데.)

"결국 그럴 줄 알았다."(제발 엄마 말 좀 들어라.)

"엄마 말만 잘 들으면 자다가도 떡이 생긴다고 하지 않았니!"(네가 실패하지 않도록 내가 도와줄게.)

부모라 해도 생각과는 다른 말이 튀어 나가는 경우가 제법 많다.

나는 아니라고 자신있게 말할 수 있는가? 자녀에게 내 의도와 다른 신호가 전달되었다면 어떻게 할 것인가?

부모의 역할은 자녀가 입은 상처를 다독여주고 다시 세상으로 나아갈 힘을 주는 것인데, 오히려 부모가 말로써 상처를 주는 경우가 있다. 그것도 꽤 자주, 곳곳에서 말로 자녀에게 상처를 입히는 부모를 보곤 한다.

♥부모와 자녀 사이의 대화 부족과 내면 표현하기

통계에 의하면, 주중에 아버지와의 대화 시간이 한 시간 미만인 가정은 62.3퍼센트, 어머니와의 대화 시간이 한 시간 미만인 가정은 44.5퍼센트라고 한다. 부모가 자녀와 대화하는 시간이 주중에 한 시간 이내라면 대화가 매우 부족하다고 말할 수 있다. 그러나 부모의 79.6퍼센트는 평소 자녀와의 대화가 충분하다고 응답하였다.

부모와의 긍정적인 대화가 부족하면 자녀들은 스트레스가 높아진다. 욕구 불만, 불안감, 외로움, 슬픔, 두려움 등의 부정적인 감정이 쌓인다. 부모와 자녀는 대화에 대해 각각 다른 생각을 가지고 있다. 자기주장, 설득, 통보를 대화라고 착각하는 부모도 있다. 그러나 이런 것은 일방통행으로, 절대로 대화가 될 수 없다. 대화는 양방통행이어야 한다. 그러므로 진정한 소통이 되는 대화를 하려면 가정에서 자녀들이 속마음이나 생각을 잘 표현하도록 부모가 도와주고, 자녀들의 생각이나 마음을 그대로 받아주는 대화 분위기가 중요하다.

우리는 의사소통 방식을 포함하여 이 세상을 살아가는 데 필요한 여러 생존 방식을 가족으로부터 배운다. 그런데 가족이 건강하지 못하다면 그 안의 의사소통 방식과 생존 방식 역시 건강하지 못하여 부적절할 수밖에 없다.[27]

의사소통을 잘한다는 것은 자기 내면에서 일어나는 것을 적절하게 표현할 줄 안다는 뜻이다. 부정적인 감정이라서 표현하지 않거나 상대방에게 거절당할 것이 두려워서 자신이 바라는 바를 드러내지 않을 경우, 또는 지나치게 감정을 억압해왔기 때문에 자신의 감정을 스스로 인식하지 못할 경우, 내면에서 일어나는 것과 겉으로 표현되는 것은 일치되지 않는다.

감정은 내면에 채워지지 않은 기대의 산물이다.[28] 모든 사람은 내면에 사랑받고 싶고, 인정받고 싶고, 옳다고 승인받고 싶고, 의미있는 삶을 살고 싶은 열망을 가지고 태어난다. 그것이 가정에서, 학교에서, 공동체에서 적절하게 채워질 때 긍정적인 감정과 생각과 기대를 가지고 일생을 살아갈 수 있다.

그러나 자신의 열망을 어떤 식으로 표현해서 채울 수 있는지 잘 모를 때는 기대와 전혀 다른 신호를 보내게 된다. 자신의 기대가 채워지지 않은 경험이 반복되면 더는 감정을 표현하거나 기대를 말하지 않게 된다. 거절당하는 것이 두려워 스스로 감정을 차단하기 때문이다.

　자신의 감정과 단절된 사람이 얼마나 많은지 모른다. 그래서 가족치료의 선구자인 사티어(V. Satir)는 자신의 내면을 정확히 알아야 자기를 명확하게 표현할 수 있을 뿐만 아니라, 자신의 주관적인 생각이나 감정을 잠시 옆으로 밀어놓고 상대방의 말을 들을 수 있는 마음의 여유를 가질 수 있다고 했다.

♥부적절한 의사소통, 이해하고 극복하기

인간관계는 언어적 · 비언어적 의사소통을 통해 이루어진다. 그리고 적절한 의사소통은 서로의 자존감을 높여주어서 좋은 인간관계를 형성하게 한다. 특히 가족 구성원들 사이에서 상호작용이 활발하게 일어나면 서로의 자존감 형성에 많은 영향을 끼친다. 정서적 · 현실적 문제를 겪는 가족을 상담해보면 부모나 형제와 부적절한 의사소통을 하면서 형성된 낮은 자존감이 원인인 경우가 많다. 따라서 건강한 의사소통은 좋은 가족 관계를 형성하는 데 필수적 요소이다.

　우리는 부모로서 의사소통하는 데 걸림돌이 되는 요소를 가지고 있다. 개인적으로 사용하는 의사소통의 걸림돌을 몇 가지 들여다보는 것도 의사소통 문제 해결의 좋은 방안이 될 것이다. 자신의 부정적인 모습을 받아들이는 것처럼 자신의 의사소통에서 걸림돌이 무엇인지 들여다 보는 데도 용기가 필요하다. 아래의 표는 부모와 자녀 사이의 의사소통에서 걸림돌이 되는 사례를 모은 것이다.

의사소통의 걸림돌[29]

걸림돌	예시	부모의 의도	자녀에게 전달되는 메시지
명령 하기	너는 공부나 해라.	자녀를 통제하여 좋은 결과를 빨리 얻고자 한다.	너는 네 문제를 해결할 수 없으니 부모 말만 들어라.
충고 하기	이렇게 해보자.	자녀의 문제를 해결해주고자 한다.	너 스스로 해결하는 것보다 부모 도움을 받는 게 낫다.
회유 하기	다 잘될 거야.	자녀에게 상처 주지 않으려고 한다.	너는 상처를 다룰 능력이 없으니 내가 도와주겠다.
심문 하기	너 어쩌다 이렇게 했니?	자녀가 무엇을 잘못했는지 를 알아보려고 한다.	틀림없이 네가 무언가 잘못했을 것이다.
관심 돌리기	그건 걱정하지 마.	화제를 바꿈으로써 자녀를 보호하려고 한다.	네가 해결책을 찾을 수 있을 때까지 견딜 수 없을까 봐 걱정된다.
심리 분석 하기	너 지금 너무 예민한 것 아니니?	자녀를 분석해서 그런 일을 하지 않도록 하려고 한다.	내가 너보다 너에 대해 더 잘 알고 있다.
비판 하기	왜 그 일을 했니?	자녀가 잘못한 일을 깨닫게 해주려고 한다.	네가 잘못 판단한 것 같다.
빈정 대기	어쭈, 그래가지고 되겠니?	자녀에게 자신이 정말 잘못했다는 것을 가르쳐주려고 한다.	너는 정말 어리석구나.
도덕적 판단하기	…하게 해야 했는데.	자녀에게 올바르게 처리하는 방법을 가르치려고 한다.	네가 가져야 할 올바른 가치관을 내가 가르쳐주겠다.

| 해결사 노릇하기 | 내가 해줄게. | 무슨 일이 일어나든 그 일을 해결할 부모가 곁에 있다는 사실을 자녀에게 알려주려고 한다. | 내가 다 해줄 테니까 너는 아무 걱정 마라 (아무것도 하지 않아도 된다). |

자녀에게 가장 좋은 환경은 공감 능력이 좋은 부모를 만나는 것이라고 해도 좋을 만큼 대화와 공감은 중요하다. 그러나 부모가 공감을 경험해보지 못했거나 대화 방식과 내면이 건강하지 않을 때는 좋은 공감을 해줄 만한 여유가 없다. 그래서 부적절한 양육방식과 그 영향력이 대물림되는 것처럼 공감능력과 대화 방식이 대물림되기도 한다.

부모는 하나님이 당신 대신 세우신 자리이다. 그런데 자녀가 하는 말을 들어보면 마음에도 없는 어깃장을 부리는 경우일 때가 많다. 화를 내고 폭발하고 울고불고 하면, 부모는 이 아이가 왜 그러는지 몰라 당황한다. 그러나 아들러(A. Adler)가 말하듯이 모든 행동에는 다 목적이 있다. 아이들은 그런 감정을 드러냄으로 자신이 원하는 것을 표현하려는 것이다. 그러나 안타깝게도 자녀가 자신이 수용할 수 없는 감정을 드러낼 때 수용도 공감도 못하여 거절하거나 벌을 주는 부모가 많다.

많은 가정에서, 어린 시절부터 가장 가까운 부모-자녀 사이에서 마음을 적절하게 표현하지 못하고 들어주지도 못한다. 앞의 표에서 본 것처럼 부모가 자녀에게 마음과 생각을 전하려고 보낸 신호를 자녀는 전혀 다른 신호로 받아들여서, 대화를 하면 할수록 상처가 쌓인다. 이런 대화 유형을 '이중 구속'이라고 한다.

'이중 구속'은 상반된 두 개 이상의 메시지를 동시에 주는 대화 유형으로, 매우 극단적인 소통 방식이다. 부모가 이중 구속으로 메시지를 전하면 자녀는 절대로 그 신호를 받지 못한다. 예를 들어 앞의 메시지와 뒤의 메시지가 논리적으로 상반되는 경우이다. 고속도로 휴게소에서 "엄마 잃어버리지 않도록 엄마 손 꼭 잡아"라고 말했다가, 휴게소에서 음식을 산 후에는 아이의 손을 뿌리치며 "손 좀 놔! 그릇 들어야 하잖아"라고 말한다. 아이가 휴게소에서 엄마를 잃어버릴지도 모른다는 불안감에 엄마 손을 꼭 잡고 있으면 "너는 엄마 말을 정말 안 듣는구나"라고 말한다. 이렇게 상반된 메시지는 자녀가 어느 것에도 순종할 수 없도록 만든다. "너는 아무 걱정하지 말고 공부나 열심히 해"라고 했다가 "앞집 ○○이는 어린데도 아르바이트를 해서 자기 용돈을 해결한다더라"라고 하면 제법 성장한 자녀라도 헷갈리고 부모 말을 신뢰하기 힘들어질 수밖에 없다. 베이트슨(G. Bateson)은 정신병리에 걸린 소아들에게는 정신병리를 일으키도록 말하는 부모가 있다고 했다.

이렇게 극단적이지는 않더라도, 대화에는 수많은 걸림돌이 있다. 부모와 자녀는 너무 가깝다거나 서로를 잘 안다는 이유로 오히려 제대로 대화하지 못하기도 한다.

♥죽이지 말고 살리는 말을 하라

예수님께서는 우리가 함께 즐거워하고 함께 울어주는 체휼의 마음을 가지기를 원하신다. 그것이 바로 공감이고, 예수님이 하신 것이다. 우리가 그리스도인이라면 예수님처럼 이웃에 공감하는 사람이 되어야 하며, 특히 자녀의 마음에 공감하고 체휼하여 건강하게 소통하는 부모가 되어야 한다.

즐거워하는 자들과 함께 즐거워하고 우는 자들과 함께 울라 _롬 12:15

온순한 혀는 곧 생명나무이지만 패역한 혀는 마음을 상하게 하느니라 _잠 15:4

죽고 사는 것이 혀의 힘에 달렸나니 혀를 쓰기 좋아하는 자는 혀의 열매를 먹으리라 _잠 18:21

말에는 살리는 말이 있고 죽이는 말이 있다. 자녀의 영혼을 살리는 생명의 말과 영혼에 상처를 주는 사망의 말이 있는 것이다. 그래서 우리는 혀를 제어해야 한다. 그러려면 혀에 재갈을 먹이고 성령께 의탁해야 한다. 부모의 말 한마디에 자녀의 영혼이 달려 있을 때가 너무 많다.

아무리 어린 자녀라도 함부로 말해서는 안 된다. 존중하지 않고 인격적으로 무시하고 무례하게 함부로 대하면 분노가 생기게 마련이다. 그러므로 부모는 자녀의 나이가 많든 적든 존중하는 태도를 가지고 대해야 한다.

세상에서 제일 조심하고 어려워해야 할 대상이 있다면, 그것은 바로 자녀이다. 자녀는 부모의 모든 것을 통해 세상을 배워나가기 때문이다. 따라서 부모는 항상 자녀의 말을 들을 준비가 되어 있어야 하고, 자녀에게 언제든 '네 말을 듣겠다'라는 믿음을 심어주어야 한다. 만일 지금 당장 들을 수 없다면 다음에 듣겠다고 약속하고, 그 약속을 지켜야 자녀에게 신뢰감을 가질 수 있다.

자녀가 무엇인가를 말하려고 하면 하던 일을 멈추고, 방해되는 상황을 정리하고, 눈높이를 맞추고서 열린 마음으로 자녀와 소통해야 한다. 이렇게 어린 시절부터 존중받고 자신의 마음을 부모에게 표현한 경험이 쌓이면, 그 아이는 바른 의사소통을 할 수 있게 된다. 자신의 감정과 생각과 기대를 적절하게 표현하고 전달하는 힘이 생긴다는 말이다. 수없이 공감받았던 경험이 결국 다른 사람을 공감하고 품어내는 능력이 된다.

♥듣는 데도 기술이 필요하다

부모는 자녀의 말을 들을 때 듣기의 기본 기술을 사용하면서 집중해주어야 한다. 듣기의 기술이 필요한 것이다.[30]

첫째, '잘 듣기'(경청)는 의사소통의 가장 기본이 되는 기술로서, 친밀함을 형성하고 유지해주는 중요한 역할을 한다. 부모가 잘 들어주기만 해도 자녀는 존중받는다고 느낀다. 부모의 경청은 부모로서의 판단과 편견을 내려놓고 자녀를 진정으로 이해하고 공감해 주는 것이다.

둘째, '다시 말하기'는 자녀의 말을 부모가 자신의 말로 다시 한번 말해 보는 것이다. 이것은 대화를 의미 있고 진지하게 이끌어갈 수 있는 매우 중요한 의사소통 방법이다. 자녀가 부모의 다시 말하기를 통해 자기 말을 진정으로 들어주었다고 생각하면 인정받았다는 느낌을 가질 수 있다.

셋째, '명료화하기'란 자녀의 말을 듣고 명료하지 않은 부분을 다시 물어서 확인하고 이해하는 것이다. 질문과 대답을 주고받는 중에, 부모가 자녀의 말을 잘못 이해했다는 것을 알게 될 때 쓰는 방법이다. 그럴 때는 어물쩍 넘어가지 말고 다시 물어서 제대로 이해해야 하기 때문이다. 명료화를 할 때 내용을 분명하게 하려면 엄마가 "무얼 도와줄까?", "어떤 점이 힘들다는 거니?"라는 식으로 질문할 수 있다. 명료화를 위한 질문을 하는 것은 자녀를 이해하고 존중하고자 하는 데 그 목적이 있다. 이렇게 경청하고 다시 말하고 명료화하는 것은 공감을 위한 좋은 듣기 방법이다.

예를 들면, "그러니까 네 말은 …해서 …했다는 거지?"라는 반응으로 자녀의 말에 집중하고, 자녀의 감정을 찾아내서 반영해주는 것이다. 자녀가 어릴수록 먼저 감정에 공감해주고, 부모가 자신의 가치관이나 신념으로 자녀의 감정을 판단하거나 해석하는 것을 피해야 한다. 자녀가 부정적인 감정을 표현하더라도 가르치거나 비난하지 말고 먼저 자녀의 감정을 그대로 수용하고 인정해준 다음, 부모의 감정이나 기대를 표현하도록 이끌어가는 것이 좋다. "엄마가 …라고 말하니까 속상했니? 엄마도 네가 …해서 마음이 아파. 다음부터는 화내지 말고 네 마음을 이야기해줄래?"라는 식으로 적절히 마음과 기대를 표현할 수 있도록 도와주어야 한다.

이때 자녀가 원하는 바를 적절하게 표현하는 것을 도우려면 먼저 부모가 적절하게 표현하는 모델이 되어야 한다. 그런 측면에서 부모 역시 그런 감정을 느낄 수 있다고 말해주는 것도 자녀에게 큰 도움이 된다. 부모가 먼저 화내거나 야단치지 말고, 신세타령하지도 말고, 적절하게 원하는 바를 표현하는 모습을 보여주는 것이다. 자녀가 요구하는 것이 부당하게 느껴져도, 먼저 자녀의 마음을 반영하고 나서 적절하게 타협하는 과정에서 자녀가 자신의 욕구를 조절하는 것을 가르칠 수 있다.

화내지 않고 울지 않고, 즉 폭력적이지 않게 자신의 기대를 적절하게 표현하는 방법 중에 '나-전달법'(I-message)이 있다. 나-전달법은 자녀를 비난하거나 야단치지 않고 부모의 감정과 생각을 효과적으로 전달하는 방법이다. 마셜 로젠버그(Marshall B. Rosenberg)의 《비폭력대화》는 다음과 같이 가르치고 있다.[31]

[상황, 관찰] "네가 … 할 때" : 나의 감정을 촉발한 자극, 곧 자녀의 행동과 말에 대한 관찰의 결과로서 하는 말이다. 이때는 판단과 평가를 배제하도록 노력해야 한다.
[느낌] "나는 … 느껴져" : 그 자극에서 촉발되는 정서적 느낌을 표현하는 것이다.
[욕구] "왜냐하면 나는 … 되기를 바랐기 때문이야" : 그 자극에 대한 나의 판단, 해석, 평가, 느낌의 이면에 충족되지 않는 열망이 있음을 표현한 것이다.
[부탁] "그러니까 앞으로는 … 해주겠니?"

♥의사소통을 잘하는 부모가 되려면

그렇다면 우리가 부모로서 의사소통을 잘하기 위해서는 어떻게 듣고 어떻게 말해야 할까?

첫째, 옳고 그름을 따지면서 비난하기 전에 아이가 원하는 것을 이해해야 한다. "그러니까 엄마 말을 들었어야지"라는 비난 대신에 "정말 네가 원하는 것은 무엇이었니?"라고 물어보라.

둘째, 마음에 있는 기대를 말로 표현해야 한다. 표현하지 않고 마음에만 둔 말, 즉 상대에게 기대하는 것은 대부분 의사소통에서 걸림돌로 작용한다. 그러므로 정중하게 부탁하는 말로 기대하는 것을 마음에서 꺼내놓아야 한다. 우리는 자존심이나 부끄러움 등의 이유로 말하지 않은 채, 가족이니까 그 마음을 알아채 주기를 바라곤 한다. 그러나 이런 태도를 버리고 진솔하게 원하는 바를 말할 때 관계가 훨씬 좋아진다.

셋째, 지나치게 간섭하거나 통제하지 말고 원하는 것을 물어보아야 한다. '이렇게 해, 저렇게 해'라는 말 대신에 "엄마가 어떻게 도와주면 좋겠니? 엄마는 언제나 네 편이야!"라고 말해보자.

넷째, 잘했다는 습관적인 칭찬 대신 고마운 마음을 구체적으로 전달하라.

다섯째, 아이의 요구를 들어주지 못하는 경우가 생기면, 그럴 때는 들어주지 못하는 이유와 부모의 마음을 명확하게 말해주어야 한다.

여섯째, 아무리 노력해도 의사소통이 항상 완벽할 수는 없다. 부정확한 의사소통 때문에 아이가 억울한 일이 생겼다면 부모는 변명하지 말고 용서를 구해야 한다. 이것은 자녀에게도 부모에 대해 동일하게 적용된다.

일곱째, 아이가 화를 내거나 비난하면 그 행동을 중지시키고 원하는 것을 부탁하게 해야 한다. 아이들은 자기의 의지를 관철하려고 화를 내며 말할 때가 많다. 사실 아이들만 그런 것은 아니다. 어른들 중에도 화를 내면서 주장을 내세우는 사람이 많다.

사람들은 대부분 자기가 원하는 대로 되지 않았을 때 화를 낸다. 화내거나 비난하는 것은 자신이 원하는 바가 있었다는 의미이다. 그러므로 그것을 부탁으로 전환해야 한다. "이런 것을 해달라는 거지? 이걸 원한다는 거지?"

♥의사소통 수준의 다섯 가지

우리가 자녀와의 관계에서든 다른 사람과의 관계에서든 대인관계에서 사용하는 모든 메시지에는 발화(發話)의 내용과 목소리의 톤 같은 의사소통의 비언어적 요소가 들어 있다. 그럼에도 불구하고 우리는 메시지의 실제 내용만 중시하고 다른 요소는 가볍게 여기는 경향이 있는데, 사실 비언어적 요소에 따라 같은 내용이더라도 완전히 다른 의미로 전해진다.

예를 들어 "잘했어"라는 메시지는 비언어적 요소인 목소리의 크기와 톤을 달리하거나 표정과 제스처에 따라 칭찬의 말이 되기도 하고, 비꼬는 말이 되기도 한다. 실제로 의사소통을 할 때 미치는 영향을 살펴보면 말의 내용이 미치는 영향은 7퍼센트, 목소리의 톤이나 억양은 38퍼센트, 몸가짐이나 표정 등 비언어적 요소의 영향력은 무려 55퍼센트나 된다. 그러므로 우리가 자녀와 의사소통을 할 때에는 전달하려는 내용 말고도 다른 요소까지 염두에 두어야 한다.

존 포웰은 대화의 원리를 말하며 다섯 가지 수준의 의사소통이 있다고 했다.[32]

5단계 : 틀에 박힌 습관적인 대화. 상투적인 대화. 어떤 교감도 일어나지 않음.

4단계 : 사실 보고의 수준. 대화 당사자가 아닌 다른 사람에 관해 이야기함. 소식을 전하는 듯한 정보 위주의 대화. 친밀감 없음.

3단계 : 자기 생각을 말하는 수준. 나의 생각과 판단을 전하는 대화. 참다운 대화가 시작됨.

2단계 : 자신의 감정을 표현하는 수준. 나의 기분과 감정을 전하는 가슴의 대화.

1단계 : 모든 것을 투명하게 말할 수 있는, 가장 깊은 수준의 대화. 감정을 완전히 나누며 인격적으로 신뢰하고 상대방의 감정까지도 공감하는 대화.

지금 나와 자녀와의 대화는 이중에서 어느 단계인지 냉정하게 생각해보자. 5단계나 4단계라면 개선하려는 큰 노력과 대화 방식의 대전환이 필요하고, 3단계 이상이라면 최상의 단계로 나아가기 위해 부모도 자녀도 함께 노력해야 할 것이다.

♥ 더 적극적인 경청을 통한 의사소통

오랫동안 자녀와의 관계로 힘들어하는 내담자가 어느 날 내게 질문했다.

"그동안 상담하면서 부모와 자녀 간에 소통이 잘되어 모범이 될 만한 사람들은 만난 적이 없나요?"

나는 이렇게 대답했다

"그런 사람들은 자기 부모를 찾아가지 나에게 오지 않겠죠."

우리가 이렇게 공감하고 소통하는 법을 배우는 것은 자녀가 상의하고 싶어하는 부모가 되고 싶기 때문이다. 자녀가 자라면서 신앙적 결단, 모험적인 일, 진학과 취업처럼 새롭게 겪고 부딪히는 수많은 문제 앞에서 부모는 좋은 모델이자 상담자가 될 수 있다.

자녀와 부모가 사이가 좋아서 대화할 때도 협조적이라면 자녀는 편안한 마음으로 믿음과 가치관에 관해 물어볼 것이다. 자녀는 부모의 조언과 모델을 바탕으로 의사를 결정하고, 부모는 자녀와 적극적으로 의사소통하여 이를 지지하고 도울 수 있다.

의사소통을 잘하여 자녀들을 돕고 긍정적인 영향력을 행사하는 것을 적극적 의사소통이라고 부른다. 적극적 의사소통을 하려면 어떻게 해야 할까?[33]

첫째, 먼저 적극적으로 들어야 한다. 부모가 적극적으로 듣고 있는지는 시선 맞춤, 자녀의 말을 인정하는 것, 고개를 끄덕이는 것, 자녀와 비슷한 경험을 들려주는 것 등의 행위로 알 수 있다. 적극적 경청에는 세 가지 중요한 요소가 있다. 하나, '주의집중'은 관심을 분산시키지 않고 자녀에게 집중해주는 것이다. 부모가 자녀의 말에 집중하고 있다는 것을 자녀가 알게 해야 한다. 둘, '수긍'은 자녀의 말을 이해하는 것으로서 "그래", "응" 같은 언어적 반응이나 몸짓을 통해 부모가 자녀의 말을 이해하고 있음을 보여주는 것이 좋다. 셋, '공감'은 이해를 넘어서서 자녀의 감정을 부모가 그대로 느끼는 것으로, 어조나 표정으로 자녀에게 부모가 공감하고 있다는 것을 전달하는 것이다.

둘째, 감정에 귀를 기울인다. 이를 '공감적 경청'이라고 한다. 자녀가 말한 내용을 정확하게 파악하는 것도 중요하지만, 자녀가 느끼는 감정과 마음을 읽어주는 것은 더 중요하다. 부모가 경청하는 것은 자녀가 자기감정을 억누르거나 부정하지 않고 인식하고 수용하도록 도와준다.

셋째, 감정과 이야기의 내용을 연결시킨다. 이를 정서적 거울 역할이라고 한다. 적극적 경청(또는 공감적 경청)으로 자녀가 말하고자 하는 내용과 느끼는 감정을 파악했다면, 그다음 과정은 그 감정을 자녀에게 반영해주는 것이다. 부모는 기너트(Haim Ginott)가 말한 '정서적 거울'의 역할을 할 수 있다. 정서적 거울은 드러나 있는 감정을 그대로 반영하는 것이다. 먼저 자녀가 느낀 감정을 반영하고 그 감정을 사건의 내용과 연결시킨다. 감정에 귀를 기울이고, 감정을 이야기의 내용과 연결할 때 자녀는 부모가 격려하고 있다는 것을 확인할 수 있다.

넷째, 대안을 찾아보고 그 결과를 평가한다. 자녀가 그릇된 행동이나 방식으로 감정을 표현하지 않고 말로 표현한다면, 부모는 자녀의 말 속에 숨겨진 진정한 생각이 무엇인지 알 수 있다. 부모가 자녀의 감정에 초점을 맞추고 적극적으로 경청함으로써 개방적인 의사소통의 통로를 만들어놓기만 하면, 부모는 자녀 스스로 문제 해결의 길을 찾아볼 수 있게 해줄 수 있다. 부모가 해결해주는 것이 아니라 자녀가 해결하도록 돕는 것이다. 이것은 자녀가 스스로 문제에 책임을 지게 하는 행동이다. 자녀가 어떤 조치를 할지도 자녀 스스로 결정하도록 일임해야 한다. 자녀가 다양한 해결 방안을 찾고 각각의 해결 방안이 가져올 결과들을 예견해보도록 돕는 것이 부모의 역할인 것이다. 만약 부모가 너무 강하게 나간다면 자녀는 뒤로 물러설 것이다. 그러므로 부모가 오직 자문 역할만 하고 있음을 자녀에게 깨닫게 해야 한다. 자녀는 성장할수록 의사 결정의 권한을 가지고 싶어하기 때문에 자녀의 나이에 맞게 선택권을 부여하는 일이 중요하다.

다섯째, 지도를 한다. 자녀가 결정하고 실천에 옮긴 후, 부모는 그 일이 어떻게 진행되어가는지 물어보는 것이다. 자녀가 그 문제를 어떻게 처리했고 또 어떤 결과가 뒤따랐는가에 대해서도 자녀에게 물어보아야 한다. 자녀가 취한 행동이 만족스럽게 느껴진다면 자녀를 격려하고 지지해주면 된다. 부모가 자신을 지지하는 것을 알면 그 아이는 다음에는 더 잘할 수 있는 자원을 얻는다.

7장에서는 의사소통의 걸림돌에서부터 적극적인 의사소통의 방법까지, 다양한 대화 이론을 살펴보았다. 사실 의사소통만으로도 책 한 권이 나오고도 남는다. 그러나 아무리 이론을 많이 알아도 자녀와 의사소통이 되지 않는다면, 여전히 대화가 겉돌고 대화하는 시간이 절대적으로 부족하다면 아무 소용이 없다. 중요한 것은 이론을 깨우치고 익히는 것이 아니다.

의사소통이란 힘겨루기의 수단이 아니다. 자기 의사를 관철하는 도구도 아니다. 부모와 자녀가 서로 공감하면, 의사소통을 할 때 부모와 자녀 둘 다 서로 이기는 대화를 할 수 있다. 부모는 자녀의 마음과 욕구를 파악하고 공감하여 하나님의 자녀로서 올바르게 자라나도록 자녀를 격려하기 위해, 그리고 자녀는 성장하면서 생기는 많은 불안과 문제와 욕구를 부모님과 이야기하여 바르게 해결하기 위해 의사소통이 필요하다.

8장

사랑과 공의의 균형

넘치게 사랑하고 엄격하게 키우라

어떤 부모가 좋은 부모일까? 직장에서 잘나가는 부모일까, 혹은 집에서 자녀를 정성껏 돌보는 부모일까? 부모가 직장에 있든 집에 있든 그건 큰 문제가 되지 않는다. 부모가 현재의 자리에 얼마나 만족하는지가 관건이다. 마음은 직장에 나가서 능력을 발휘하고 싶은데 양육 때문에 집에만 있는 부모, 양육에 전념하고 싶지만 어쩔 수 없이 나가서 일해야 하는 부모 모두 좋지 않은, 나쁜 부모일 수 있다. 왜냐하면 어느 쪽이든 만족하지 못하여, 자기도 모르는 사이에 입에서 쓴물이 흘러나오기 때문이다.

좋은 부모는 자기 자신을 볼 때 '이만하면 괜찮은 부모'라고 생각하는 부모이다. 사실 우리 모두는 정말 괜찮은 부모이다. 좋은 부모가 되려는 희망을 품고 있다면 모두 좋은 부모이기 때문이다. 너무 완벽해지려고 하거나 완벽한 부모이기를 기대하면 오히려 좋은 부모가 되기 힘들다. 알코올 중독 치료 그룹에 가면 어제보다 한 잔 덜 마시면 칭찬해준다. 그 칭찬으로 내일은 또 한 잔 덜 마실 힘을 얻는다.

♥ 사랑이든 공의이든, 방임이든 통제이든

좋은 부모가 되려면 사랑과 훈육을 적절하게 배분해야 한다. 넘치게 사랑하고 엄격하게 양육해야 하지만, 어느 한쪽으로 치우치면 안 된다.[34] 그러기 위해서 우리는 하나님의 말씀을 배워야 한다. 하나님은 완벽하게 공의의 하나님이시고, 동시에 완벽하게 사랑의 하나님이시다. 부모는 하나님의 사랑으로 자녀를 넘치게 사랑하고, 하나님의 말씀을 기준으로 삼아 엄격하게 양육해야 한다.

> 4이스라엘아 들으라 우리 하나님 여호와는 오직 유일한 여호와이시니 5너는 마음을 다하고 뜻을 다하고 힘을 다하여 네 하나님 여호와를 사랑하라 6오늘 내가 네게 명하는 이 말씀을 너는 마음에 새기고 7네 자녀에게 부지런히 가르

치며 집에 앉았을 때에든지 길을 갈 때에든지 누워 있을 때에든지 일어날 때
에든지 이 말씀을 강론할 것이며 8너는 또 그것을 네 손목에 매어 기호를 삼
으며 네 미간에 붙여 표로 삼고 9또 네 집 문설주와 바깥 문에 기록할지니라

_신 6:4-9

신명기의 이 말씀은 제사장이 아닌 부모에게 주신 것이다. 성경
은 동시에 부모가 먼저 하나님의 말씀을 마음에 새기고 부지런히
자녀에게 가르치라고 하셨다.

자녀를 존중하되 부모 역시 존경받아야 한다. 자녀가 부모에게
화낼 수는 있지만, 함부로 말하고 욕하지 않도록 훈육해야 한다. 그
런 행동을 할 때는 대가를 치르게 해야 한다. 부모는 자녀가 하나님
의 형상으로서 어느 한쪽으로도 치우침 없이 균형 있게 자랄 수 있
도록 전인 교육을 해야 한다.

예수는 지혜와 키가 자라가며 하나님과 사람에게 더욱 사랑스러워 가시더라

_눅 2:52

지금 내가 하는 일이 집을 세우는 일인지 허는 일인지 점검해볼
필요가 있다. 나의 직업이, 나의 사역이 하나님께 드려지는 일이고
집을 세우는 일인지 점검해야 하는 것이다. 교회 사역과 봉사를 과
도하게 하느라 가정을 돌보지 못한다면 교회 일을 잠시 쉬어도 된

다. 교회에서 평신도의 사역과 봉사는 물론 중요하다. 그러나 교회의 일은 사역자와 다른 성도들이 할 수 있지만, 내 가정, 내 자녀는 하나님께서 오직 나에게 맡기신, 나만 할 수 있는 사역이다.

> 지혜로운 여인은 자기 집을 세우되 미련한 여인은 자기 손으로 그것을 허느니라_잠 14:1

하나님께서는 어머니라는 통로를 통해서 하나님의 생명의 꼴이 흘러가게 하신다. 부모가 되었다면 어머니와 아버지로서의 사역에 실패하지 않도록 노력해야 한다. 자녀교육에서 실패하면 세상에서 아무리 성공했더라도 다 잃은 것과 마찬가지이다. 다른 무엇보다 자녀를 하나님의 제자로 삼는 일에는 절대로 실패하지 말아야 한다. 그러기 위해서는 자녀의 인생에 펼쳐진 많은 선택지 중에서 하나님의 지혜로운 말씀을 기준으로 선택하고 결정하게 가르쳐야 한다. 부모가 먼저 하나님의 지혜와 판단력이 충만해야 한다는 말이다.

♥ 실패하는 양육태도의 종류

안타깝게도, 앞의 여러 장에서 계속 이야기해온 것처럼, 부모 대부분은 자신의 부모에게 양육받은 방식을 벗어나기 어렵다. (특히 지금

보다 사회가 권위적이던) 1980년대 이전까지는 버릇없는 자녀가 될
까 봐 통제하며 양육하는 경향이 컸다. 통제받으며 자란 세대가 부
모가 된 후에는 자신이 받았던 상처를 대물림하지 않기 위해 지나
치게 허용하며 자유방임형으로 키웠다. 통제든 방임이든, 그 안에
하나님의 사랑과 말씀이 없으면 실패하게 마련이다.

충분히 사랑하고 엄격하게 훈육하는 양육방식, 즉 균형 있게 훈
련하기가 부모에게 쉬운 일은 아니다. 어떤 부모들은 고지식하고
완벽주의 성향이 강하고 강박적이어서 아이들은 체벌 받아야 한다
고 생각한다. 반대로 어떤 부모들은 지나치게 유하고 허용적이어서
어떤 기준과 지침도 제시하지 않는다. 통제와 허용과 체벌에서 균
형이 무너지면 올바르게 양육하기 어렵다. 한마디로 균형잡힌 양육
에서 실패할 수 있는 것이다.

통제하기

이전 시대의 교육 방식은 주로 '통제'였다. 협박 혹은 비판적인 태
도로 강압하여, 아이가 하고 싶은 말이나 행동을 자유롭게 하도록
내버려 두지 않는 것이다.[35] 통제는 아이들에게 죄책감과 두려움을
주기도 하는 방식으로, 억압하고 강압하는 태도로써 폭력성을 드러
내는 통제부터, 부모가 입을 다물고 말을 안 하여 불안감을 조성하
는 것까지 다양한 모양으로 드러난다.

항상 자신이 아프다는 것으로 자녀들을 조종하는 엄마도 있다.

아픈 엄마가 무엇을 할 수 있겠나 싶지만, 이것 역시 통제이다. 엄마가 아파서 오히려 엄마를 돌보아야 하는 사람에게는 어린 시절이 없다. 내 엄마도 아픈 것으로 우리를 조종하셨다. 직업군인이었던 아버지는 부재중일 때가 많아 어머니 혼자서 아이들을 돌보아야 했다. 엄마는 7남매의 막내였다. 성인이 되고 엄마가 된 후에도 늘 어린아이처럼 칭얼거렸다. 두려움이 많았던 어머니는 현실 앞에서 무너져 늘 아팠으며, 그것을 빌미로 우리에게 엄마를 돌보게 하셨다.

종종 '내 눈에 흙이 들어가기 전에는 이 사람과 결혼할 수 없다'라면서 결혼을 반대하는 부모를 본다. 자녀를 통제하려는 부모 중에서도 특별한 경우라 하겠다. 겉으로 보기에는 자녀를 위하는 것 같지만, 결혼까지도 본인이 좌지우지하고 싶다는 욕망이 기저에 깔린 것이다. 아브라함과 사라가 자신들의 불임 문제를 스스로 해결하고자 했을 때, 그들이 인류에 어떤 결과를 가져왔는가? 지금까지 지구상 분쟁의 큰 불씨로 남아 있지 않은가.

아이들을 통제하는 것은 결국 '너는 틀렸어, 엄마 말을 들어야 해'라는 뜻이다. 부모는 물론 권위를 가지고 자녀를 훈육하고 양육해야 한다. 그러나 잘못된 권위를 가지고, 혹은 현명하지 않은 방법으로 자녀를 통제하면, 자녀는 자신감이 사라지고 자존감이 한없이 낮아진다. '나는 틀렸나 보다, 무엇이든 엄마한테 물어봐야 하나 보다'라고 생각한다. 나중에는 부모가 지시해주지 않으면 아무것도 못 하는 사람이 되기도 한다.

지나친 허용

훈육에는 일관성이 필요하다. 그런데 일관성 없이 상황에 따라 기준이 바뀌며 우왕좌왕하는 태도를 보일 때 문제가 발생한다. 과하게 억압하는 통제도, 과하게 허용하는 것도 실패한 양육태도이다.

자율성이 발달하는 시기에는 되는 것과 안 되는 것의 가이드 라인을 세워주는 일이 중요하다. 요즘은 식당에서 뛰어다니고 교회에서 예배 시간에 의자 사이를 돌아다녀도, 너무 귀한 자식이라고 생각해서인지 그대로 내버려 두는 부모를 종종 본다. 그러면 조금만 더 성장해도 자기 고집이 강하고 반항적인 아이가 될 수 있다. 순하던 아이가 중학생이 되고 사춘기가 되어 갑자기 반항적으로 변하는 것은 결코 친구를 잘못 만나서 그런 것이 아니다. 오히려 어릴 때는 자녀의 행동을 제한하며 허용해주는 범위가 작아야 한다. 자녀가 성장할수록 제한선, 즉 허용 범위를 조금씩 넓혀가면서 친구와 같은 부모가 되어야 한다.[36]

지나친 체벌

나는 아이들이 어렸을 때 매를 에어컨 위에 올려 두고, 그 아래에는 경청 방석을 두었다. 아이들을 징계해야 할 때 무릎을 꿇고 매를 가지러 가면서 하나님께 기도했다. 아이들에게는 "엄마가 이렇게 하지 않으면 네가 기억하지 못할까 봐 체벌하는 것이다"라고 가르쳤다. 자녀들이 자기 삶을 하나님께 드릴 수 있는 사람으로, 하나님의 권위에 순종할 수 있는 사람으로 키우려고 했다. 부모에게 순종하지 않는 아이는 하나님께도 순종하지 않게 된다.

체벌이나 규제의 범위가 사랑보다 크게 보이면 훈육이 오히려 자녀의 마음이 부서지는 원인이 되기도 한다. 자녀가 어릴수록 부모의 존재는 중요하다. 그러다 보니 부모가 제시하는 규칙을 따를 때 사랑받는다고 여기고, 부모의 사랑을 받기 위해 규칙에 따르는 자기만의 방식을 구성하여 삶을 바라보는 틀로 삼는 아이들도 있다. 어떤 조건을 채우고 성취를 이룩해야 사랑받을 수 있다는 가치관이 그의 마음 가운데 자리 잡은 것이다. 이런 사람은 조건부 사랑에 익숙하므로, 자신이 부모가 되었을 때는 자녀를 자기의 뜻대로 조종하기 위해 보상과 처벌을 앞세워 조건부 사랑을 전승한다. 이것 역시 자녀를 통제하는 행위이다.

자녀가 잘되라고 그랬다고는 하지만, 어린 자녀가 감당하기에 가혹한 징벌을 하는 부모도 있다. 부모의 손은 어떤 경우에라도 때리는 데 우선 사용해서는 안 된다. 부모의 손은 언제나 쓰다듬고 안아주는 기능만 해야 한다.

그러면 언제 아이를 훈육하고 버릇을 가르치냐고 항의할 사람들도 있을 것이다. 하지만 부모는 자녀와 기 싸움을 하는 존재가 아니다. 그런데 부모가 자존감이 낮으면 자녀와도 기 싸움을 한다. 자녀가 자기 의견을 말하면 부모의 의견을 무시당했다고 생각해서 보복하듯이 감정적으로 자녀를 징벌하는 부모도 있다. 아무리 좋은 의

도라고 해도 이런 부모는 결코 좋은 부모가 아니고, 좋은 부모가 될 수도 없다.

♥엘리 제사장의 실패

성경에 자녀를 제대로 훈육하지 못하여 자녀교육에 실패한 엘리 제사장의 이야기가 나온다. 성경 구절과 함께 살펴보자.

> 엘리의 아들들은 행실이 나빠 여호와를 알지 못하더라 _삼상 2:12

엘리는 제사장이면서 자녀들의 행실을 몰랐다. 엘리의 아들들은 하나님께 불순종하였고, 제사장의 신분이면서도 지켜야 할 규칙을 지키지 않았다.

> [13]그 제사장들이 백성에게 행하는 관습은 이러하니 곧 어떤 사람이 제사를 드리고 그 고기를 삶을 때에 제사장의 사환이 손에 세 살 갈고리를 가지고 와서 [14]그것으로 냄비에나 솥에나 큰 솥에나 가마에 찔러 넣어 갈고리에 걸려 나오는 것은 제사장이 자기 것으로 가지되 실로에서 그 곳에 온 모든 이스라엘 사람에게 이같이 할 뿐 아니라 _삼상 2:13-14

또 이들은 난봉꾼이었다. 제사장의 직계 혈통이었지만, 회막문에서 수종 드는 여인들과 동침하고 악을 행하였다.

> 엘리가 매우 늙었더니 그의 아들들이 온 이스라엘에게 행한 모든 일과 회막문에서 수종 드는 여인들과 동침하였음을 듣고 _삼상 2:22

엘리는 하나님보다 자기 자녀를 더 중요하게 여겼기 때문에 아들들에게 제사장의 자녀로서 지켜야 할 율례를 제대로 가르치지 못했다. 그들이 상처받을까 봐, 혹은 갈등을 피하려고 그들이 행하는 악을 그대로 보고만 있었고, 늦게라도 책임지고 대가를 지불하도록 가르치지 못했다.

> 너희는 어찌하여 내가 내 처소에서 명령한 내 제물과 예물을 밟으며 네 아들들을 나보다 더 중히 여겨 내 백성 이스라엘이 드리는 가장 좋은 것으로 너희들을 살지게 하느냐 _삼상 2:29

그 결과 그 집안은 대가 끊기면서 망하고 저주받은 가문이 되고 말았다.

> 내가 그의 집을 영원토록 심판하겠다고 그에게 말한 것은 그가 아는 죄악 때문이니 이는 그가 자기의 아들들이 저주를 자청하되 금하지 아니하였음이니

라_삼상 3:13

엘리는 아들들의 행동에 제재를 가하지 못했고, 경계선을 긋지도 못했고 훈육하지도 못했다. 이 이야기는 모든 부모의 가슴을 서늘하게 하는 메시지이다. 부모는 조건 없는 사랑으로 양육해야 하지만, 동시에 엄격한 사랑으로 자녀를 훈육해야 함을 가르쳐주는 놀라운 사례이다.

♥하나님의 기준으로

부모는 하나님께서 자녀의 삶을 통하여 계획하신 길을 자녀가 선택하도록 도와야 한다. 즉, 옳은 것을 선택하는 자녀로 키워야 한다는 말이다. 그 '옳은 것'이란 하나님의 기준, 곧 말씀일 것이다. 그런데 우리에게는 훌륭한 부모가 되지 못하게 가로막는 것이 있다. 자기 소견이다.

그때에 이스라엘에 왕이 없으므로 사람이 각기 자기의 소견에 옳은 대로 행하였더라 _삿 21:25

자기 소견에 옳은 대로 행하는 것은 지배하기 위해 통제권을 스스로 확장해나가는 행위이다. 그런 모습을 가지고는 좋은 엄마 아빠가 될 수 없다. 예컨대 엄마의 기준, 즉 엄마의 영향력과 통제가 아무리 훌륭해 보여도 그 안에 하나님의 말씀이 없다면 자녀를 결코 바른길로 이끌지 못한다.

나는 아이들이 어릴 때, 아이들에게 소리 지르지 않고 잘 키운다고 생각했다. 그런데 아무도 보지 않는 곳, 화장실 뒤편 같은 곳에서 아이를 때렸다. 나의 체면을 위해서 아이들을 엄격하게 다룬 것이다. 이때 나의 기준은 '하나님의 말씀이 들어 있지 않은 나'였다.

주님은 우리에게 완전히 새로운 사고방식을 가진 부모가 되라고 하신다. 지금까지의 모습에 새로운 하나를 덧붙이는 것이 아니다. 지금 내가 가진 문제의 뿌리가 무엇인지, 가치관의 원리가 되는 그 속에 무엇이 있는지를 보라고 하신다. 대개 그 안에는 불안한 마음, 자기중심적인 욕심이 있다.

많은 엄마가 나에게 물어온다. "형제 둘이 싸우면 어떻게 하죠?", "혼자서 먹으려고 하다가 떨어뜨렸을 때 어떻게 해야 할까요?" 모든 경우에 답을 줄 수 없다. 그러나 문제를 가지고 어떻게 기도해야 하는지 원리는 가르쳐줄 수는 있다. 지금은 사랑과 훈육의 기준이 엄마 혹은 아빠 개개인이 아니라 하나님이어야 함을 잘 알고 있기 때문이다. 이전에는 내가 기준이었어도 이제라도 하나님의 새로운 법을 따라서 사는 사람이 되어야 하고, 내 자녀 또한 그런 사람이 되도록 도와야 한다. 내가 지금까지 애쓰면서 해왔던 엄마 노릇을 내려놓고 주님 앞에서 내 권리를 포기할 때, 비로소 좋은 부모가 되는 길에 들어설 수 있다.

♥사랑과 훈육의 균형 맞추기

그리스도의 구속으로 말미암아 부모가 먼저 하나님의 형상을 회복하면 하나님으로부터 받은 조건 없는 사랑과 하나님의 대리자로서의 공의를 가지고 자녀를 균형 있게 훈육할 수 있다. 하나님과의 관계를 회복한 결과는 사랑과 훈육이 조화를 이루는 양육으로 이어져서 자녀를 균형 있게 성장하게 한다. 사랑 없는 훈육은 자녀에게 상처와 분노를 가져다주고, 훈육 없는 사랑은 오히려 자녀를 망친다.

사랑을 표현하라

가장 먼저 할 것은 자녀를 사랑하는 것이다. 자녀를 사랑해야 이전과 다른 부모가 될 수 있다. 내가 좋은 부모가 되기를 소원한다면 내가 받아온 양육방식, 내가 지식이나 상식으로 가지고 있던 양육방식을 모두 내려놓고 완전히 새로운 사고방식과 틀을 받아들여야 한다.

우리가 변하지 않으면, 본질이 변하지 않으면, 아무리 훌륭한 방법을 배워도 원래대로 돌아가고야 만다. 하나님의 사랑으로 자녀를 사랑한다고 해도 우리의 본질이 바뀌지 않은 채 새로운 지식을 욱여넣으면 결국엔 터지게 마련이다. 낡은 옷과 낡은 가죽에 새것을 붙이면 찢어지게 마련인 것과 같다. 예수 그리스도의 새 포도주를 넣어도 소용없다.[37]

> 16생베 조각을 낡은 옷에 붙이는 자가 없나니 이는 기운 것이 그 옷을 당기어 해어짐이 더하게 됨이요 17새 포도주를 낡은 가죽 부대에 넣지 아니하나니 그렇게 하면 부대가 터져 포도주도 쏟아지고 부대도 버리게 됨이라 새 포도주는 새 부대에 넣어야 둘이 다 보전되느니라 _마 9:16-17

부모가 조건 없는 사랑을 전달하는 방법은 자녀의 존재 그대로를 소중히 여기며 사랑하는 것이다. 부모에게 사랑이 충만하면 사랑의 속성상 사랑이 흘러넘쳐 자녀에게 전달된다. 구체적인 방식으로는 '자녀를 보고 활짝 웃어주기', '긍정적인 사랑의 메시지를 자주 전달하기', '자녀가 아직 성숙해가는 과정임을 깨닫고 기다리기', '자녀의 실수를 관대하게 용서하기', '사랑한다는 말이나 쪽지 전달하기', '자주 안아주기', '자녀와 의미 있는 시간 보내기', '사랑의 추억 만들기' 등이다.

공의의 하나님을 본받으라
하나님의 속성의 또 다른 측면은 공의이다. 인간은 하나님의 형상으로 지음받았지만, 자유의지를 잘못 사용하여 하나님과의 관계를 스스로 단절하고 불행을 자초하였다. 그 결과 인간은 온전한 선을 행하고 싶어도 그 능력을 상실해버렸고, 죄를 범하지 않으려 해도 여전히 죄를 짓는 죄의 성향을 지니게 되었다. 자녀 또한 마찬가지이다. 순수해 보이는 자녀 속에도 어쩔 수 없는 불순종과 죄성, 즉 죄를 지으려는 경향이 내재돼 있다.

> [10]기록된 바 의인은 없나니 하나도 없으며 [11]깨닫는 자도 없고 하나님을 찾는 자도 없고 [12]다 치우쳐 함께 무익하게 되고 선을 행하는 자는 없나니 하나도 없도다 _롬 3:10-12

하나님의 공의는 하나님께서 율법을 집행하는 데에 공정하시다는 것을 의미한다. 자녀의 죄성을 인식한 부모는 공의로 교육해야 한다. 하나님은 편애나 편파성을 보이지 않으시고, 대상이 누구인지를 따지지 않으신다.

하나님의 사랑과 공의를 종종 충돌되는 속성으로 간주하곤 했지만, 그렇지 않다. 여호와는 이스라엘 백성들이 배교하였음에도 불구하고 자비롭고 은혜롭고 노하기를 더디 하시는 분이다. 즉, 공의는 사랑의 또 다른 이름이다. 진정한 사랑은 불의를 기뻐하지 아니하고 진리와 함께 기뻐하는 것이다. 사랑한다면 옳고 그름을 확실하게 인지시켜야 한다. 그러므로 자녀에게는 부모의 확고한 사랑,

단호한 지침이 절대적으로 필요하다. 자녀는 겉으로 보이는 것과 다르게, 사실 무한한 자유를 바라는 것은 아니다. 사춘기가 되어 부모의 통제를 벗어나려 하고 자신을 알아가는 과정에서 자유를 갈망할 뿐이다. 따라서 부모가 적절하고 확실한 규칙을 정해주면 오히려 안정감을 느낀다. 부모는 하나님이 부여하신 권위를 자녀양육에 효과적으로 사용해야 한다. 권위를 남용해서도 유기해서도 안 된다. 이것이 훈육이다.

성경은 자녀가 부모에게 순종할 것을 가르친다. 왜냐하면 부모는 하나님을 대신하고 있기 때문이다. 부모 공경과 순종을 배운 자녀는 하나님 아버지를 공경하고 순종할 줄 아는 복된 자녀가 된다. 권위에 순종하는 기본을 배우는 곳이 바로 가정이다. 그러므로 부모가 마땅히 공의로 양육해야 하나님에게도 순종하고 다른 사람들과의 관계에서도 어른의 권위에 순복할 수 있는 성숙한 사람으로 키울 수 있다. 특히 어릴 때 부모가 권위를 가지고 자녀를 양육해야 한다. 성경은 아이 속에 이기적이고 반항적인 본성이 있다고 말하며, 부정적 본성을 훈계로 다스리면서 바로잡아 주어야 함을 강조한다.

마땅히 행할 길을 아이에게 가르치라 그리하면 늙어도 그것을 떠나지 아니하리라 _잠 22:6

훈육과 놀이의 상관관계

훈육에도 기술이 필요하다. 훈육할 때는 눈에 보이는 것, 곧 자녀에게 드러난 행위나 학교 성적 등에 반응하지 말고 자녀의 마음속에 숨어 있는 죄성과 불순종과 마음의 동기를 보고 반응해야 한다. 그런데 훈육이 효과적이고 정당성을 가지려면 부모와 자녀가 바른 관계를 맺고 있어야 한다. '또 관계 이야기냐'고 할지 모르겠지만, 양육 자체가 관계를 잘 맺는 과정이므로, 양육 과정에서 일어나는 모든 행위는 관계를 전제로 하기 때문이다. 아무리 지혜로운 방법이고 자녀에게 효과가 있었다고 해도 관계성, 즉 부모와 자녀가 사랑과 신뢰로 엮여 있지 않으면 가장 좋은 훈육이라도 일개 잔소리로 전락하고 만다.

그러므로 부모는 훈육의 기술을 사용하기에 앞서 자녀들과 놀이 활동 등으로 관계 맺는 것을 배워야 한다. 놀이는 자녀를 격려하고 고민을 들어주고 인성 교육을 하며, 부모와의 유대 관계를 다져주는 유용한 도구이다. 놀이를 통한 지지는 은행에 예금하는 행위와 비슷하고, 자녀를 훈육하는 것은 은행의 돈을 찾는 것과 같다. 그러니 사랑의 예금을 불리기 위해서는 매주 가족이 화목해지는 활동을 해야 한다. 부모와 자녀가 같이 놀아야 하는 것이다.

놀이는 자녀와의 관계를 돈독하게 하는 기술이며, 자녀의 건강한 발달에도 중요하다. 어린 시절 부모와 놀았던 추억이 있으면 떠올려보라. 충만하고 긍정적인 기억일 것이다.

자녀와 노는 시간은 하루 5-10분이면 된다. 그 시간을 일과의 규칙으로 만들어 매일 조금씩 놀아야 한다. 게임, 운동, 장난치기, 독서 등 부모와 자녀가 모두 재미있어 하는 것으로 하되, 반드시 텔레비전은 꺼둔다. 텔레비전은 집중력과 놀이의 효과를 반감시키기 때문이다. 무작정 놀기보다, 우선 무슨 놀이나 외출을 할지를 결정하는 가족 모임을 짧게 갖는 것이 좋다. 그리스도인은 가족 모임에서 놀이 활동을 하고, 가능하다면 가정예배도 드리기를 권한다.

♥ 사랑과 훈육을 바탕으로 한, 네 가지 양육 유형

인본주의 교육에서는 인간을 본성적으로 선하다고 보기 때문에 자녀를 민주적으로 키우도록 권장한다. 자녀를 하나의 인격체로서 대우하고 인정하는 일도 중요하다. 그러나 그것으로는 부족하다. 자녀는 어릴 때부터 부모의 권위를 경험하면서 부모의 권위에 순종하도록 가르침을 받아야 한다. 부모를 통해 하나님의 공의를 배워야 한다는 말이다.

사람들이 쉽게 착각하는 것이 있는데, 그중 하나는 순종과 복종의 차이이다. 복종은 부모의 강압에 마지못해 자기 의견을 꺾고 따르는 것이고, 순종은 자신의 의지로 선택하는 것이다. 이 개념이 헷갈리면 안 된다. 또 하나 착각하는 것이 훈육과 체벌이다. 훈육한다는 것이 곧 벌을 준다는 개념은 아니다. 훈육이란 자녀가 바른길로 가도록 도와주며 훈련하는 것을 뜻한다. 하나님 아버지도 우리를 벌하시는 분이 아니시다. 고난을 통해 우리의 행동을 수정해주시며 바른길로 가도록 훈계하신다.

자녀양육에는 사랑과 훈육이라는 두 가지 차원을 바탕으로 한 네 가지의 유형이 있다.

첫째, 통제적 부모의 양육태도

미국의 유명한 가족치료학자인 버지니아 사티어(V. Satir)는 어린이에게 보고 들을 자유, 생각하고 느낄 자유, 생각하고 느낀 것을 말할 자유, 원하는 것을 표현할 자유, 부르심을 따라 모험할 자유가 있다고 했다.[38] 그러나 엄격한 부모는 막강한 힘을 가진 독재자로서 자녀를 통제하며 지도하려고 한다. 그런 부모는 상과 벌을 사용하여 자신이 내린 명령을 집행하는 지배적인 인간이다. 이러한 부모는 자녀가 무엇을 어떻게, 어디서, 언제 해야 할지를 일일이 알려준다. 자녀는 질문하고 도전하거나 반대 의견을 개진할 여지가 없다. 통제형 부모는 자녀의 생각과 감정은 무시하고 규칙만 강요한다. 그러나 계속해서 부모의 뜻만 강요한다면 결국은 자녀와의 힘겨루기에 휘말리고 만다. 이것은 부모와 자녀 모두가 지고 마는 싸움이다.

통제형 부모 밑에서 자란 아이들은 기가 죽어 있거나 스스로 포기하거나 곧잘 반항한다. 부모가 자유는 주지 않고 제약만 하는 양육방식을 사용하기 때문이다. 이 방식은 선택의 자유가 없는 한계만 강조한다. 사랑 없는 훈육과 강하고 엄격한 통제가 특징이다. 이런 방식은 의도는 좋았지만 자녀에게 방어, 투사, 억울한 느낌이 들게 된다. 그래서 이렇게 양육된 아이는 성인이 되어서 사회에 나가 성공하는 삶을 살기 힘들다.

인간의 불평등이 일반적으로 당연시되던 시기(1,2차 세계대전 이전)에는 이런 방식이 유행했다.[39] 심하게 통제하고 아이를 향한 지원과 사랑은 표현하지 않았다. 사랑하지만 그것을 드러내 보이지 않은 것이다. 이런 부모는 막강한 힘을 가지고 상과 벌을 사용한다. 또 완벽주의, 사랑과 집착, 조건부 사랑으로 자녀를 통제한다. 자녀가 자기 기대에 흡족하면 상을 주고 그렇지 않으면 벌을 주는 것이다. 이런 부모는 칭찬에 인색하고 자녀에게 긍정적인 기대를 하지 않는다. 칭찬하더라도 마음이 담긴 칭찬이 아니라 더 잘하게 하려는 미끼에 불과할 때가 많다.

이런 부모 밑에서 자란 자녀들은 부모의 기대를 충족시키지 못하는 자신에게 실망하고 자포자기하곤 한다. 기가 죽고 위축되어 있으며, 열등감과 함께 부모와 자신을 향한 분노를 마음에 품는다. 그래서 이런 가정에서 자란 아이는 반항적이거나, 겉으로는 순종해도 마음속에는 거부감과 상처를 지닌 경우가 많다. 이런 가정에서 자란 자녀는 긍정적인 자존감을 갖지 못하고 부모의 사랑을 확신하기도 어렵다. 자신의 모습이나 행위와 성취에 따라 부모의 사랑을 얻을 수도 있고 그렇지 못할 수도 있으므로, 자신도 모르는 사이에 강박관념에 빠져들 수 있다.

조건부 사랑을 가진 부모가 그리스도인일 경우 문제는 더욱 심각해진다. 그런 부모 밑에서 자란 자녀들은 하나님의 조건 없는 사랑, 무한한 사랑을 경험하기 어렵다. 자녀는 부모를 통해 내면에 처음으로 하나님 상을 형성하기 때문이다.

나 역시 통제형의 부모였다. 혼자서 양육하다가 혹시 아이들이 잘못될까 봐 너무 두려웠다. 특히 큰아이에게 그랬던 것 같다. 사사건건 잔소리하고 완벽하게 준비하도록 재촉하는 부모였다. 이렇게 두려움이 많은 부모가 자녀의 삶을 통제하려 한다. 자녀가 버릇이 없다거나 성적이 나쁘다거나 하면, 그것을 부모와 동일시하여 부모 자신의 실패로 인식하기 때문이다. 그래서 보상과 체벌을 사용하여 부모의 말에 복종하도록 가르치곤 한다. 그럴수록 통제형 부모의 자녀는 의견을 말해도 지속해서 무시당하므로 점점 말을 하지 않게 된다.

둘째, 자유방임형(허용형) 부모의 양육태도

자유방임형 부모란 제약 없이 자유만 주는 지도 방법으로, 사실은 자유가 아니라 자유분방한 만용을 허락하는 것이다.[40] 이들은 오직 사랑만 부어준다. 자유방임형 부모는 거칠고 완고한 통제에 강력하게 반대한다. 그래서 통제를 반대하다가 극단적으로 치우친 유형이다. 이들은 자녀와 힘을 공유하려고 하지만, 이미 주도권은 자녀에게 있다. 훈육이 거의 없고 모든 것이 허용되면, 자녀는 자기가 부모를 통제할 수 있다고 생각한다.

자유방임형 부모는 자녀들이 하고 싶은 일을 마음대로 하도록 너무 많이 허용한다. 이런 부모는 자녀와 싸우기 싫어서 자녀의 요구를 다 들어준다. 이런 가정에는 질서와 규율이 없다. 부모가 마치 자녀의 심부름꾼처럼 행동하여, 자녀가 부모의 권위를 무시하고 부모를 짓밟도록 방임한다. 그러고는 아이들이 제멋대로 행동한 것의 결과를 부모가 책임지려 한다. 자녀의 뒤치다꺼리만 하기에도 바빠, 자녀들이 성인이 되도록 적절한 규칙과 책임을 가르쳐주지 못하게 된다. 이런 가정은 부모의 권위가 약하기 때문에 자녀는 '자기 가치감' 즉 자신을 가치 있는 사람으로 여기는 마음이 없거나, 자신에 대한 신뢰나 믿음과 사랑이 없는 불안한 사람으로 성장한다.

자녀에게 선택의 자유를 너무 많이 주고 합리적인 한계를 그어주지 못하면 그 아이가 자유롭고 자존감이 높은 사람이 될 것 같지만, 사실은 그렇지 않다. 오히려 그런 자녀는 용기와 자존감을 잃는다. 이런 가정에서 자란 자녀는 안정감을 느끼지 못하고 소속감도 느끼지 못한다. 이들은 자기 마음대로 행동하는 것에 익숙해져 있고 제멋대로이며 협력하는 법을 배우지 못했기 때문에, 다른 사람들과 함께 생활하는 데 어려움을 느낀다.

훈육 없는 사랑은 이기적이고 책임감 없는 사람을 만든다. 자녀가 마땅한 훈계를 받지 않으면 자기 절제의 능력을 배우지 못하여 나약하고 결단력 없는 사람이 된다. 비행 청소년의 문제는 상당 부분 부모가 단호한 사랑, 즉 훈육으로 자녀를 미처 잡아주지 못한 데서 비롯된다. 부모는 하나님의 공의를 가지고 제한과 규제를 주어야 하는데, 권위 없는 부모는 자녀를 망친다.

사랑과 훈육 둘 중 어느 하나에 치우치면 적절한 경계선과 일관성이 없는 자녀로 자라난다. 우선 자녀가 어느 정도 성장하기까지는 부모가 주도적으로 아이의 삶을 이끌어가야 한다. 어릴 때는 부모의 훈육이 필요하다는 말이다. 하지만 안타깝게도, 오늘날 자녀에게 쩔쩔매거나 "안돼"라고 말하지 못하는 부모가 많다.

요즘 사회에서는 권위적인 사람을 '꼰대'라고 비꼬는데, 필요 없는 권위를 이기적으로 내세울 때 쓰는 말이다. 이런 분위기 때문에 권위 자체를 부정적으로 보는 사람도 있는데, 사실 부모의 권위는 전혀 다른 범주의 것이다. 자녀들이 부모와의 인격적 관계 안에서 부모의 권위를 존중하는 것이 가장 이상적이다. 그렇게 되면 자녀들이 성장하는 과정에서나 성장한 이후에라도 사람들의 다양한 권위를 인정하면서 그들과 인격적 관계를 맺을 수 있다. 자녀들이 어릴 때 부모와 맺는 관계의 유형은 자녀들의 이후 삶에 대단히 중요하다.

셋째, 방치하는 양육태도

부모가 사랑도 훈육도 없이 방치하는 것이다. 통제도 자유도 주지 않는 부모로서, 가장 나쁜 경우이다. 부모가 일찍 사망했거나, 이혼, 장기 입원, 혹은 무관심 등의 이유로 장시간 부모 모두 혹은 한 쪽과 분리되었을 때 발생한다. 이럴 때 자녀는 부모가 자신을 전혀 돌보지 않는다고 느낀다. 사랑받지 못하는 것도 큰 상처인데 유기된 환경에서 자란다면 어떻겠는가. 아마 자녀는 항상 마음에 허전함을 가지고 살 것이다. 방치하는 부모는 자녀가 도움을 요청할 때, 도움이 필요할 때 접촉하지 못하고 부응하지도 못한다.

현대에는 부모가 있음에도 방치돼 자라나는 자녀가 너무 많다. 실제로 중산층 이상에서도 방치를 경험하는 자녀들이 있다. 아버지가 아버지 역할을 하지 않고 어머니가 어머니 역할을 하지 않기 때문이다. 부모에게 과하게 부여된 업무, 실직, 오랜 투병 생활, 과로, 개인적인 불행 등, 자녀가 방치될 만한 요소는 곳곳에 있다.

이런 환경에서 자라는 아이는 스스로 주체성이 모자란다고 느끼고, 자신이 누구인지 정체성이 없다. 그 누구에 대해서도 관심이 없다. 다른 사람들을 그다지 중요하게 여기지 않는다. 소속감이 없어서 다른 사람들에게 친근감을 느끼거나 어떤 집단에 소속하는 데 어려움을 겪고, 소속감이 없으니 관계도 피상적으로 맺는다. 친밀감이 없으므로 외로움, 불안함, 두려움, 고독으로 심한 고통을 받는다. 마치 배우가 청중과 관계를 맺는 것처럼 주목받으려고 하지만,

친밀하지는 않다. 특히 생후 수개월에서 다섯 살까지는 한 양육자에게 지속적인 돌봄과 배려를 받아야 한다. 이것을 박탈당한 아이들은 불안과 슬픔에 노출되어 있고, 주위 환경이나 타인과 접촉하려는 시도도 잘 하지 않는다. 그래서 생후 5년 이내에 어머니를 잃는 것이 어린이에게 가장 심각한 박탈이라고 한다. 부모의 죽음과 이혼도 박탈에 포함된다. 이러한 박탈에 가장 필요한 것은 슬퍼하고 애도하는 과정이다.

부모의 별거나 장기간의 외지 근무로 심한 박탈을 경험한 아이는 다시 부모를 만나도 부모에게 이상할 정도로 무관심하고, 부모를 아예 알아보지 못하는 것처럼 행동할 수도 있다. 떨어져 있는 기간이 얼마나 길었는가에 따라 반응 없는 태도가 길어지기도 한다. 이렇게 반응이 없는 아이는 동시에 극단적인 반응을 보이기도 한다. 화를 내거나 걱정스러울 정도로 파괴적이고 난폭한 행동을 하기 쉽다. 부모의 이혼으로 방치된 어린이들은 자신의 잘못으로 부모가 불행해졌다고 믿는 경우가 많다. 그러면서 반항, 분노, 보복, 절망의 감정이 쌓여간다.

아이들은 종종 부재(不在) 부모를 이상화하기도 한다. 죽음, 이혼, 입원, 수감 등으로 이별을 겪은 아이들은 상상을 통해서 이상화된 부모상을 형성한다. 부모의 부재가 어린이에게서 부모를 있는 그대로 파악할 기회를 박탈하는 것이다. 예컨대 전사한 아버지를 가진 남자아이는 그 어떤 것도 능가하는 용맹을 갖춘 공상 속의 아버지를 그려낸다. 지나치게 이상화된 부모상은 사랑에 대한 갈망, 슬픔과 애도 등의 감정 때문에 문제를 일으키기도 한다. 대리 양육자나 양부모에 대한 혐오나 거부감을 갖게 하거나, 반대로 대리 양육자나 양부모에게 호감을 느낄 경우, 그 감정이 친부모를 저버리는 것이라고 생각해서 방어적인 태도를 취하게 한다.

공상 속에서 이상화된 부모상이 청소년기와 성인기까지 계속된다면 이성과 친밀한 관계를 맺는 데 방해가 될 수도 있다. 자기 어머니를 알 기회를 박탈당한 남자아이라면 여성과 자유롭고 친밀한 관계를 이루기 어렵다. 어려서 아버지를 잃은 여성은 아버지를 이상화할 것이며, 좋은 결혼 상대자가 될 만한 남성을 만나도 이상화한 아버지와 비교하여 그를 거절하곤 한다.

넷째, 성경적 양육태도

사랑과 훈육이 조화롭게 균형 잡힌 부모역할 유형이다. 이것이 가장 성경적이며 가장 성공적이며, 올바른 양육태도라 할 수 있다.[41] 이 유형의 부모는 통제도 잘하지만, 사랑과 자비와 지원도 풍성하다. 따스한 사랑을 표현하고 전달하지만, 안 되는 것은 안 된다고 단호하게 훈계한다. 훈육은 또 하나의 사랑으로서 하나님이 당신의 자녀들에게 하신 방법이기 때문이다.

성경적 부모는 어떤 점에서는 통제형과 자유방임형의 중간이라고 할 수 있지만, 사실 훨씬 더 많은 의미를 함축하고 있다. 통제형과 자유방임형의 부모역할에도 각각 나름의 장점이 있다. 통제형은 의연하고 자유방임형 부모는 유연하다. 충분히 사랑하고 엄격하게 훈육하는 부모는 통제형과 자유방임형의 장점만을 취한다. 확고하나 유연하게, 한계 안에서의 자유를 자녀에게 허용하는 것이다. 이렇게 각각의 장점만 가지는 양육태도가 성경적 양육태도이다. 자유를 이상으로 추구하지만, 타인의 권리를 존중하고 책임도 강조한다. 이것이 성경의 권위를 유지하면서도 자녀를 존중해주는 방식이다.

성경적 양육이 되는 가정에는 질서와 규칙이 있고 가족 구성원 모두가 중요한 사람으로 존중받는다. 성경적인 부모는 부부가 서로 존중하고 지지하면서 성경의 원리를 가지고 사랑과 훈육을 한다. 부부가 서로 존중하고 지지하듯 자녀도 존중하고 지지해준다는 말이다. 자녀를 훈육할 때 그리스도 안에서의 존엄성을 인정해주고, 자녀가 자기 생각과 감정을 부모에게 공손하게 표현할 수 있도록 그 권리를 허용한다. 평등한 사회에서는 존중받는 것이 대단히 중요하지만, 그렇다고 모두가 언제나 원하는 것을 얻을 수 있다는 뜻은 아니다. 언제든 자유롭게 의견을 제시하고 생각을 말할 권리가 있다는 뜻이다.

성경적 양육태도는 일정한 한계 안에서 자유를 허용하며, 그 한계는 아이가 자랄수록 점점 확장되어간다. 이 방식은 자녀를 존중하고 무조건적인 사랑을 하며, 훈육의 기초로서 일정한 한계 안에서 자유를 주는 것으로, 이렇게 양육하면 부모와 자녀 간에 상호 존중이 이루어진다.

부모가 자녀를 함부로 대하면 자녀는 그만큼 그릇된 행동을 하고 저항한다. 자녀에게 존경을 받으려면 부모가 먼저 자녀를 존중해야 한다.

나는 1부에서 하나님과 사이좋은 부모가 되어야 한다고 했다. 부모가 그리스도를 통하여 하나님의 형상을 회복하고 하나님과 사이가 좋아지면 자녀양육의 주권을 그리스도께 이양하게 된다. 일관성 있고 단호하고 공정하게 훈육하며, 수동적이지도 공격적이지도 이기적이지도 않고, 자신의 가치를 지키면서도 전적으로 베풀며 변하지 않는, 그리고 무조건적인 사랑과 인정으로 자녀를 대하는 부모가 된다. 그러나 부모는 이 모든 것을 할 수 없다. 오직 예수 그리스도만 이 모든 것이 가능한 유일한 분이시다.

부모가 하나님과의 관계가 회복되면 부모는 그제야 조건 없는 사랑으로 자녀를 격려할 수 있다. 우리가 아직 죄인이었을 때 그리스도가 우리를 위하여 죽으심으로 우리를 향한 하나님의 사랑을 확증하셨음을 기억하라. 그 확증을 통해 하나님의 형상을 회복한 부모는 하나님께 받은 사랑을 가지고 자녀들을 양육할 수 있다. 하나님과 관계를 회복하여 하나님의 형상을 가진 자, 하나님을 대신하는 자로서 하나님의 속성 중 사랑과 훈육을 조화롭게 사용하여 성경적 양육을 할 수 있다.

♥ 사랑을 흘려보내는 통로가 되라

충분한 사랑을 받은 자녀만이 자신을 사랑할 줄 알고, 그 사랑으로 이웃을 사랑할 줄 안다. 자기 자신과의 관계가 좋아야 하는 이유는 앞서 6장에서 설명했다. 사랑받지 못한 자녀는 하나님의 사랑도 확신하지 못한다.

많은 부모가 자녀를 사랑한다고 생각하면서도 실제로는 사랑이라는 이름으로 상처를 줄 때가 많다. 나 역시 자녀가 잘못될까 봐 두려워 집착하고 통제했으며, 은근히 조종하기도 했다. 이것을 사랑이라고 착각하면서 말이다.

우리는 애착이나 집착이 아닌, 소유나 지배가 아닌, 강요나 조종이 아닌 진정한 사랑으로 자녀를 성장시켜야 한다.[42] 자녀를 사랑한다면 의지적으로 사랑을 표현하여 자녀가 성장하게 돕는 부모가 되어야 한다. 자녀를 살리고, 회복시키고, 성장시키고, 발전시키는 사랑이 진정한 사랑이다. 이 사랑으로 자녀는 생명을 얻되 더 풍성히 얻는 사람이 된다.

하나님의 속성인 사랑은 여러 측면이 있는데, 자녀양육을 위해 부모에게 주시는 사랑은 자녀가 성장하고 발전하도록 돕는 능력을 주는 사랑이다. 성경적 양육을 하려면 부모가 하나님의 사랑과 은혜를 체험하여 그 사랑과 은혜가 흘러가는 통로가 되어야 한다. 하나님은 우리를 사랑하셔서 우리의 자격과 상관없이 조건 없는 사랑과 자비와 긍휼을 베풀어주셨다.

하나님의 은혜로 구원받은 부모만이 값없이 주시는 은혜의 선물을 가지고 감사함으로 자녀에게 사랑이 흘러가게 할 수 있다. 은혜의 눈으로 자녀를 바라보아야 자녀가 하나님의 사랑을 체험할 수 있다.

부모의 역할 중 가장 중요한 양육의 두 가지 축은 사랑과 훈육이라고 거듭 말했다. 건강한 사랑, 강인한 사랑, 통제하지 않는 사랑, 침범하지 않는 사랑, 능력을 부여하여 떠나보내는 사랑과 더불어 주의 교훈과 훈계로 양육해야 한다. 하지만 부모의 양육태도가 좋지 않아 이미 자녀를 노엽게 해버렸다면, 아이들은 귀를 닫고 부모와 사이도 나빠져 있을 것이다. 관계가 회복되지 않는다면 부모가 그렇게도 심어주고 싶어하는 주의 교훈과 훈계를 가르칠 기회를 영영 잃어버릴지도 모른다. 그러니 지금이라도 각자의 양육태도를 돌아보고, 하나님께 주권을 이양하여 사랑과 훈육의 균형을 찾기 바란다.[43]

하나님은 우리 후손을 통해 하나님의 의와 구원이 다음 세대까지 영원히 이어지기를 간절히 바라고 계신다. 그러므로 부모가 받은 사명 중의 사명은 자녀양육이다. 사명으로서의 자녀양육은 그저 자녀를 잘 기르는 것 정도가 아니다. 부모는 하나님의 말씀이 전달되는 통로로서, 자녀를 주님의 제자로 만드는 것이 성경적 양육이요 하나님이 부모에게 명령하시는 바이다.

> ¹⁹그러므로 너희는 가서 모든 민족을 제자로 삼아 아버지와 아들과 성령의 이름으로 세례를 베풀고 ²⁰내가 너희에게 분부한 모든 것을 가르쳐 지키게 하라 볼지어다 내가 세상 끝날까지 너희와 항상 함께 있으리라 하시니라
>
> _마 28:19-20

제자로 삼아야 할 모든 민족 중 첫 번째 대상이 바로 우리의 자녀들이다. 우리 자녀는 우리가 적적할까 봐 선물로 주신 존재가 아니다. 하나님의 사람으로 양육하도록 하나님께서 우리에게 맡기신 귀한 보물이다. 그 자녀를 하나님의 사람으로 키우되, 부모가 꿈꾸고 생각하는 것 이상의 사람으로 키우라는 하나님의 명령이 있음을 기억해야 한다.

자녀는 하나님의 형상으로 지음받은, 하나님이 주신 선물이다. 따라서 부모는 자녀가 하나님 형상으로서의 자질과 관계성과 기능을 온전히 발휘하도록 가르치고 양육해야 한다.

3부 | 관계의 '원리'인 사이좋은 소통하기

4부

관계의 '기술'로
사이좋은 양육하기

자녀가 아무리 부모가 낳은 존재라 해도, 자녀의 영역은 존중
해야 한다. 자녀에게 제일 좋은 선택은 부모 눈치를 보지 않고
스스로 결정하는 것이다.

걸음마 영아와 사이좋은 부모

애착의 문제를 극복하라

"하민아, 속상했지? 네가 잘 때 엄마가 외출해서 많이 놀랐지?"

딸이 둘째를 임신한 후 딸 가정과 합가한 지 1년쯤 되었을 때였다. 우리는 살림을 합칠 때 몇 가지 규칙을 정하였다. 규칙이라고 해서 대단한 것은 아니고, 큰아이 하영이는 할미인 내가 데리고 자기, 아직 아기였던 둘째 하민이가 울면 처음에는 엄마가 달래기, 10분이 지나도 안 그치면 아빠도 달래기, 20분이 지나도 안 그치면 나까지 동원하여 달래기 정도였다.

어느 토요일 밤에 생후 5-6개월이던 하민이가 한밤중에 울기 시작하더니 그치지 않았다. 20분이 넘도록 운 것 같은데, 처음에는 서럽게 울더니 나중에는 화까지 내며 북받쳐 울었다. 자다가 깨어 달려가서 살펴보니 엄마 아빠가 어쩔 줄 몰라 하며 허둥대고 있었다.

아이가 이렇게 우는 데는 이유가 있다는 생각이 들어, 낮에 무슨 일이 있었는지 물었다. 토요일 아침에 사위가 아내를 위해 아기를 몇 시간 봐주기로 하여 딸이 큰아이를 데리고 외출했다. 외출할 때 마침 아기가 자고 있어서 살짝 조용히 나갔고, 사위는 아기가 깬 후에 딸이 미리 짜놓은 모유를 데워 먹였다. 외출에서 돌아온 딸은 모처럼 큰아이와 좋은 시간을 보냈다고 남편에게 고마워했고, 사위도 별일 없이 육아를 감당했다고 뿌듯해했다. 그런데 한밤중에 아기가 울기 시작한 것이다.

아기는 울음을 그치지 않았다. 열도 나지 않았고 먹은 게 잘못되지도 않은 것 같았다. 응급실에 가기 전에 아기를 안고 물어보았다. "하민아, 낮에 네가 잘 때 엄마가 말도 안 하고 외출해서 속상했니? 다음부턴 꼭 너에게 말하고 외출했으면 좋겠어?" 하고 묻고는, 딸한테는 아기에게 사과하고 안심시켜주면 좋겠다고 했다. 딸은 하민이를 안고 진심으로 사과했고, 다음부터는 꼭 허락받고 외출하겠다고 말하며 안심시켰다. 그리고 "너를 너무 사랑한다"고 말해주었다. 아기는 그 말을 알아듣기라도 하는 듯, 금세 울음을 그쳤다.

엄마가 종일 아기를 돌봐야 한다는 말이 아니다. 둘 사이에 신뢰의 애착이 형성되어 있으면 엄마가 부재중이어도 불안감 없이 기다릴 수 있다. 다만 대상에 대해 항상 신뢰할 수 있는 '대상항상성'(Object Constancy)이 생길 때까지는 아기를 떠나지 않는다고 안심시켜주어야 한다.

♥영아기에 가장 중요한 것

아기가 태어나 세 살이 되기 전까지를 일컫는 영아기 때에는 애착이 가장 중요하다. 애착은 사랑하는 사람과 관계를 맺고 유지하는 것을 말한다. 아기에게는 엄마와의 애착 관계가 삶의 기반이 된다. 애착 관계를 바탕으로 평생 다른 사람과 신뢰 관계를 형성해가기 때문이다.

에릭슨은 자녀가 영아기에 이루어야 할 발달과제로 '기본신뢰'를 꼽았다. 이 기본신뢰는 애착을 통해서 형성된다. 애착은 영국의 정신분석학자인 존 보울비(J. M. Bowlby)가 처음 고안한 개념으로, 아기와 엄마 사이가 대표적인 애착 관계이다. 아기와 엄마는 서로 사랑하는 애착 관계를 형성하려고 애쓰는데, 이것은 하나님이 주신 본능이다. 애착을 형성하려면 부드러운 피부 접촉이 필요하고, 따뜻한 시선으로 바라보고 웃어주고 안아주는 것도 필요하다. 그러므로 자녀가 아기일 때 엄마는 몸을 움직여 안아주고 놀아주고 만져

주어야 한다.

애착이 건강하게 형성된 아기는 자신이 사랑받을 만한 존재라고
느낀다. 안정된 애착이 형성된 아기는 엄마에게 신뢰감을 가지고,
그것을 바탕으로 자신있게 주변을 탐색하며 사람들과 안정된 관계
를 발달시킬 수 있다. 그러나 애착이 불안정한 아기는 엄마와 떨어
지지 않으려 하고, 다른 사람과 관계도 잘 맺지 못하며, 공격적인 행
동을 하기도 한다. 또한 부정적인 자아상을 갖게 되며 사람에 대한
신뢰도 없다. 그러다 보니 지나치게 눈치를 보며 필사적으로 친근
감을 가지려고 하고, 어른스럽게 보이려고 애쓴다. 인정욕구, 애정
욕구도 지나치다.[44]

어린 시절에 부모와의 애착이 부실하여 나중에 문제가 발생하는
경우가 얼마나 많은지 모른다. 채널A의 〈요즘 육아 금쪽같은 내 새
끼〉라는 프로그램을 보면 수많은 문제 아이들이 등장한다. 똥이 무
서워 안 누는 아이, 엄마 배꼽을 후벼서 피가 나도록 매달려야 자는
아이, 일찍 결혼한 아빠가 군복무를 하는 동안 엄마와 특별한 시간
을 보냈던 것에 집착하여, 아빠의 제대 후에 동생을 낳고 정상적인
가정생활이 시작되자 엄마한테 반항하고 집착하는 아이, 누나로 태
어나 아빠에게 인정받으려고 동생들뿐 아니라 부모까지 돌보려는
아이, 그 외에도 집착, 반항, 폭력, 불안, ADHD 등 다양한 문제가
나온다. 이 모든 이상 행동의 공통된 원인은 애착의 문제이다. 이런
아이들은 썩은 동아줄이라도 잡아야 할 정도로 애착에 매달린다.

♥ 애착 형성에 도움을 주는 것들

애착 형성에 필요한 것은 기본적으로 사랑과 관심과 믿음이다. 반대로 애착에 가장 방해가 되는 것은 불안감이다. 엄마를 비롯한 양육자로부터 사랑과 관심을 받지 못하면, 아기는 양육자와 분리될 때 극도로 불안해한다. 아기가 제일 두려워하는 것이 부모로부터 버림받을지도 모른다는 불안감인 탓이다. 아기는 애착 형성에 실패하면 불안과 두려움에 시달리게 된다.

불안정 애착의 대표적 증상이 바로 분리불안이다.[45] 분리불안은 아기가 엄마를 비롯한 주양육자와 떨어지지 않으려 하고, 떨어지면 매우 불안해하는 본능적인 증상이다. 이런 본능이 충족되면 문제 행동이 고쳐지기 시작한다. 아기의 눈높이에 맞는 사랑과 관심을 보여주면 언제 그랬냐는 듯이 문제 행동에서 벗어난다. 일례로 분리불안을 극복하기 위해서는 아기를 따뜻하게 안아주면서, 떨어져 있는 시간을 조금씩 늘려가면 된다. 아기와 엄마가 절대로 떨어질 수 없는 사이는 아니다. 애착 형성에는 신뢰를 바탕으로 떨어짐을 받아들이고 인정하는 과정이 필요하다.

불안은 누구에게나 있는 정상적인 감정이다. 불안 때문에 감정을 조절하기도 하고 스트레스에 적응하는 힘을 기르기도 한다. 문제는 불안이 심해질 때 일어난다. 불안한 아이들은 위축되어 있고 신체 접촉이나 대인관계에도 불안을 느끼기 때문에 아무에게도 가지 않으려고 한다. 타인과 눈을 맞추지 않고 주변의 변화에 민감하며 적응하지 못한다. 작은 일에 지나치게 근심하느라 사람에게 매달리며, 엄마나 아빠뿐 아니라 친밀한 사람에 대해서도 분리불안을 느낀다. 불안이 심해져서 긴장된 상황이 되면 신체적으로 아프다는 증상을 호소한다.

이와 같은 애착 실패는 '반응성 애착 장애'를 일으키는데, 자폐와 같은 무반응, 다른 사람에 대한 무관심 등이 대표적인 장애이다. 애착 실패를 일으킨 아이들은 장기간 사회적 관계를 시작하지 못하고, 관계를 맺더라도 자신을 억제하고 주변을 경계하며 심하게 양가적(兩價的)이어서 동일 대상에 대해 상반된 반응을 보인다.[46]

애착 실패를 겪은 아이들은 애착 대상을 선택하는 능력도 부족하여 그 대상을 무분별하게 선택하기도 한다. 낯선 사람에게도 지나치게 친근감을 나타내 위험한 상황에 놓이는 일도 있다. 애착 실패는 공격성과 폭력성을 보이는 반항성 장애, 틱장애, 강박장애, 편집장애, 주의력결핍과잉행동장애(ADHD), 공황장애, 선택적 함묵증 등 다양한 심리장애로 나타날 수 있다.[47]

모유 수유가 도움이 된다

영아기 때 안정적으로 애착을 형성하기 위해서는 모유를 먹이면 좋다. 하루에 10여 차례 아기를 안고 젖을 먹이면 아기의 정서 발달과 애착 형성에 큰 도움이 된다. 엄마의 직장 때문에, 혹은 모유가 나오지 않아 모유를 먹일 수 없을 때라면 주양육자가 아기를 심장에 가까이 대고 안고서, 아기와 시선을 맞추고 젖병을 물려야 한다.

모유를 먹이는 것은 아기의 불안감을 낮추는 데도 큰 도움이 된다. 아기는 태어나는 순간 인생에서 가장 큰 스트레스를 겪는다고 한다. 만약 아기가 태어난 후에도 자궁 속에 있을 때와 비슷한 환경을 만들어준다면 공포와 불안과 두려움에서 벗어나는 데 도움이 되는데, 모유를 먹을 때 엄마 품에서 엄마의 심장 박동을 듣는 것은 태어나기 전의 환경과 비슷해서 불안감을 덜어낼 수 있다.

그리고 적어도 5-6개월은 모유를 먹어야 면역체계가 형성된다. 모유를 먹일 수 없는 환경이라면 출산 후 2-5일에 나오는 초유만큼은 꼭 먹여서 질병에 대한 저항성을 높여주자. 초유에는 면역체가 많이 들어 있어 아기의 건강에 매우 큰 도움이 된다.[48]

주양육자가 고정되는 게 좋다

애착은 만 3세 전후에 고정(형성)되므로 양육자가 자주 바뀌면 아기는 지진이라도 난 듯한 불안과 스트레스를 경험한다. 그러므로 생후 1-3년까지는 부모가 직접 키우는 것이 가장 좋고, 그러지 못한다면 적어도 생후 3년까지는 주양육자가 바뀌지 않아야 한다.[49]

출생 후 1년이 되기 전에 무관심으로 방치된 아기는 분리불안이 크게 자리를 잡아 아이의 잠재력을 빼앗는다. 전성수의 《자녀교육혁명 하브루타》에 따르면, 안정된 애착이 형성되지 않으면 전두엽 발달에 장애가 생겨 자제력이 떨어지고, 반사회적인 행동을 억제하는 능력도 낮아져서 충동적이고 공격적이고 반항적인 아이가 된다. 애착이 불안정한 아이는 낯선 사람이 나타나면 필사적으로 부모에게 매달리는데, 시간이 가도 그런 태도를 버리지 못하면 만성적인 내적 불안 때문에 고통을 겪는다. 이런 아이는 심한 우울증이나 심각한 공포증을 겪기도 하고, 공격적인 성향을 보이기도 한다.

놀아주는 게 최고다

애착을 형성하는 데에는 놀아주는 것이 최고다. 아이와 하루에 얼마만큼의 시간을 보내는가? 3세까지 부모와 좋은 경험을 쌓으면 그 경험이 무의식에 저장되어 긍정적인 정서와 성품이 형성된다. 3세 미만의 아이와 함께 놀기 위해서는 눈높이를 맞추고 아이와 교감하면서 아이가 하고 싶어하는 것을 함께 즐기면 된다. 거창한 놀잇감도 대단한 전문 지식도 필요 없다.

　아이들은 부모와 이야기를 하고 함께 시간을 보내며, 또 그림이나 자연환경을 보면서 상상력을 기를 수 있다. 안타깝게도 요즘 아이들은 '엄마, 아빠' 소리와 동시에 '핸드폰'을 말하기 시작한다고 한다. 불행한 현실이다. 많은 부모가 아이들을 훈육하는 데 실패했거나 아이들과 부딪치기 싫어서, 혹은 어른들끼리 보내는 시간을 방해받지 않으려고 아이들에게 텔레비전이나 휴대폰을 보여준다. 그러나 이런 영상매체들은 단방향 매체이므로 아이들의 생각 주머니가 자라는 것을 방해한다.

♥ 유능하고 긍정적인 자아상 형성하기

애착은 평생이 걸린 삶의 기반이다. 그리고 안정된 애착은 긍정적
자아상을 형성한다. 아기는 엄마와 자신을 구분하지 못하기 때문에
배고파서 울 때 엄마가 달려오면 자신이 젖(엄마)을 창조해냈다고
여기는 '전능한 자아상'을 가지게 된다. 자신이 무엇이든지 할 수 있
다고 생각하는 환상은 생존과 관련되어 있기에, 아기에게는 전능한
자아상이 꼭 필요하다. 이것이 긍정적 자아상의 기초이기 때문이다.

아기가 자라가면서 칭찬받고 격려받으며 엄마와 안정된 애착을
형성하면 '나는 무엇이든 할 수 있다'라는 전능한 자아상이 '나는
할 수 있다'라는 '유능한 자아상(긍정적 자아상)'으로 변화된다. 그러
나 위협적이고 폭력적 분위기에서 자라면 '난 못 해', '할 수 없어',
'나는 못났어' 하는 부정적 자아가 형성된다.[50]

지나치게 억압하고 통제하면 부정적 자아가 형성되는데, 반대로
지나치게 제어하지 않아도 부정적 자아가 형성된다. 옛날에는 전자
가, 요즘은 후자가 많다. 요즘 엄마들은 내 아이가 너무 소중해서 모
든 것을 허용하고 받아주는 경향이 있다. 그러면서도 자녀에게 큰
기대를 한다. 부모가 무엇이든 준비해주고 대신해주고 허용해주어

서, 자녀가 가지게 된 행동과 생각의 범위를 마치 자녀 본래의 능력인 것처럼 생각하는 것은 비현실적인 기대이다. 오히려 이럴 때 형성되는 부정적 자아는 열등한 자아이고 무능한 자아다.

묵시가 없으면 백성이 방자히 행하거니와 율법을 지키는 자는 복이 있느니라
_잠 29:18

아무런 제어 없이 과대하게 부풀려진 자만심을 가지고 자라면 다른 사람을 무시하고 괴롭히면서도 죄책감을 느끼지 못하는, 터무니없는 자기중심적인 사람이 된다. 무조건 허용받는 환경에서 '전능환상'에 사로잡힌 사람은 '유능한 자아'로 옮겨가지 못한다.[51] '위축된 자아'도 문제이지만, 이런 '허상적 자아'도 문제이다.

이렇듯 애착이 중요한 것은, 애착은 본능이자 하나님이 주신 안전장치이기 때문이다. 아기가 태어나 3년 이내에 안정적인 애착을 형성하지 못하면 기본신뢰를 형성할 수 없어서 평생 아무도 신뢰할 수 없다. 어떤 엄마들은 아기를 할머니나 친척에게 맡기고 일주일에 한 번 혹은 한두 달에 한두 번 보러 가기도 하는데, 이는 애착 관계 형성에 바람직하지 않다.

옛날에는 아기가 손 탄다고 아무때나 안아주지 못하게 했는데, 사실 그러면 안 된다. 아기들은 필요하니까 안아달라고 하는 것이다. 그러니 아기를 훈련한다고 안아주지 않거나 충격을 가하거나

때리거나 해서는 절대로 안 된다. 정서적 충격은 뇌의 변연계(邊緣系)에 영향을 끼쳐 충동 조절에 문제가 생기곤 한다. 애정에 결핍을 느끼면 다음 세대에까지 영향을 미치곤 한다.

안정된 애착이 형성된 아이는 다른 사람을 존중하고 공감하며 올바른 판단을 할 수 있고, 감정을 조절할 수 있으며 긍정적 자아상을 갖게 된다. 이런 사실을 볼 때, 아기가 어릴 때 안정 애착을 형성하게 하는 것은 아무리 강조해도 지나치지 않을 만큼 부모에게 중요한 과제이다.

아이는 부모가 말한 대로 하는 것이 아니라 부모의 등 뒤에서 부모가 행한 것을 보고 모든 것을 배운다. 자녀를 양육할 때 경제적으로 여유가 있으면 분명히 장점이 있다. 그러나 더 잘 키우기 위해 더 많은 물질이 필요한 것은 아니다. 물질을 쌓는 데 집중하느라 아이를 외면하거나 더 좋은 것을 해주려고 돈을 번다는 식으로 방치를 정당화하는 부모도 있다. 그러나 아이는 기다려주지 않는다는 것을 기억해야 한다.

그렇다고 무조건 가정에서 자녀를 돌보아야만 건전한 애착이 형성된다는 말은 아니다. 어떤 부모는 직장에서 일하고 싶지만 아이 때문에 집에 있고, 어떤 부모는 집에서 아이를 키우고 싶지만 가정 경제 때문에 일터로 나갈 수밖에 없다. 그렇다면 이런 환경에서는 어떻게 해야 할까? 내 의지와 상관없는 환경일지라도 각각의 환경에 따라 직접 양육하거나 대리 양육자가 양육하면 된다. 무엇보다 자녀에게 관심과 시간의 양과 질을 더 돈독하게 투자하는 것이 중요하다.

아이와 함께 놀 수 있는 부모는 아이를 망치지 않는다. 초조해하지 않고 아이의 마음을 읽어주고 아이와 시간을 보내며 아이에게 공감해준다면 아이의 뇌에 긍정적 정서가 쌓이고 긍정적 자아상이 형성되어 좋은 성품의 아이로 자라날 것이다.

❤성경에서 찾은 애착 관계

모세의 엄마 요게벳은 애굽 왕이 이스라엘의 아들들을 죽이던 무서운 시대에 목숨을 걸고 아기를 지켜낸 엄마였다. 애굽 왕 바로는 이스라엘 민족의 번성을 두려워하여 이스라엘 백성 가운데서 사내아이가 태어나면 모두 죽이라고 히브리 산파들에게 명령했다. 그러나 히브리 산파들은 왕의 명령보다 하나님 말씀을 따랐다. 요게벳 역시 모세를 낳은 후 사람들의 눈을 피해 숨겨서 키웠다. 그러다 아이가 자라서 더는 감출 수 없자 역청을 칠한 갈대상자에 넣어 나일강 갈대 사이에 두었다. 마침 바로의 딸이 목욕하러 나일강으로 왔다가 바구니를 발견하고 아기를 물에서 건져냈다.

모세가 담긴 바구니를 지켜보고 있던 모세의 누이가 요게벳을 유모로 추천하여 모세는 엄마 품에서 자랄 수 있었다. 모세가 얼마나 엄마의 젖을 먹었는지 정확히 알 수 없지만, 요게벳이 모세를 공주에게 데려다준 시기를 새번역성경에서는 "그 아이가 다 자란 다음에", 우리말성경에서는 "아이가 어느 정도 자라자"라고 한 것을 보면, 적어도 애착이 형성된 후에 바로의 공주에게 가서 왕궁에서 자랐음을 알 수 있다. 이스라엘 백성을 애굽에서 인도해낸 영도자 모세의 영적 성장에 어머니와의 안정된 애착이 도움이 되지 않았다고 말할 수 없다.

아기를 낳지 못하던 한나 역시 하나님께서 주신 사무엘을 낳고 그 아이가 젖을 뗄 때까지 기다렸다가 아기를 성전에서 키우도록 하나님께 바쳤다. 이스라엘에서는 10세까지도 젖을 먹이곤 했다. 사무엘이 몇 살까지 젖을 먹으면서 엄마 품에서 자랐는지는 정확히 모른다. 하지만 한나는 젖을 뗄 때까지 애착을 형성하고 양육하다가 여호와 앞에 영원히 바쳤다고 했다(삼상 2:19). 한나는 매년 제사를 드리러 남편과 함께 올라갈 때마다 겉옷을 지어다가 사무엘에게 주었다. 여호와의 성전에서 자라는 아들을 위해 눈물로 기도하며 한 땀 한 땀 겉옷을 지었을 한나의 모습이 상상된다.

♥애착이 신앙의 기초가 된다

영적 성장은 우연히 일어나지 않는다. 영적 성장 역시 일련의 발달단계를 거친다. 1980년 발달 심리학자 제임스 파울러(James W. Fowler)는 10년간 인간의 신앙 발달을 연구한 끝에 《신앙의 발달단계》(Stages of Faith)라는 책을 출간했다. 신앙 발달의 첫 단계는 태아기와 영아기에 시작되는데, 아이는 엄마의 태중에서부터 엄마의 가치관, 정서, 행동 등에 의해 아이의 정서적·영적 존재 형성에 기본적인 영향을 받는다.

영아기 때 엄마와의 애착을 통해 신뢰가 형성된 아이는 하나님의 존재와 성품, 진리, 능력, 사랑을 신뢰하는 데 어려움을 겪지 않는다. 그러나 어릴 때 신뢰하는 능력이 축소된 아이들은 어른이 되어서도 다른 사람이나 하나님을 믿고 신뢰하는 일을 힘들어한다. 부모가 약속을 어기거나 예측하지 못한 행동을 하거나 학대적 행동을 할 때마다 아이의 신뢰하는 능력은 손상된다. 부모를 신뢰하지 못하는 아이들은 하나님을 대할 때도 부모에게와 같은 태도를 가져서 신뢰하지 못하고 두려워한다.

하나님께서 우리에게 주시는 모든 것, 곧 사랑, 긍휼, 용서, 능력, 기도의 응답 등은 믿음을 통해 적절하게 주어진다. 래리 스티븐스는 《하나님, 제 아이 정말 잘 키우고 싶어요》에서, 헬라어 원문에 의하면 '믿음'이라는 명사는 '신뢰하다'라는 동사에서 나왔다고 지적한다. 믿음은 신학적으로 경건(godliness)의 삶을 위해 필수적으로 요구된다. 심리학 용어로서도 신뢰는 온전함(wholeness)과 정신적·정서적으로 건강한 삶을 살려면 반드시 필요한 요소다. 즉, 다른 사람을 신뢰하는 능력은 건강한 성격 발달의 기초가 된다는 말이다. 발달심리학자 에릭슨(Erikson)도 어린이가 태어나서 18개월 쯤 되었을 때 해결해야 할 과제가 바로 '신뢰 대 불신'이라고 했다.

이처럼 신뢰는 다른 모든 성격 발달의 기초가 된다. 애착을 통해 엄마를 비롯한 1차 양육자를 신뢰하고 부모의 돌봄과 사랑에 의지하는 것을 배운 아이들은 하나님을 신뢰하는 내적인 능력을 갖추게 된다. 내 자녀가 그런 아이로 자라기를 바란다면, 아기일 때부터 부드럽게 안아주고 접촉하고 눈을 맞추는 과정을 통해 아이의 삶 속에 신뢰를 쌓아두어야 한다는 뜻이다.

10장

학령 전 유아와
사이좋은 부모

선택하고 책임지게 하여 주도성을 갖게 하라

책임감 없는 자녀들 때문에 나이가 들어서도 근심
이 끊이지 않는 권사님을 만난 적이 있다. 남편이 군인이라 전방에
있어서, 요즘 말로 독박 육아를 했다. 권사님은 개성적이고 강한 자
녀들을 혼자서 감당하기 힘들어 그럴 때마다 아이들에게 져주곤 했
다. 하루는 돈을 더 주지 않는다고 어머니에게 화를 내면서 집안을
풍비박산으로 만들고 나간 아들 때문에 눈물 흘리며 상담실을 찾아
왔다. 다 큰 아들이 돈을 더 주지 않는다고 어머니에게 대들 때마다,
권사님은 남편 몰래 돈을 마련해 아들에게 주며 아들이 철들기만을

기다리고 있었다. 어디서부터 잘못되었는지, 어떻게 해야 좋을지 모르겠다는 권사님을 어떻게 도울 수 있을까?

♥ 유아기의 특징과 선택권

성장하였지만 자신의 인생을 책임지는 훈련을 받은 적이 없는 자녀들 때문에 눈물 흘리는 부모가 많다. 결혼시키면 나아질 거라고 생각해서 결혼을 시켰다가, 아들뿐 아니라 며느리와 손자들까지 책임지게 된 일도 있다. 이렇게 무책임한 사람이 되지 않게 하려면 자녀의 발달단계에 따라 자기 일을 스스로 처리하거나 책임지는 훈육을 해야 한다. 특히 그렇게 해야 할 발달단계가 바로 유아기이다.

자녀가 아주 어릴 때, 아기일 때는 모든 것을 아이 대신 부모가 선택한다. 무엇을 먹을지 엄마가 정하고 먹여주고, 옷을 입을 때도 부모가 무엇을 입을지, 어떤 양말을 신을지 골라준다. 그러다가 어느 날부터 아이가 스스로 자기가 먹고 입을 것을 고르기 시작한다. 입맛에 맞는 것을 먼저 먹으려 하고, 부모가 골라주는 옷을 거부하고 자기가 고르고, 양말도 신발도 스스로 고르려고 한다. 그럴 때 시간이 넉넉하면 부모의 마음도 너그러워져서 아이가 선택하기까지 기다려줄 수 있지만, 시간이 촉박할 때, 예컨대 결혼식에 가야 하거나 여행지로 출발해야 할 때처럼 목적지와 상황이 분명할 때는 아이를 기다려주지 못하고 강압적으로 부모의 선택을 따르게 하기도 한다. 그럴 때 아이는 자기의 선택을 관철하려고 떼를 쓰고, 부모는 지금은 안 된다며 아이를 다그친다. 유아기일 때 이런 상황은 더 두드러진다. 평소 갖고 놀던 장난감을 들고 가기엔 어울리지 않는 곳에 가게 될 때나, 아이가 입기 싫어해도 장소와 상황에 맞는 옷을 억지로 입혀야 할 때가 그렇다.

그러나 자녀가 훗날에 현명한 결정을 할 수 있기를 바란다면 그럴 때라도 선택권을 주어야 한다. 부모가 보기에 틀린 것 같아도 자녀가 선택한 것이라면 그것을 존중해주어야 한다. 그러면 자녀는 시행착오를 겪으며 자신이 선택한 일에 책임지는 법을 배울 수 있다. 그런데 많은 부모가 자녀의 실패와 시행착오를 기다리지 못한다. 혹시 자녀가 시행착오를 겪고 좌절할까 봐 선택할 수 있는 여러 길을 미리 없애버리기도 한다. 그러고는 부모의 선택을 강요한다. 그러나 반복해서 자녀가 선택한 것을 무시하면 아이들은 자기 자존심을 지키기 위해 부모에게 반항한다. 아이들에게 이런 모습이 가장 잘 나타나는 때가 바로 유아기이다.

유아기는 3세 이후 6세까지, 애착을 통해서 부모와 신뢰를 형성한 후, 이제 세상을 향하여 놀라운 호기심으로 나아가고자 하는 시기이다. 어항에 손을 넣기도 하고, 자기 마음대로 옷을 입겠다고 떼쓰기도 한다. 스스로 뭔가를 해내고 그것을 통해서 얻게 되는 감정을 누리는 시기이기도 하다. 또한 어린이집이나 유치원에서 친구들과 대인관계를 맺기 시작하는 시기이다. 이제 아이들은 부모와 가족이라는 사회를 떠나 새로운 사회에서 친구들과 같이 노는 법, 장난감을 나눠 가지고 노는 법, 과자를 나눠 먹는 법을 훈련받아야 한다. 이 시기에 부모는 자녀에게 의식주를 제공하고 훈육과 지지를 포함한 많은 의무를 지게 된다. 동시에 자녀 역시 규칙을 지키고, 자기가 선택하고 선택한 것에 대해 책임지는 법을 배우게 된다.

♥ 주도성과 책임감 길러주기

유아기는 무엇을 해보려는 주도성을 길러주어야 하는 시기이다. 이 시기의 자녀는 무엇이든 자기가 해보겠다는 의욕을 가지고 "나도 해볼래, 나도 할 수 있어"라고 자신감 있게 말한다. 이 시기에 부모는 자녀를 과잉보호해서 자녀가 성장할 기회를 빼앗지 않도록 주의하고, 자녀가 주도성을 가지고 시작한 일은 마무리까지 하여 목표를 성취할 수 있도록 도와주어야 한다. 부모의 일에 아이를 참여시키는 것도 좋은 방법이다. 함께 청소하고 요리를 하면서 자녀의 역할을 배정하고, 그 일을 완수했을 때 칭찬해주면 자녀는 자존감이 높아지며 주도성과 책임감도 성장한다. 따라서 유아기에는 자녀가 선택하고 책임지게 하여 주도성과 책임감이 발달할 수 있도록 가르쳐야 한다. 실패와 시행착오는 성장에 필요한 요소이며 그것을 통해 선택하는 방법과 지혜를 배워나간다.

인간에게 가장 단순하고도 강력한 힘은 결국 선택하는 힘이다. 부모는 하나님이 세워주신 가정의 머리로서 자녀의 나이에 적절한 선택과 책임감의 기준을 정해주어야 한다. 이것이 바로 확장되어 가는 한계 안에서의 자유이다. 성경적인 부모는 한계 안에서 자유를 허용할 줄 안다. 즉, 선택할 자유를 준다는 말이다. 그래서 자녀가 선택하고 그에 대한 책임을 지게 하여 바른 선택을 하는 힘을 길러주어야 한다. 현대는 선택지가 너무 다양해져서 이전보다 선택이 더 어려운 문제가 되었다. 오죽하면 '선택 장애'라는 말이 일상에서 쓰일까. 그만큼 선택하는 힘을 길러주는 일이 더 중요해졌다는 말이다.

자녀가 유아기일 때 주의할 것이 있다. 어느 때보다 사랑과 훈육의 조화가 필요한데, 이때는 특히 자녀의 행동과 존재를 구분하여 훈육하여서 죄책감을 심어주지는 말아야 한다. 어쩌면 훈육 못지않게 스스로 선택하고 그에 대한 책임을 지게 하는 주도성이 더 중요하다. 물론 스스로 선택하는 주도성을 키워주는 것도 중요하지만, 그에 따르는 책임감은 주도성만큼이나 중요하다. 그렇다면 책임감이란 구체적으로 어떤 것일까?

첫째, 책임감은 자신의 의무를 받아들이는 것이다. 현대는 누리려고만 하고 책임은 지려고 하지 않는 시대이다. 원하는 것을 얻기 위해 당연히 치러야 할 대가까지 무시하는 자녀 때문에 부모와 갈등이 빈번하게 일어난다.

둘째, 책임감은 옳은 일을 행하는 것이다. 콜버그(L. Kohlberg)는 3단계의 도덕 발달 이론을 말하였다. 1단계는 인습 이전 단계로 벌과 복종의 단계, 2단계는 개인 간 상응의 단계, 3단계는 보편적 윤리의 단계이다. 아이들은 1단계에서는 벌 받지 않기 위해 부모의 규칙을 지키고, 2단계에서는 부모에게 칭찬받기 위해 규칙을 지키며, 3단계에서는 규칙이 옳으므로 지킨다.

자녀의 연령에 따라 살펴보면, 유아기 때는 부모에게 벌을 받지 않으려고 옳은 것을 선택하고, 초등학교 다니는 시기에는 칭찬받고 긍정적인 강화를 받기 위해 옳은 것을 선택한다. 그러나 사춘기가 되면 그것이 옳아서 선택하게 된다. 그러므로 부모가 자녀를 양육하면서 자신에게 주어진 상황에서 옳은 것을 선택할 수 있는 것을 가르치는 것은 매우 중요한 일이다.

셋째, 책임감은 자기가 한 행동의 결과를 받아들이는 것이다. 대부분 자녀는 부모에게 야단맞지 않기 위해 변명하고 책임을 전가한다. 그러나 자녀가 책임을 받아들이도록 가르친다면, 그 순간은 자녀가 마음 상하거나 속상하겠지만 평생 자녀를 위한 큰 선물을 주는 것이다. 실수하더라도 스스로 책임지게 한다면, 그다음에는 현명한 선택을 하는 힘을 길러줄 수 있다.[52]

♥실수와 실패 받아들이기

실수할 때마다 남을 탓하고 핑계 대고 실패하는 사람이 있는가 하면, 실수를 통해 배우고 대가를 지불함으로 더욱 성공적인 인생을 사는 사람이 있다. 그런데 생각보다 많은 사람이 평생 같은 실수를 반복한다. 반복되는 실수는 앞으로 나아가는 속도를 더디게 한다. 같은 실수를 반복하지 않게 하려면 어려서부터 자녀가 책임을 지도록 가르쳐서 책임질 줄 아는 어른으로 성장하도록 도와야 한다.

자녀가 실수했을 때 책망하거나 벌을 주기보다 책임을 지게 해야 하는데, 그러기 위해서는 먼저 자녀 스스로 선택하게 하는 과정이 필요하다. 자녀가 선택한 후 그 선택에 대가를 지불하도록 이끌어 주고, 선택한 결과가 좋지 않더라도 다시 선택하고 시도하도록 격려하는 것이 부모의 역할이다.

부모는 자녀 인생의 거푸집과 같다. 부모의 행동이 자녀의 생각을 유발하는 선행 사건이 되고, 자녀가 취한 행동이 부모의 생각을 유발하는 선행 사건이 되기도 한다. 예를 들어 아이가 칭얼거릴 때 부모가 짜증을 내면 자녀의 부당한 관심 끌기에 반응을 하는 것이다. 부모가 자녀를 통제하지 않으면 잘못될까 봐 불안하여 자녀의 선택과 욕구를 제한하고 부모의 의견을 강요하고 지시한다면, 자녀는 스스로 선택하는 것을 배우지 못한 채 부모에게 서운한 마음과 앙심을 품고 부모를 떠날 날만 기대할지 모른다. 반대로 그런 통제가 너무 싫어 자녀가 무엇이든 마음대로 하도록 허용하고 내버려 둔다면, 아이는 무엇을 선택해야 할지 몰라 더욱 불안해하며 소속감도 느끼지 못한다.

심리학자들이 지난 수십 년간 발견한 중요한 교훈 중 하나는, 우리가 취한 선택이 후속 결과에 영향을 준다는 것이다. 책임감을 길러주는 것이 중요한 이유는, 우리 삶 속에서 일어나는 일은 우리가 선택한 데서 기인한다는 사실을 인식할 때 우리는 삶의 면면에서 많은 통제력을 갖게 되며, 더 나은 선택을 내리는 방법을 배우기 때문이다. 만약 결과를 두고 변명하거나 다른 사람 탓으로 돌리기만 한다면, 우리는 나은 선택을 내리는 방법을 배우지 못한다. 자기 생각, 느낌, 행동에 대한 책임을 받아들이는 것을 배운 자녀들은 언젠가는 성공 주기에 들어선다. 왜냐하면 실패를 통해 무엇인가를 배우기 때문이다.

안타깝게도 많은 사람이 실수를 인정하지 않는다. 비난받는 것, 처벌받을 것을 두려워하기 때문에 책임을 회피한다. 다시 말해, 두려움 때문에 책임을 회피하고 거부하는 것이다. 자기는 실수하지 않았다고 변명하거나 남을 탓하고 책임을 전가하며, 자신의 실패를 정당화한다. 책임을 지기보다 핑곗거리를 찾는 것이다. 세상 사람들은 그렇게 한다고 해도 그리스도인 부모는 자녀들에게 책임감을 길러주어야 한다. 그리하여 자녀를 그리스도의 군사로 세워야 한다.

이 대목에서 '성경적인 부모는 어떤 부모일까?'를 생각해보자. 자녀의 욕구에 민감하며, 자녀의 나이에 적절한 한계를 두고 스스로 선택하도록 허용하고, 그에 따른 책임감을 부여하는 부모이다. 이들의 목표는 자녀가 독립해서 스스로 인생에 대한 책임질 수 있도록 준비시키는 것이다. 옳은 길을 가르치느라 의도하지 않은 상처를 줄 수도 있지만, 그것을 겁내서 선택과 책임을 가르치기를 소홀해서는 안 된다. 자녀가 스스로 선택하고 그 결과를 받아들이도록 가르치면 책임감이 길러진다.

하나님은 우리 각자를 향한 교육철학을 갖고 계신다. 부모는 자녀 각자를 향한 하나님의 교육철학을 가장 가까이에서 발견하고 그 삶을 살 수 있도록 돕는 청지기이다.

마땅히 행할 길을 아이에게 가르치라 그리하면 늙어도 그것을 떠나지 아니하리라 _잠 22:6

즉, 하나님의 가치관으로 부모가 자녀를 격려하고 때로는 엄격한 규칙으로 책임지게 할 때, 세상나라와 하나님나라를 위해 영향력을 끼치는 그리스도의 군사로 양육할 수 있다.

가훈, 가정의 가치관, 부모의 신념은 자녀들에게 올바른 행동의 가이드라인이 된다. 그러나 부모가 특별한 기준 없이 지나친 엄격함으로 처벌하거나 지나친 허용으로 비위를 맞춘다면, 자녀는 더욱 그릇된 행동을 하며 하나님의 길에서 멀어진다. 그러면서 부모에게 나쁜 마음을 품고 앙갚음을 할지도 모른다.

♥ 책임을 지게 하는 바른 훈육법

유아기의 자녀가 옳은 것을 선택할 줄 알고 자신의 선택에 책임질 줄 아는 사람이 되도록 하려면 어떻게 양육해야 할까? 어린 자녀에게 책임감을 가르치는 규칙은 어떻게 정해주어야 할까? 먼저 바른 훈육 방법을 살펴보자.

첫째, 정중하게 요청하기

첫 단계는 '정중하게 요청하기'이다. 부모가 규칙을 정하고 자녀가 그 규칙에 따라 행동을 수정하기를 바랄 때는 아이의 눈을 바라보며 정중하게 요청해야 한다. 부모의 감정과 기대를 적절히 표현해야 자녀가 비난받는다는 느낌이 들지 않기 때문이다. 그러므로 부모는 원하는 것을 정중하게 부탁하는 방식으로 자녀에게 전달해야 한다. 아이들은 부모가 요구하는 옳은 행동이 무엇인지 몰라서 잘못된 행동을 하는 경우가 많기 때문이다.[53]

어떤 부모는 평소에는 꾹 참고서 자녀의 요청을 다 들어주다가 한계에 부딪히면 폭발하곤 한다. 이런 행동은 오히려 자녀의 불안감을 키운다. 아이의 비위를 맞추려 하기보다 사랑의 마음을 가지고 엄격하게 가르치되, 정중하게 부탁하는 방법을 사용해야 한다. 예를 들면 아이가 장난감을 가지고 놀다가 그대로 두었다면 짜증이나 화를 내지 말고 "장난감을 가지고 놀고 나서는 정리해놓지 않겠니?"라고 정중하게 말해야 한다. 대개의 자녀는 부모의 감정 상태에 반응하므로 부모가 정중하게 말하면 자녀도 정중하게 반응한다. 자녀가 그렇게 하겠다고 하면 "고맙구나!" 하고 말하여 감정의 피드백을 해준다.

둘째, 나-전달법 사용하기

정중하게 요청했지만 자녀의 행동이 고쳐지지 않는다면, 한 걸음 더 나아가 그다음 단계인 '나-전달법'을 쓰면 된다. 나-전달법은 P.E.T.(parent effectiveness training)의 창시자인 토머스 고든(T. Gordon)이 고안한 용어이다. 나-전달법은 자녀가 행동하는 것을 본 부모의 마음이 어떤지 말해주고, 부모의 어떤 기대가 채워지지 않았기 때문에 그런 감정이 들었는지를, 그래서 자녀가 해주기 바라는 바를 부탁하는 것이다. 정리하면, 부모의 감정을 표현하여 부모가 자녀에게 기대하는 바를 자녀가 수행해주기를 정중하게 부탁하는 것이다. 이때 자녀를 비난하지 않도록 주의해야 한다.[54]

"네가 놀고 나서 장난감을 치우지 않았을 때."(상황)
"엄마는 속상하고 힘들어."(느낌)

"왜냐하면 엄마가 일일이 네 뒤를 따라다니며 치우느라 시간도 많이 들고 힘이 들기 때문이야."(욕구)

"그러니 놀고 나면 장난감을 바구니에 넣어 치워줄래?"(부탁)

자녀에게 부모가 원하는 것을 "나는 네가 이렇게 해주기를 바라", "이렇게 해주겠니?" 등의 표현으로 정확하게 알려주는 것이 중요하다. 자녀가 나-전달법에 응하지 않으면 짧지만 단호하고도 엄격하게 지시해야 한다. 만약 아이가 들어주면 바로 고맙다고 격려해주어야 한다.

부모의 감정을 말하지 않고 자녀의 행동에 초점을 맞추면 아무래도 하지 말라는 부정적인 말을 많이 하게 마련이다. '안 돼, 하지 마'처럼 부정적인 표현을 많이 들으면 아이들이 학습된 무기력에 빠진다. 그러므로 자녀의 행동을 중심으로 지적하기보다, 부모의 처지에서 마음을 표현하고 감정을 전달하는 것은 긍정적인 표현이다.

나-전달법은 단호하지만 차분한 어조로 전달되어야 하므로 부모가 화가 났을 때나 우울할 때는 사용하지 않는 것이 좋다. 사람들은 원하는 기대가 채워지지 않았을 때 억울하기도 하고 화가 나기도 하고 슬프기도 하다. 그러면 다른 사람들은 그 사람의 기대를 느낌으로 알아차릴 수 있기 때문이다. 하지만 사람들은 느낌을 표현하고 말하는 대신, 대개는 자기 생각과 편견으로 판단하는 식으로 말한다. 만약 우리가 상대의 욕구를 알아차리고 적절하게 부탁하는 말로 의견을 전달할 수 있다면 인간관계의 수많은 갈등을 해결할 수 있을 것이다.

"네가 …… 하면."(관찰)
"나는 …… 하게 느낀다."(느낌)
"왜냐하면 …… 때문이다."(욕구)
"나는 …… 하고 싶다."(부탁)

이와 같은 나-전달법마저 효과적이지 않다면 다음 단계로 넘어가야 한다. 다음 단계는 '자연적 결과'와 '논리적 결과'이다.

셋째, 자연적 결과

부모의 개입이 없어도 환경이 교훈을 주는 결과가 있다. 이것을 '자연적 결과'라고 한다. 아동이 자기 행동의 결과를 통해 스스로 교훈을 얻는 것이다. 예를 들면, 자녀가 학교에서 규칙을 어기고 자신의 시험지를 친구에게 보여주어 베끼게 하여, 친구도 자신도 선생님께 야단을 맞고 0점을 받았다. 그 엄마는 이 사실을 알고도 이런 결과가 나오기까지 아무 일도, 아무 말도 하지 않았다. 아이를 다그치지 않았고, 아이 대신 학교에 선처를 바라는 행위도 하지 않았다. 만약 엄마가 미리 아이를 꾸짖거나 비판했다면 아이는 어떤 교훈을 얻었을까? 아마 화가 나서 감정이 우선하여 아무것도 받아들이지 않고,

그 행동이 잘못이라는 걸 배우지도 못했을 것이다.

아이들은 존중받지 못한다고 느낄 때 그릇된 행동을 하는 경향이 있다. 그릇된 행동인 줄 알면서도 자기 고집대로 한다. 그럴 때 엄마는 자녀에게 야단치는 대신 아무것도 하지 않고, 자녀가 시행착오를 겪도록 내버려 두는 것이다. 그러면 아이는 선생님께 벌을 받는 것으로 자기가 한 행동에 책임을 져야 한다. '나-전달법'조차 통하지 않을 경우, 이와 같은 '자연적 결과'를 통해 자녀 스스로 교훈을 얻게 하는 것이다

하나님은 부모의 기도 이상으로 자녀를 키워주신다. 부모는 혹시 자녀를 잊을지라도 하나님은 우리를 손바닥에 새겼다고 하였다. 자연적 결과도 하나님께서 주신 양육의 영역이다. 우리의 어린 시절을 떠올려보자. 어린 시절의 환경을 통하여 자연스럽게 배운 교훈들이 많을 것이다. 따라서 이런 경우 부모가 할 수 있는 최선은 그저 한쪽으로 비켜서서, 자녀가 자연적 결과에서 교훈을 얻도록 내버려 두는 것이다. 위안이나 지지를 제공하고 싶어도 참아야 한다.

넷째, 논리적 결과

자연적 결과를 통하여 가르치지 못하는 것도 있다. 예를 들어 찻길에서 노는 것처럼 '위험한 상황에서 배울 수 있는 것'이나, 이를 안 닦는 것처럼 오랜 세월이 지난 후에야 결과가 나타나는 것은 자연적 결과로서는 효과를 볼 수 없다. 이럴 때는 미리 논리적으로 가르

처 결과를 알게 하는 '논리적 결과'를 사용해야 한다. 나-전달법이 강력하지 않아서 자녀가 행동을 바꾸고 싶은 마음이 생기지 않거나, 그 상황에 맞는 자연적 결과가 없을 때 사용할 수 있다.

논리적 결과는 자녀들이 그릇된 행동을 선택한 뒤에 따르는 것이 무엇인지를 가르치는 것으로, 자녀가 가정의 규칙을 어기거나 요구한 일을 하지 않을 때, 그에 따른 결과를 논리적으로 경험하게 하는 것이다.[55] 예를 들면, 자녀가 거실 벽에 낙서를 해서 지워야 할 때, 부모가 직접 낙서를 지우지 않고 자녀에게 지우게 해서, 그리는 것보다 지우는 것이 힘들다는 것을 경험시키는 것이다. 이런 방법은 공동의 장소를 깨끗이 사용해야 한다는 점에서 논리적이기 때문에 처벌과는 다르다.

논리적 결과란 상과 벌을 주는 것이 아니다. 자녀가 주어진 한계 상황 안에서 행동하도록 부모가 영향력을 행하는 훈육 방법이며, 자녀의 그릇된 행동과 논리적으로 연관된다. 처벌은 논리적으로 그릇된 행동과 관련이 없을 수도 있다. 훈계하기, 잔소리하기, 아무런 관련도 없는 특권 박탈하기, 외출 금지 등은 효과적인 방법이 아니다. 부모의 조치가 그들의 행동과 관련된 논리적 결과가 아닐 때나 자녀들이 지적으로 발달할수록 그 결과에 순응하지 않는다.

논리적 결과와 처벌이 어떻게 다른지 조금 더 들여다보자. 처벌은 마음과 감정에 따라 보복하는 것이고, 논리적 결과는 잘못된 행동과 논리적으로 연관되어 있다. 처벌은 복종하는 행동을 가르치기 위한 것이지만, 논리적 결과는 책임있는 행동을 가르치기 위한 것이다. 처벌은 분노와 원망 속에서 행해지지만, 논리적 결과는 단호하고 차분한 태도로 부과하는 것이다. 처벌은 존중하는 마음이 부족하지만, 논리적 결과는 존중하는 마음으로 한다. 처벌은 어른들이 집행하지만, 논리적 결과는 자녀가 선택할 수 있다. 이처럼 논리적 결과는 자녀의 선택에 따른 결과를 체험하고 나서, 다음에는 더 나은 선택을 하도록 돕는 것이다.

그렇다면 논리적 결과는 어떻게 부여해야 할까? 첫째, 자녀에게 자기 행동의 결과로서 치를 대가를 설정한다. 둘째, 자녀에게 선택권을 준다. 셋째, 반드시 논리적으로 연관성이 있는 결과를 부과한다. 넷째, 부모가 실천할 수 있는 선택권만 준다. 다섯째, 단호하고 조용한 어조로 말한다. 여섯째, 자녀에게 선택권을 주고 나서 그에 따른 결과를 집행하도록 한다. 일곱째, 자녀도 부모가 실제로 그 논리적 결과의 규칙대로 행하는지 시험해본다는 사실을 유념한다. 여덟째, 논리적 결과를 경험한 후에는 다시 한 번 기회를 준다.

이처럼 논리적 결과를 부과할 때 자녀는 부모의 감정을 알아차린다. 그렇기 때문에 말로써 조목조목 설명해야 하고, 큰소리를 내거나 처벌을 연상시키는 행동을 하는 것은 효과적이지 않다. 목소리를 낮추고 눈을 맞추면서 말하되, 길게 설교하지 않고 짧고 간단하고 단호하게 한다. 그래서 목소리를 높이며 말을 많이 하는 엄마의 말보다 아빠의 말이 힘이 있을 때가 많다. 그러나 어떤 훈육을 하든 부부가 한 목소리를 함께 내는 것이 중요하다.

하나님은 우리가 하나님의 명령과 규례대로 살기를 바라신다. 왜
냐하면 그것이 바로 우리의 행복을 위한 길이기 때문이다. 자녀를
사랑한다면 규칙을 스스로 지키고 잘 선택하고 수행하는 아이로 양
육해야 하고, 그 선택에 책임지는 사람으로 자라도록 도와주어야
한다.

묵시가 없으면 백성이 방자히 행하거니와 율법을 지키는 자는 복이 있느니라
_잠 29:18

내가 오늘 네 행복을 위하여 네게 명하는 여호와의 명령과 규례를 지킬 것이
아니냐_신 10:13

학령기 자녀와 사이좋은 부모

용기를 길러주고 열등감을 없애주라

학령기란 초등학교 입학 직전부터 초등학생 시기를 말한다. 초등학교에 입학하기 전에 스스로 밥 먹고 혼자 옷 입고, 혼자 배변하고 처리하는 등 부모의 도움 없이 일상생활을 할 수 있어야 한다. 입학 후에는 혼자서 가방 챙기기, 등하교 시간 지키기, 숙제하기 등 학교생활에 필요한 일들을 스스로 할 수 있어야 한다. 학령기는 이런 훈련이 쌓여서 좋은 습관이 형성되고 그것이 성품으로 자라날 수 있도록 부모가 도울 수 있는 시기이다. 또 지금까지 배워온 언어 능력, 사회적 능력, 신체적 능력을 이용해 다른 친구들과 함께 놀면서 생각과 느낌을 확장해가는 시기이기도 하다. 초등학교에 입학한 아동은 영유아기의 신체 성장률과 비교하면 규칙적이지만 느리게 성장한다. 그러나 사고 능력은 양적·질적으로 빠르게 발달하고 성장한다.

♥학령기의 발달과제와 낮은 자존감

이 시기의 자녀에게 가장 중요한 발달과제는 친구 사귀기이다. 가정에서 부모와의 애착이 부족하다면 사회적 유능감이 부족해서 친구 사귀기에 어려움을 많이 겪는다.

이 시기는 피아제(Jean Piaget)의 '인지발달 이론' 중에서 '구체적 조작기'로, 이 시기의 자녀는 추상적이고 은유적인 사고도 할 수 있다. 구체적 조작기에는 가역적(可逆的) 사고를 할 수 있는데, 어떤 변화가 일어난 상태에서 그 변화를 역으로 일으켜 원래의 상태로 돌릴 수 있는 능력이 있다는 뜻이다. 예를 들어 블록으로 어떤 형태를 만들지만 허물어서 원래의 위치에 둘 수 있고, 덧셈과 뺄셈을 이해할 수 있다. 정보를 놀랄 정도로 방대하게 받아들이고, 다양한 활동을 통해 삶의 지혜도 배우는 시기이다.

이 시기에 획득해야 할 또 다른 발달과제는 학업 성취를 통한 근면성이다. 근면성이란 어떤 과업을 완수하고자 노력하는 능력과 부지런함과 집중력과 지구력의 성품이다. 근면성은 과제를 완수했을 때 얻는 만족과 즐거움에서 생기는 것으로써 부모에게서 인정과 칭찬을 받을 때 생긴다. 따라서 지금 당장 일등을 하거나 100점 받는 것은 중요하지 않다. 공부하는 법을 익히고, 원하는 결과가 나오지 않더라도 좌절하거나 포기하지 않고 극복하는 능력을 배워야 한다. 이 시기에 해당하는 자녀와 부모가 모두 성적과 공부 습관에 매달리는 것을 자주 보는데, 부모의 감시와 강압하에 높은 성적을 받는 것보다 스스로 공부에 목적과 의지를 찾아가는 것이 중요하다. 이 과제를 제대로 수행하지 못하면 자존감이 낮아진다.

딸아이가 초등학교에 다닐 때, 나는 그 아이가 영재인 줄 알았다. 그리 오래전도 아닌데, 당시는 초등학생 때부터 시험을 쳐서 점수를 매기고 등수로 줄을 세웠다. 그런 시기에 딸아이는 경상남도 도내 평가시험에서 일등을 했기 때문에 나는 딸아이가 영재가 분명하다고 믿었고 과잉기대를 했다. 한 번 일등을 한 아이는 계속 불안해하며 내 눈치를 봤다. 다시 일등을 하지 못할까 봐 두려웠던 것이다.

지금 생각해보면 그 시절은 근면성과 학업 성취에 과도한 의미를 부여하여 나와 아이 모두에게 상처를 준 시기였다. 부모는 자녀에게 좋은 성적 내기를 강요하며 과잉기대를 하다가, 자녀가 힘들어하는 모습을 보고 상처를 받고, 자녀는 완벽주의자로 양육되면서 자신의 결과에 만족하거나 감사할 수 없는 사람이 되어, 자존심에 상처를 입고 용기를 잃는다.

자녀에게 과도하게 기대하는 부모는 자녀의 작은 실수도 침소봉대하며 잔소리하고 실망한다. 그럴수록 자녀는 실수할까 봐 긴장하고 위축되어 오히려 판단력까지 상실한다. 과잉기대는 때로 과잉보호의 모습으로도 나타나는데, 공부만 하면 된다고 하면서 다른 것을 모두 부모가 해주어 독립심을 길러주지 못한다. 어떤 부모는 아예 자녀를 신뢰하지도 않고 기대하지도 않는다. 자녀들의 기를 꺾어 상처를 주고 자존감을 손상시킨다.

> 또 아비들아 너희 자녀를 노엽게 하지 말고 오직 주의 교훈과 훈계로 양육하라_엡 6:4

♥자존감은 용기에 어떤 영향을 줄까?

성경에서 "예수는 지혜와 키가 자라가며 하나님과 사람에게 더욱 사랑스러워 가시더라"(눅 2:52)라고 했다. 우리 자녀들이 예수님처럼 자라기를 바란다면, 부모가 먼저 예수님처럼 지혜, 건강, 하나님 사랑, 사람 사랑, 건강과 지혜를 기르는 일을 실천해야 한다. 그리스도 안에서 자신이 어떤 존재인지 아는 사람은 하나님의 사람으로서 자존감이 높아 세상 가운데서 용기있게 행동할 수 있다.

자존감이 자신에 대한 신념이라면, 용기는 자존감을 가진 사람이 느끼는 감정이다. 용기는 이미 알고 있는 목표를 위하여 어느 정도는 예상 가능한 위험을 기꺼이 감수하려는 마음이다.[56] 따라서 학령기에 필요한 용기를 길러주려면 낮은 자존감을 피해야 한다. 자존감, 곧 자기존중감이란 자기 자신에 관한 생각이다. 만약 자신을 무능력하고 사랑받지 못하고 그럴 자격이 없다고 생각한다면, 그래서 자신을 긍정적인 시선으로 바라보지 못한다면 자존감은 낮아진다.

낮은 자기존중감은 위험을 감수하려는 마음, 즉 용기에 어떤 영향을 줄까? 기를 꺾고 용기를 없앤다. 이럴 때 아이들은 목적을 이루려고 부모에게 부정적인 접근 방식을 취하거나 그릇된 행동을 한다. 이런 행동은 벌을 받거나 야단을 맞는 사건으로 이어지고, 처벌은 자기존중감에 또다시 부정적인 영향을 준다.

자녀를 격려하여 자존감을 높이고 싶다면 하나님의 품성을 길러주어야 한다. 품성이란 한 개인의 가치, 신념, 태도, 행위, 성격 특성을 합친 집합체이다. 품성 교육, 인성 교육이 자녀에게 긍정적인 성격의 자질을 길러준다는 뜻이다.

좋은 품성은 그릇된 일을 할 수 있는 상황에서도 기어코 옳은 일을 하려고 하는 용기이다. 예를 들어, 사람들이 법을 지키는 이유가 법을 위반하다가 붙잡히면 처벌받을 것이 두렵기 때문이라면, 이것은 품성이 아니라 두려움이다. 이런 사람들은 법을 피할 방법만 있다면 얼마든지 법을 비껴갈 것이다. 걸리지만 않으면 사소한 법은 거리낌 없이 어긴다. 우리는 자녀에게 두려움에 근거한 순종을 가르치는 것이 아니라, 어떤 위험이 닥치더라도 결국은 옳은 일을 해내려는 성품을 길러주어야 한다. 이때 용기가 필요하다.

자신을 능력있고 사랑스럽다고, 긍정적으로 보고 좋은 시선으로 보면 자기존중감은 높아진다. 그러면 위험을 감수하려는 마음, 즉 용기가 격려를 받는다. 격려받아 높은 자기존중감을 가진 아이는 타인에게도 긍정적인 방식으로 접근하여 연결되고, 일어나는 일에 책임지는 행동을 하며, 삶을 주도적으로 살아간다. 긍정적인 행동은 자녀의 삶 속에서 일어나는 사건에 더 많이 성공하게 하며, 다른 사람들로부터 긍정적인 피드백을 받게 한다. 이것이 반복되면서 자기존중감은 점점 더 단단해지고 높아진다.

♥ 학령기에 용기를 배워야 하는 이유

왜 용기가 그렇게 중요할까? 그리고, 왜 학령기에 용기를 가지도록 돕는 것이 중요할까? 자녀들은 성장하면서 계속 새로운 발달과제를 수행해야 하고, 여러 다양한 상황과 맞닥뜨린다. 그 과정에서 자질이 발전하고 자아가 발달하는데, 이런 모든 일에는 모험이 수반된다. 성공할지 실패할지, 결과를 모르기에 모험이다. 하지만, 어떻게 될지 모르지만 과감하게 시도해야 한다. 이럴 때 위험을 감수하려는 마음이 용기라면, 용기가 있어야 자녀가 후회하는 삶을 살지 않을 것이다. 예를 들어 자녀들이 건강한 자기주장을 하고 싶어도 용기가 없으면 할 수 없고, 수동적으로 주어진 일만 하게 된다. 그래서 용기는 특히 학령기, 곧 초등학생 시절에 자기존중감과 더불어 길러져야 한다.

순종적이고 착한 아이가 있었다. 부모는 그것을 칭찬했고, 아이는 부모의 요구가 부당하거나 힘들어도 부모의 칭찬을 받으려고 그것을 꾹 참았다. 이것은 정당한 칭찬도 올바른 양육도 아니다. 아이의 자기존중감을 억누른 것이고, 부모의 요구가 부당하고 지나쳐서 힘들어도 거부하거나 부인할 용기를 억압한 것이기 때문이다. 부모에게 무조건 순종적인 모습도 어쩌면 문제일 수 있고, 자기 의견을 정당하게 말하지도 못하게 하는 것은 옳지 않다.

놀랍게도 후배의 집에서 노예와 같이 부당한 대우를 받고 폭행까지 당한 청년의 이야기를 뉴스에서 들었다. 그 청년이 곧바로 그 집을 신고하거나 뛰쳐나오지 못한 이유가 있었을 것이다. 어쩌면 후배가 그를 두렵게 해서 위협하고 그의 죄책감을 건드렸을지 모른다. 좌우간 그 청년은 그 상황을 벗어나려는 용기가 없었다.

우리는 비난받는 것을 두려워하고 자기가 잘못 평가되는 것도 힘들어한다. 그래서 싫다고 당당하게 말할 용기를 내지 못한 채 살아갈 때가 많다. 어려서부터 부모로부터 혹은 우리를 둘러싸고 있는 환경으로부터 부정적인 피드백을 받았다면, 우리 속사람은 자신에 대해 부정적이다. 용기를 낼 수 없다는 말이다.

용기는 무슨 일이 생길지도 모르지만 긍정적인 것을 선택하겠다는 결단이다. 그렇게 선택한 것을 책임지면서 우리는 성장해간다. 앞 장에서 서술했지만, 책임감을 갖는다는 것은 자신의 선택에 관한 결과를 감수한다는 뜻이다.[57]

십대 자녀에게는 성적 문제나 알코올 문제나 게임 문제가 생기기도 한다. 친구들이 나쁜 일을 하자고 유혹할 때, 비록 아직 어릴 때이지만 '싫다'라고 거부할 수 있는 용기를 길러주어야 한다. 거절할 때 친구들이 화를 내거나 놀리는 것을 감수할 수 있는 마음도 용기이다. 아이들은 또래 친구들과 어울리지 못할까 봐 두려워하는 마음이 크기 때문이다. 이것은 정상적인 발달단계 과정의 모습이다. 그렇더라도, 비난이나 거절을 감수하고라도 친구의 나쁜 제안을 거절할 줄 아는 용기가 필요하며, 그것을 부모가 길러주어야 한다. 또한 술이나 약물이나 중독을 일으키는 어떤 것에 의존하지 않고 삶의 문제나 도전에 직면하는 용기있는 자녀로 길러야 한다.[58]

사람들은 실패했을 때, 어른이든 아이든 부정적인 접근 방식을 선택하곤 한다. 어린 시절의 부정적인 접근 방식인 중독, 반항, 자해, 자살 등은 쉽게 부모의 관심을 끈다. 이럴 때 자녀가 그런 걸 극복할 용기를 잃으면 성인이 되어서도 인생을 부정적이거나 잘못된 방식으로 살아가려 한다.

그러므로 용기는 잠재력의 심장이다. 용기란 위험을 감수하고 노력하면 성공할 가능성이 있다고 자기 자신에게 다짐하는 자신감이다. 어떤 일에 도전할 때 그 일이 성공할 가능성이 크게끔 만들어주고, 설령 실패하더라도 실패의 위험을 감수할 만한 가치가 있다는 것을 알고 기꺼이 도전하도록 동기를 부여해준다. 이것이 용기이다. 용기가 있으면 두려움이 사라지거나 두려움이 없다는 말이 아니다. 두렵지만 기꺼이 그 위험을 감수한다는 말이다.

♥자녀에게 용기를 길러주는 법

이미 알고 있는 목표를 위하여 어느 정도 예상하는 위험을 감수하려는 마음, 즉 용기를 가지려면 나에게 성공할 수 있는 능력이 있다고 생각하는 것이 필요하다. 즉, 높은 자기존중감을 지녀야 한다는 말이다.

자기존중감이 높은 사람은 어쩌면 새로운 위험이 도사리고 있을지도 모르는 미지의 세상이나 새로운 과제를 향해 모험을 감행할 수 있다. 이것이 용기이다. 자기존중감이 자신을 향한 긍정적인 생각이라면, 그 생각을 가지고 무엇을 해보려고 하는 마음이 용기이다. 모든 행동은 머릿속에 있는 생각에서 출발하여 느낌으로, 그리고 긍정적 행동으로 귀결된다.

자녀가 용기를 기르도록 부모가 해주어야 할 일이 있다면, 자녀가 자기 자신을 긍정적으로 바라보고 해석하여 그것이 자녀의 마음속에 심기도록 도와주는 것이다. 그러기 위해서 부모는 어떻게 해야 할까?

첫째, 장점을 구축해주라

교육학에는 '피그말리온 효과'라는 이론이 있다. 누구든 장점을 기대하고 격려하면 그런 사람이 되려고 노력하게 된다는 것이다. 우리 자녀들에게는 한 사람도 빼놓지 않고 하나님이 새겨놓으신 장점이 있다. 은사 없는 사람이 없고 장점 없는 사람이 없다. 문제는 그 은사와 장점이 격려받는 것이다.[59]

자녀를 격려하는 데도 기술이 필요하다. 먼저 잘한 것에 초점을 두기보다 노력한 부분을 격려하는 것이다. 못하고 부족한 부분을 지적하지 말고 잘한 것을 충분히 인정하고 격려해야 한다. 그리고 자녀를 무조건적으로 수용해야 한다. 자녀를 변화시키려는 기대를 내려놓고 자녀의 존재 자체를 인정해주고 소중히 여길 때, 자녀는 긍정적인 자아상을 형성한다.

부모는 자녀의 완전을 목표로 하는 것이 아니라 진보와 발전을 목표로 해야 한다. 또한 부모도 자녀도 다 실수할 수 있다는 것을 인정해야 한다. 그럴 때 실수가 벌어진 상황, 곧 미진하고 미완성인 상태를 견딜 수 있다. 혹시 자녀를 훈육해야 한다면, 자녀라는 한 인간의 가치와 그의 행동을 구분해서, 행동만 가지고 이야기해야 한다.

세상의 모든 사람은 성격과 기질이 합쳐져 고유성을 가지고 있다. 이런 독특성을 감지하는 부모가 되어야 한다. 에디슨과 아인슈타인은 사람들이 단점으로 볼 수도 있는 독특성을 그 부모가 존중해주었기 때문에 놀라운 성과를 내는 사람이 되었다.

그런데 이미 상처를 많이 받아서 억울해하고 자존감이 낮아진 자녀들에게는 어떻게 해야 할까? 격려해도 그것을 받아들이지 못할 만큼 마음이 닫혀 있다면 부모가 어떻게 하는 것이 좋은가? 이때는 변명하지 말고 자녀에게 진심으로 용서를 구해야 한다.

둘째, 자녀를 신뢰하고 존중해주라
다음은 존중과 신뢰를 담은 대표적인 말이다.

"엄마 아빠는 네가 정말 자랑스러워."
"조금만 노력하면 된단다. 힘내라."
"도와줘서 정말 고마워."
"엄마는 네가 얼마나 소중한지 몰라"
"우리 다시 한 번 해보자."
"실수해도 괜찮아."
"너의 그러한 모습이 참 대견하다."
"스스로 하는 모습이 멋있구나."
"네가 잘 해낼 거라고 믿어."
"엄마 아빠는 변함없이 널 사랑한단다."

부모는 훈육하고 격려하여 옳은 일을 하도록 영향을 미치는 데에 100퍼센트 책임이 있다.[60] 선택과 그에 따른 결과의 책임은 자녀의 몫이다. 부모로서 우리가 할 수 있는 최선은 긍정적인 결정을 하도록 영향을 주는 것이기 때문이다. 부모는 자녀를 완벽하게 통제할 수 없고, 그렇게 해서도 안 된다.

♥세상에서 용기가 필요한 이유

우리는 우리 자녀를 하나님이 주시는 용기를 가진 사람으로 키워야 한다. 자녀에게 믿음의 담력이 없으면 삶의 영역 곳곳에서 패배자가 된다. 혹시 지금 자녀에게 용기가 없다 하더라도, 그 자리에만 머무르게 해서는 안 된다. 모험을 시도하지 않으면 그리스도인다운 삶을 살지 못하기 때문이다. 하나님은 우리가 하나님을 의지하는 담대함을 가지기를 원하신다.

하나님은 아브람과 언약을 세우시며 "아브람아 두려워하지 말라 나는 네 방패요 너의 지극히 큰 상급이니라"(창 15:1)라고 하셨다. 여호수아에게는 "내가 네게 명령한 것이 아니냐 강하고 담대하라 두려워하지 말며 놀라지 말라 네가 어디로 가든지 네 하나님 여호와가 너와 함께하느니라"(수 1:9)라고 하셨다. 기드온에게도 "너는 안심하라 두려워하지 말라 죽지 아니하리라"(삿 6:23)라고 계속

해서 말씀하셨다. 열두 정탐꾼의 보고를 듣던 가데스 바네아의 이스라엘 백성들에게도 두려워하지 말라고 하셨다. 예수님도 제자들에게 "안심하라 나니 두려워하지 말라"(마 14:27)라고 하셨다.

세상은 엄청난 크기로 굳은 요새와 같이 우리를 압도한다. 그러나 하나님께서 '두려워하지 말라, 말씀대로 나아가라, 내가 너희에게 준 언약대로 나아가라'라고 말씀하실 때, 용기를 가지고 말씀대로 나아갔던 사람들은 이 땅에서 천국을 맛보고 살았다. 반대로 물러섰던 사람은 실패자가 되어 긴 고통 속에서 회한을 품고 살 수밖에 없었다. 성경이 이 사실을 명확하게 보여준다. 오늘 우리에게도 똑같이 말씀하기 위해서 이 기록들을 남겨두신 것이다.

사실 용기를 가지고 이 세상을 사는 일은 쉽지 않다. 이 세대를 본받지 않는 것이 용기이다. 세상과 타협하기 시작하면, 예컨대 술 한 잔이 두 잔이 된다. 큰 용기도 작고 사소한 데서 길러지기 시작한다. 만약 부모와 자녀 사이에 작은 다툼이 생겼다면, 그것이 부모의 잘못된 생각이나 행동 때문이라면, 자존심을 세우지 말고 먼저 사과하는 용기를 가져야 한다. 그래야 자녀도 그것을 보고 용기있는 선택을 하고 세상의 두려움에 맞서게 된다.

내 딸과 사위는 코로나19가 이렇게 활개를 치며 온 세상을 잠식할 줄도 모르고, 2020년에 2월에 연구년을 맞아 미국으로 떠났다. 초등학교 2학년에 올라가는 큰손녀가 그곳 학제에 맞추어 학교에 다니기 시작했는데, 낯선 학교생활이 힘들어 매일 울었다.

"엄마 아빠, 학교에도 하나님이 계세요? 낯선 미국 학교에서도 저를 지켜주시나요?"

학교에서는 도시락을 먹을 수 없어서 데리러 간 차에 타고 나서야 안심하고 도시락을 열어서 먹는 딸을 지켜보는 부모 마음이 어땠을까? 딸과 사위는 하나님의 말씀을 카드에 써서 가방에 달아주고, 매일 안고 기도하고 격려하면서 아이가 학교를 무서워하지 않고 다닐 수 있도록 도와주었다. 다행인지 불행인지 등교하고 2주 만에 코로나로 학교 문이 닫히고 온라인 수업으로 전환되면서 길고 긴 코로나 레이스가 시작되었다.

한국에서는 봄에 새 학년이 시작되는데, 미국은 가을에 새 학년이 시작된다. 그래서 손녀는 2학년에 배정되긴 했지만 1학기를 건너뛰고 2학기를 시작한 셈이었다. 딸 부부는 집에서 아이들의 가정교사 노릇을 하느라 바빴다. 주중에는 학교 공부를 도왔고, 토요일에는 언어가 부족한 아이들에게 언어 공부를 시켰다. 한 학기가 후딱 지나고 8월이 되어, 한 학기 만에 3학년에 진급하였을 때 받은 성적표는 다행히 안심할 만큼은 되었다.

새 학년이 되고 가을 학기가 지나 겨울방학을 맞이했을 때, 손녀는 더는 읽기와 쓰기와 말하기를 두려워하지 않았다. 아니, 오히려 적극적으로 변해 코로나가 종식되어 학교에 갈 날을 간절히 기다리고 있었다. 나도 그 성적표를 보면서 아이와 한 시간 정도 화상통화를 했는데, 울며 힘들어하던 아이는 사라지고 명랑하고 쾌활한 아이가 되어 있었다.

"할머니, 나는 이제 학교가 재미있어요. 영어도 이제는 두렵지 않아요. 엄마랑 아빠는 우리가 영어를 힘들어하는 게 당연한 거래요. 실수해도 다시 하면 된다고 했어요."

딸과 사위는 아이를 보지 않고 하나님을 신뢰하고 기도하며 손녀를 격려해왔다. 그 결과 이제 손녀는 미국이라는 나라를, 학교를 더는 두려워하지 않게 되었다. 영어라는 과제도 힘들어하지 않고 30분 동안 줌으로 과제를 검사하는 선생님과 농담을 즐기는 아이가 되었다. 며칠 전 사진을 보니 자신을 자랑스러워하는 얼굴이 보였다. 감사하다.

오늘 아침에는 셋째가 미국에 가고 처음으로 침대에 오줌을 쌌다. 만 3세 반이니 아이가 얼마나 당황했을지 상상이 간다. 울고 있는 동생에게 손녀가 언니로서 "괜찮아. 실수할 수 있어. 언니도 그런 적 있어"라고 하면서 안아주었다고 한다. 언제 이렇게 커서 동생을 놀리지 않고 품어줄 줄 아는 듬직한 언니가 되었는지, 훈훈하고 감격스러웠다.

청소년 자녀와
사이좋은 부모

힘겨루기를 피하고 정체성을 길러주라

청소년을 상담하다 보면 그 부모들은 자녀가 청소
년이 된 후 동성친구 혹은 이성친구를 잘못 사귀어 문제가 시작되
었다고 하지만, 사실은 그 전에 부모나 친구에게서 나쁜 영향을 받
아왔다. 부부의 갱년기와 자녀의 사춘기가 비슷한 시기에 오는 경
우, 어쩌면 탈선은 청소년 자녀의 문제라기보다는 부부의 해묵은
불화 혹은 무미건조한 부부관계의 산물이라고 볼 수도 있다.

♥부모가 자녀를 겁내기 시작할 때

중2병이라는 말이 있다. 청소년기가 되면 갑자기 부모와 맞서며 부모의 말에 반항하고 부모와의 관계에 비판적 태도를 보이는 것이다. 부모들은 청소년 자녀들이 왜 그러는지 알 수 없어서 당황하게 된다. 자녀가 청소년이 되면 많은 부모가 자녀를 겁내기 시작한다. 공부를 잘하면 더 잘하라고 집착하고, 공부에 흥미를 잃고 밖으로 나돌면 나쁜 친구를 사귀고 잘못될까 봐 두려워한다. 사실은 사춘기가 된 자녀와 어떻게 관계를 맺어야 할지 잘 몰라 우왕좌왕하며 겁을 내는 것이다.

어떤 엄마는 혼자서 아등바등하며 최선을 다해서 아들을 키웠다. 어릴 땐 잘 크기를 바라는 마음에, 또 혼자서 하는 자녀양육이 공명심이 되어 지나치게 집착하여 잔소리를 많이 했다. 그 자녀가 청소년이 되고부터는 엄마를 무시하고 자기 멋대로 행동하기 시작했다. 엄마의 말이 전혀 먹히지 않았고, 오히려 대들기까지 했다.

불안해서 잔소리를 많이 하는 엄마들은 대체로 자녀가 지켜야 할 규칙을 적절하게 정해주지 못한다. 엄마가 불안할 때는 심하게 잔소리를 하다가도, 괜찮아지면 허용 범위를 넓히기 때문이다. 그러면서 아이와 종종 기 싸움을 하는데, 허용 범위가 불명확하니 서로 영역을 확보하려는 다툼이 되고 만다. 특히 청소년 시기에 그렇게 부딪힌다. 부모가 집착하는 자녀일수록 관계를 그르칠까 봐 눈치를 보며 적절한 훈육을 하지 못하고, 아이가 저렇게 된 것은 자기가 잘못 키웠기 때문이라고 자책하며 미안한 마음에 눈치만 본다. 그러나 자녀에게 부모의 제지와 훈육은 또 하나의 사랑이다. 나는 그 엄마에게, 아이를 사랑한다면 잔소리하는 대신 존중하며 적절한 규칙을 만들라고 조언했다.

어떤 부부는 각자가 원하는 것을 적절하게 표현하지 못하여 서로에게 실망한 탓에, 오랫동안 소 닭 보듯 닭 소 보듯 살았다. 아빠는 밖으로 나돌고, 엄마 역시 매사에 흥미를 잃고, 식사 때도 아이 얼굴은 쳐다보지도 않고 그저 밥만 차려주었다.

쉽지는 않겠지만, 부부 문제를 자녀와의 관계에까지 가지고 오는 것은 부모가 결단코 피해야 할 문제이다. 부부가 가정에서 가장 중심이 되는 관계라서, 부부관계가 좋지 않으면 자녀에게 영향을 미치는 건 사실이다. 그러나 부부는 부부이고 자녀는 자녀이니, 아이와 함께하는 식사 시간에는 자녀와의 관계에 집중하라고 권했다. 왜냐하면 부부 사이가 좋지 않아 서로를 외면하는 동안 자녀와의 관계까지 망가지기 때문이다. 그러기에는 우리 자녀가 너무 소중하다.

어떤 부모는 아이의 특기를 길러준다는 이유로 아이를 일찌감치 유학 보냈다. 아이를 위해서라고는 했지만, 청소년이 된 그 자녀는 '자신은 도피성 유학을 가고 싶지 않았는데 엄마가 원해서 간 것'이라며, 부모에게 복수하듯이 자신을 망가뜨리고 있었다. 아이가 필요했던 것은 성공보다 엄마의 손길이었고, 가족과 함께하는 따뜻한

밥상이었다. 엄마도 속으로는 후회도 되고 서운하기도 하지만, 불같이 화를 내는 아이를 보고는 자기가 그동안 뭘 그렇게 잘못했느냐며 억울해하고 있다. 그래서 내가 그 엄마한테 그동안 너무 수고하고 애썼다고, 모두 부모 잘못은 아니라고 말해드렸더니 많이 우셨다.

잔소리가 심하고 강압적인 어머니와, 직장에 올인하느라 가정에는 그다지 관심 없고 그저 져주는 것으로 일관한 아버지를 둔 청소년이 어떤 프로젝트를 앞두고 불안이 너무 심해서 공황발작을 한 예도 있다. 강박이 지나쳐서 자녀를 불안하게 만드는 엄마와의 관계에서 엄마를 이기려고 자기를 더욱 닦달했음을 발견한 청년도 있었다.

이처럼 청소년기가 되었을 때 틱이 생기거나 ADHD라는 진단을 받거나, 혹은 이름도 생경한 면역결핍에 의한 질환이라는 진단을 받으면 부모는 그제야 깜짝 놀라 모든 게 자기 잘못이라며 자책한다. 그리고 이제 어떻게 해야 하느냐고 울부짖곤 한다. 꼭 이런 진단명을 받지 않더라도, 청소년 자녀에게는 신체의 성장과 마음의 성장이 그 순서와 속도가 달라서 일어나는 수많은 정서적 장애(결핍)가 있다.

자녀에게 문제가 생겼다고 해서 모두가 부모 때문만은 아니다. 부모 나름대로 최선을 다했지만, 아이가 아플 수도 잘못될 수도 있다. 그러나 미리 알아서 치워줄 수 있다면 피하게 해주고, 잘못되었

더라도 고칠 방법만 있다면 고쳐주고 싶은 것이 모든 부모의 마음
일 것이다.

청소년 시기는 어쩌면 부모의 가치관을 물려줄 수 있는 마지막
기회인지 모른다. 하지만 안타깝게도 많은 부모가 청소년 자녀와
어떻게 하면 싸우지 않고 그 시기를 빨리 보낼 수 있을까 고민하다
더 중요한 것을 놓치고 만다.

♥청소년기의 특징과 발달과제

사실 청소년 시기의 여러 증상은 엄마의 태중(胎中)에서부터 시작
된다. 태중에서 안전과 안정을 가지고 품어지고, 태어나서도 깊은
신뢰 안에서 엄마와 애착을 형성했다면, 학령기에 학습발달이 좀
늦어도 잘하는 것을 발견해서 자존감이 건강하게 자랄 수 있다. 이
런 청소년들은 내가 누군지, 어디서 와서 어디로 가고 있는지, 이 땅
에서 나의 사명은 무엇인지 알고 있다. 부모라면 누구나 그런 자녀
를 바라보는 뿌듯함을 누리고 싶을 것이다.

인간의 심리와 성적 발달단계를 논한 에릭슨(E. Erickson)에 의
하면, 청소년기의 과제는 자아정체감의 확립이다. 그러나 막상 자
아정체감이라는 발달과제는 이 시기에 새롭게 등장하는 것이 아니
라 태아, 영아, 유아, 학령기의 모든 발달과제를 점진적으로 획득했

을 때 확립이 가능해진다. 피아제(Piaget)의 인지발달단계에서는 청소년 시기가 형식적 조작기에 해당되며, 이 시기의 자녀들은 연역적·귀납적 사고가 가능하고, 자신의 의견과 다른 사람의 의견을 비교 관찰하며 가치관을 정립하는 능력이 발달한다.

청소년기는 몸은 거의 어른이 되었지만 마음은 아직 아이인 중간기를 말한다. 신체적·심리적 변화가 급격히 일어나고 2차 성징이 나타나는 시기이다. 그러다보니 정서적 변화와 혼란을 겪는 아이들이 많다. 이 시기에는 신체적 변화와 아울러 신체 이미지에 따른 자아 개념에도 변화가 생긴다. 성에 관한 관심, 특히 이성에 관심이 높아지는 시기이기도 하다. 이러한 신체적·심리적 변화를 긍정적으로 받아들이고 적절하게 반응하는 법을 배우는 것도 이 시기에 해결해야 할 과제다.

이 시기의 아이들은 변화하는 신체에 대해 매우 민감하여 신체 이미지에 따라 자신의 자존감이 결정되기도 한다. 친구들이 자신을 어떻게 생각하는지에 집중하고, 또래집단에 소속되려고 애쓰고, 부모보다 친구들의 의견을 더 따르는 경향이 있다. 자기들만의 생각에 몰두하기 때문에 부모의 말을 듣지 않고, 친구들을 따르느라 부모에게 맞선다. 십대 자녀들은 종종 새로운 욕구와 사고방식으로 반항하여 부모를 당황하게 만든다.

♥청소년이 부모에게 부정적으로 접근하는 방식

드라이커스(R. Dreikurs)와 딩크마이어(D. Dinkmeyer)는 아이들의 부적절한 행동에도 나름의 목적이 있다고 한다. 왜 그런 행동을 했는지 심리적 욕구 차원에서 자녀를 바라보면, 아이들은 손해 보는 짓은 하지 않는다는 것을 알 수 있다. 쉽게 말해, 아이들은 얻어맞으면서도 부모와 접촉하고자 한다. '이렇게 하면 어떤 이득이 있을까?'를 생각한다는 것이다.

자녀가 그릇된 행동을 하는 이면에는 어떤 욕구나 목표를 충족하려는 동기가 숨어 있는데, 부모들은 이를 알지 못하기 때문에 문제를 더 악화시키는 행동을 한다. 그러므로 부모는 자녀의 숨은 목표를 알기 위하여 우선 탐색해야 하며, 자녀의 목표를 파악한 후에는 자녀가 긍정적인 접근 방식을 사용하여 목적을 달성할 수 있도록 도와주는 것이 필요하다.

청소년 시기의 자녀가 부모에게 접근하는 방식은 여러 가지가 있는데, 부정적인 방식은 앙갚음(복수하기), 과도한 회피, 비행, 부당한 관심 끌기, 반항 등이다. 자녀의 자존감이 낮으면 용기가 없어서 다섯 가지 목적(관심받기, 독립과 힘, 억울함 호소, 숨 고르기, 도전과 모험)을 성취하려고 부정적인 접근 방식을 선택한다.[61]

앙갚음하는 아이

'앙갚음'(복수하기)은 자기를 보호하려는 태도에서 나오는, 가장 오래되고 비생산적인 인간 행동의 동기이다.[62] 자존감이 낮아 용기가 부족한 아이들은 상처 입은 마음을 부모에게 되갚는 방식으로 복수한다. 특히 힘겨루기가 증가할수록 앙갚음을 사용한다. 자녀는 부모에게 물리적 폭력을 사용할 수 없으므로 다른 방법으로 부모에게 상처를 주고, 일부러 부모를 화나게 하려는 것이다. 소리를 지르고, 상처를 주는 말과 행동도 거리낌 없이 한다.

자녀를 잘 키우기 위해서는 앙갚음의 전쟁에서 져서는 안 된다. 이럴 때 부모는 자녀가 하는 행동과 말을 곧이곧대로 받아들여 속상해하지 말고, 자녀와 같이 싸우거나 상처 주지도 말아야 한다. 지금 아이는 화가 나서 그런 말을 하는 것이지 속마음은 그렇지 않다.

자녀는 부모에게 상처를 주려고 여러 가지 실패하는 모습을 보이기도 한다. 학업 실패, 마약, 친구 관계 실패, 자살 등으로 자녀의 삶이 실패하면 결국 상처를 받는 쪽은 부모이고, 상처받은 부모는 자녀에게 상처를 되돌려주는 행동을 멈추기 때문이다. 그러나 이렇게 해서는 부모도 자녀도 서로 상처만 입고 만다. 자녀가 긍정적인 방식으로 보호받고 싶은 마음을 표현하고 욕구가 충족되도록 방향을 유도하는 것이 부모의 역할이다.

만일 다른 사람이 자녀에게 상처를 준다면, 부모가 적절하게 나서서 보호받고 싶어하는 자녀의 마음을 긍정적으로 받아주고 바르게 대처하도록 도와주어야 한다. 예를 들어 자기 아이가 다른 어른에게 실수했을 때, 자녀를 필요 이상으로 비난하고 심하게 징벌해달라고 하는 사람이 있고, 우리 아이가 잘못할 리가 없다고 우기는 사람도 있다. 둘 다 올바른 대처법은 아니다.

반면에 어떤 부모는 경찰서에서 자녀를 맞닥뜨렸을 때 매우 실망하고 창피하였지만, 이 시간이 자녀를 양육하고 사랑할 수 있는 절호의 시간임을 기억해냈다고 했다. 자녀를 함부로 대하면서 펄펄 뛰거나 무조건 아이를 편들거나 하는 대신, 가장 먼저 자녀의 속상함을 알아주었다. 그다음에 잘못한 것을 시인하게 하고 변상한 다음, 아이를 데리고 나와서 먹고 싶어하는 것을 사 먹이면서 어떻게 된 일인지 물어보았다. 물론 경찰에서 변상한 비용은 자녀가 용돈을 아껴서 갚는 형식을 취했다.

이 경험은 그 아이게 엄청난 자원이 되었다. 그 아이는 경찰서에서 보여준 엄마의 태도 덕분에 엄마가 자신을 얼마나 사랑하는지 깨달았다. 그리고 다시는 엄마를 그런 수치스러운 자리에 서지 않도록 하겠다고 약속했다.

앙갚음하는 자녀와 부모는 둘 다 지는 싸움을 하기보다 서로 이기는 대화법을 배워야 한다. 서로 이기는 대화는 문제를 스스로 해결하도록 지지하고 적극적인 의사소통의 기술을 사용하는 것이다.

"○○야, 세상이 마음대로 되지 않아 경찰서까지 오게 돼서 속상하지? 엄마도 우리 아들이 이런 취급 받아서 속상해. 어떻게 된 거니?

그래, 이런 실수를 한 번은 할 수는 있어. 하지만 계속 해서는 안 돼."

아이의 마음을 적극적으로 경청하며 감정에 귀를 기울이고, 자녀의 감정과 문제의 내용을 연결하면 된다. 어떻게 하면 자녀를 도울 수 있을지 대안을 찾아보고, 대안을 실행했을 때의 결과도 도출해본다. 이렇게 부모가 자녀를 적극적으로 돕기 위해 더 직접적으로 개입할 수 있다.

지나치게 회피하는 아이

청소년기 자녀는 때로 '과도한 회피'를 하기도 한다. 자녀들도 혼자만의 시간과 재충전의 시간이 필요한데, 그러나 극도로 기가 꺾인 자녀들은 자존감이 몹시 낮아져서 어떠한 시도도 하려 하지 않는다. 회복하거나 재충전하지 못한다. 그럴 때 과도한 회피를 한다.[63]

자녀가 장기간에 걸쳐 조금씩 과도한 회피의 늪으로 빠져드는 가장 큰 원인은 부모의 완벽주의이다. 완벽주의 부모는 자녀가 조금만 실수해도 지나치게 신경 쓰거나 실망한다. 만약 부모가 "너는 한 번도 나를 만족시킨 적이 없구나, 잠재력은 뛰어난데 노력은 하지 않아"라고 말한다면 자녀는 움츠러들어 더는 뭘 하려고 시도하지 않을 것이다. 부모는 자녀가 실패하든 성공하든 무조건 사랑한다는 것을 전달해야 한다. 실패는 자녀가 성장하는 과정일 뿐 삶을 실패한 게 아님을 알려주고, 넘어져도 일어나도록 응원해주어야 한다. 격려하고 자신감을 불어넣어 자신이 실패자라고 믿는 잘못된 신념을 깨뜨리는 것이다.

비행을 저지르는 아이

청소년기에 이르면 짜릿한 흥분과 재미를 위해, 혹은 우월감을 느끼기 위해, 그리고 또래들로부터 인정받고 수용받기 위해 '부적절한 비행'을 저지르기도 한다. 부적절한 이성교제, 성적 경험, 담배나 술, 폭력처럼 잘못된 행동을 하는 것이다. 부모는 청소년 자녀가 약물이나 알코올이나 성적 유혹을 선택하는 것을 통제할 수 없다. 그러나 자녀가 부적절한 비행을 선택할 가능성에는 영향을 미칠 수 있다. 부모가 자녀의 행동에 100퍼센트 책임을 질 수는 없지만, 자녀의 행동에 영향을 주기 위해 무엇을 해야 하는가에 대해서는 100퍼센트 책임을 질 수 있다.[64]

만약 청소년 자녀가 또래로부터 부적절한 행동을 권유받았다면 부모는 어떤 식으로 자문가의 역할을 해야 할까? 자녀가 또래의 압력을 받을 때 무기력하게 혹은 친구들로부터 소외당하는 일이 없이 거절하는 방법을 어떻게 가르칠 수 있을까? 자녀들은 용기와 자기주장을 할 수 있는 기술이 있어야 또래의 압력을 받을 때 '안 돼'라고 말할 수 있다. 부모는 그것을 키워주려고 노력해야 한다.

또래 친구가 술이나 담배 등의 부적절한 비행의 자리로 유혹할 때 자녀는 반드시 다음의 사항을 그 친구들에게 말할 수 있어야 한다. 첫째, 무엇을 할 것인지 물어본다. 둘째, 그 행동을 했을 때 추후 걱정되는 사항을 말하게 한다. 셋째, 결과가 어떻게 될 것인지를 확실히 말해준다. 넷째, 대안을 제시한다. 다섯째, 걷거나 대화를 하면서 상대방에게 여유를 준다.[65]

또래 친구가 유혹할 때 우리 자녀가 위와 같이 질문하고 결과를 타진하려면, 먼저 자기 자신을 신뢰하고 존중해야 하며 용기가 있어야 한다. 이것은 정말, 너무나 중요한 일이다. 자기를 소중히 여기는 사람은 함부로 행동하거나 자포자기하지 않는다. 또 어른 흉내를 내면서 또래들에게 거들먹거리지도 않는다.

자녀가 음주나 흡연을 시작하면 이제 다 끝났다고 생각하고 자녀의 손을 놓는 부모가 많다. 그러나 부모는 자녀가 술이나 담배를 시작하지 않게는 못해도 그것을 계속하지 않게는 할 수 있어야 한다. 그러기 위해서는 부모가 평소에 부모의 가치관을 적절하게 전달하는 의사소통 기술을 습득하고 있어야 한다.

청소년이 숭배하는 대상이나 연예인이 알코올이나 담배와 약물 같은 부적절한 행동 등의 모델이 되기도 하므로, 부적절한 비행을 예방하고 문제 행동에 개입하기 위해서는 부모가 역할모형으로서의 모델을 보여줄 수 있어야 한다. 부모는 정보가 많으며, 교육자로서 다양한 역할을 하고, 자녀와 함께 알코올이나 약물 금지 규칙을 만들고 시행할 수 있다. 가족 중 누구도 불법 약물의 복용은 금지하며, 미성년자는 술과 담배를 손대지 않는다는 단순한 규칙을 만들고 행하는 것이다. 이는 자녀의 행동에 '논리적 결과'를 부여함으로 한계를 지어주는 것이다.

자녀가 규칙에 관한 부모의 태도를 확실히 알게 되면 부모의 기대에 부응할 가능성이 커진다. 만일 자녀가 규칙을 어기고 제한 범위를 넘어선다면 부모는 나-전달법과 논리적 결과를 사용하여 규칙을 강화할 수 있다. 또한 자녀가 부적절한 비행에 빠지지 않도록 모험과 도전정신을 길러주려는 노력도 할 수 있다. 스카우트 활동이나 클럽 활동, 암벽 타기, 캠핑, 급류 타기, 인라인이나 자전거 타기처럼 모험과 도전정신이 필요한 각종 스포츠와 신체 활동을 하도록 적극적으로 지원해주는 것이 좋다.

만일 자녀가 부모와의 약속을 어기고 비행을 저질렀다면 어떻게 해야 할까? 자녀들이 선택한 것에 책임을 지도록 논리적 결과를 부여해야 한다. 예를 들면 인터넷 사용 금지, 저녁 외출 금지(신뢰를 어겼기 때문에), 외출했을 때 귀가 여부를 더 자주 확인하기 등의 방법을 사용할 수 있다. 그러나 자녀가 아무리 부적절한 행동을 했을지라도 부모는 끝까지 자녀의 감정 매니저 역할을 해야 한다.[66] 부모 자신의 마음을 가라앉히고 자녀와 맞닥뜨리는 과정에서 부모 자신의 감정을 폭발시키지 않는 것이 중요하다. 또한 어떤 부모는 부모로서 죄책감을 느끼거나 문제를 부인하려는 경향이 있는데, 이런 감정도 잘 다루어야 한다. 부모가 자녀에게 좋은 본보기가 되고, 자녀가 자신의 의사와 생각과 욕구를 더욱 효과적으로 표현하는 방식을 찾도록 대화로 지도하며, 힘겨루기에서 벗어나야 한다.

청소년 자녀가 자신을 다 자란 어른처럼 생각하더라도 부모는 여전히 감시자이고 감독자여야 한다. 청소년 자녀가 그보다 어린 자녀들보다는 자유로운 영역이 많다 해도 여전히 자유에 대한 제한을 설정할 필요가 있다. 자녀들 스스로는 다 컸다고 생각하지만 여전히 어른의 감독이 필요하고, 자녀가 집에 들어오고 나가는 모든 일, 즉 자녀의 스케줄을 주의하여 살피고 있어야 한다. 방과 후 저녁 시간과 주말에 자녀가 어디에 있는지 알고 있어야 한다는 의미이다. 자녀들이 귀가 시간을 어기고 가정의 규칙과 사회의 규칙을 어기는 까닭은 규칙을 지키지 않는 또래가 많기 때문이다. 따라서 부모는 자녀의 친구 부모들과 최소한 한 달에 한 번 정도는 연락하거나 모임을 꾸준히 가지는 것이 좋다.

부당한 관심 끌기

자녀들은 소속감을 느끼기 위해 자기가 관심의 중심에 서야 한다는 잘못된 신념을 가지고 있다.[67] 부모가 그런 행동을 고쳐주려 지적하면 자녀는 자신이 원하는 것, 즉 부모의 관심을 받는 셈이 된다. 자녀가 접촉의 욕구를 잘못된 방식으로 구현하는 것이 '부당한 관심 끌기'이다. 잔소리하거나 훈계하거나 꾸짖는 모든 것이 자녀에게 부모에 대한 접촉 욕구를 촉발하며 부정적 접근 방식을 부추긴다. 부모는 훈육을 했다지만 자녀로서는 부모에게 접촉하고 소속되고 싶은 욕구를 보상받은 것이다. 접촉의 욕구를 잘못된 방식으로 성취하게 하면 훈육하려는 부모의 목적은 사라지고 만다.

그러면 어떻게 다르게 행동할 수 있을까? 부정적 접근 방식을 지양하고 긍정적 접근 방식을 사용하게 하려면 부모는 아이가 원하는 접촉 행동이 아니라 엉뚱한 행동을 하면 된다. 예를 들어 아이가 원하는 접촉의 욕구를 파악한 후 잔소리나 훈계로 아이의 욕구를 충족시키지 말고, 부모가 주도권을 가지고 오는 것이다. 지금 발생한 상황에 아이가 어떤 모양으로든 기여하게 하거나 부모를 돕게 하면 긍정적인 방식으로 부모와 접촉하고 싶었던 욕구를 만족시킨다.

동생과 6살 차이 나는 큰아들이 있었다. 6년 동안 신나게 부모의 관심을 받고 잘 살았다. 마침 엄마는 바쁜 아빠 대신 아들을 애지중지했다. 밀착관계를 맺은 것이다. 그러다 그 아들이 7살이 되었을 때 동생이 태어나고 말았다. 둘째가 태어나고 나니 아빠를 비롯한 모든 식구의 관심이 둘째에게 쏠렸다. 2-3살 멋모를 때 생긴 동생도 아니고 7살이나 되어서 생긴 동생을 쥐어박아 보기도 하고 부모에게 징징거려보기도 했지만, 효과는 그때뿐이었다. 드디어 초강수를 냈다. 어느 날 옥상에 올라가겠다고 한 것이다. 살고 싶지 않다고! 엄마와 아빠는 "얘가 왜 이러냐?"며 상담소를 찾아왔다. 나는 "아이가 왜 이럴까요?"가 아니라 "아이가 이 일을 통해 뭘 얻고 싶을까요?"를 그 부모에게 물었다. 답은 부모의 관심이다. 그것도 동생과는 비교할 수도 없는 배타적인 관심이었다. 큰아들이 동생을 돌보게 하여 크게 격려해주고, 그것이 여의치 않을 때는 작은 성공의 경험을 하게 하여 격려해주라고 조언했다. 한편 옥상에 올라가는 행동이 부모의 관심을 끄는 것이 아님을 알려주라고 했다. 그런 훈육도 새로운 사랑의 표현으로서, 훈육의 방침을 새롭게 세우도록 코칭해주자 부모의 불안이 가라앉고 큰아들과도 잘 지내게 되었다.

반항하는 아이

청소년기의 아이는 자기가 다 컸다고 생각하고 힘을 가지고 싶어하고 독립을 주장하지만, 그게 여의치 않을 때 쓰는 방식이 '반항'이다. 반항을 할 때 아이들은 주변 사람들을 휘두르고 싶어하고 다른 사람이 자기를 함부로 할 수 없다는 것을 보여주려고 한다. '싫어'라고 말하며 능력을 과시하는 것이다. 아이들은 '안 돼'라고 말하는 위치에 있는 사람이 더 힘이 세다고 느끼기 때문이다.[68]

특히 독재적 성향이 있는 부모라면 자녀들과 더 자주 다툰다. 자녀가 "싫어요! 나를 엄마 마음대로 할 수는 없을 걸요?"라고 말할 때, 그 부모가 독재적이라면 오히려 자녀가 싸움을 부추기는 모양새가 된다. 반대로 허용적인 부모들은 반항적인 자녀에게 쉽사리 양보해버리는 실수를 범한다. 이런 부모는 자녀와 맞닥뜨리기를 피하고 부당한 요구를 순순히 들어주며, 자녀가 부모의 말에 불응하는 것을 묵인한다. 이럴 때 자녀와 소모적인 힘겨루기를 피하려면 자녀와 맞서지 말고 지지도 말아야 한다. 통제하지 말고 자녀에게 선택권을 주어서, 부모는 자녀와 싸우는 것에 관심이 없으며, 그 대신 해결책을 찾기 위해 함께 노력하여 자녀의 존재를 소중하게 여긴다는 자세를 취하는 것이 좋다. 훈육이 필요할 때는 화를 내고 처벌하기보다 자녀에게 논리적 결과를 적용하는 것이다. 부모가 자녀에게 화를 내는 순간 힘겨루기에서 지게 된다.

♥자녀와 싸우지 않고 대결하는 법

자녀가 끊임없이 부모에게 도전하더라도 청소년기 자녀와는 되도록 힘겨루기를 하지 않아야 한다. 힘겨루기는 잘해야 본전이므로 피하는 것이 좋다. 힘겨루기를 벗어나는 방법으로 '느슨한 대결 방법'(FLAC)을 사용할 수 있다. 느슨한 대결 방법은 마이클 팝킨(Michael H. Popkin)이 《부모코칭 프로그램 : 적극적인 부모역할》(Active Parenting Now)에서 제안한 것으로, 자녀와 싸우지 않고 양보하지도 않으면서 힘겨루기를 거부하는 방법이다.[69]

첫째 방법은 '공감'(feeling)이다. 현재 자녀가 처한 상황과 감정에 부모가 공감한다면 부모는 자녀의 적이 아니라 자녀가 처한 문제의 해결책을 함께 찾아주는 동지가 될 수 있다. 부모가 자신의 감정에 신경을 쓰고 공감한다는 것을 알면 자녀 역시 부모가 무엇을 원하는지 마음을 쓰게 된다. 그러므로 일단 자녀의 마음에 공감해줄 때 힘겨루기를 피하고 서로 이기는 해결을 할 수 있다.

둘째 방법은 '한계(limit), 룰, 규칙, 규율, 가치관(value) 정하기'이다. 부모가 자녀에게 한계를 알려주고 그 한계에 관해 정당한 이유를 설명함으로써 그 문제를 해결할 수 있어야 한다. "이 상황에서는 이것이 필요하므로 너는 …해야 한다"와 같이 말하고 자녀가 그 말에 순종하도록 지도해야 한다. 자녀의 건강, 안전, 가정의 가치관과 관련된 상황에서 자녀에게 한계를 설정해주는 것이다.

셋째 방법은 '브레인스토밍으로 대안(alternatives) 찾기'이다. 일단 힘겨루기에서 벗어나면 수용 가능한 대안을 얼마든지 찾아낼 수 있다. 부모가 자녀에게 한계를 정해주고, 그것을 실행하는 것도 포함된다. 다만 한계를 설정할 때는 부모와 자녀 둘 다 수용할 수 있는 대안을 융통성 있게 제시하면서 정하는 것이 좋다. 적당한 한계 안에서 자녀와 협상할 때, 자녀는 부모가 설정한 한계를 긍정적으로 수용할 것이다.

넷째 방법은 '결과(consequences) 제시'이다. 느슨한 대결은 공감, 한계 설정, 대안 제시 등의 세 단계가 합쳐진 것인데, 이것이 받아들여지지 않을 때는 논리적 결과를 제시할 수 있다. 그러나 논리적 결과를 처벌로 만든다면 자녀가 분노할 확률이 높다. 자녀의 분노를 피할 수 있을 정도의 결론을 도출하여 논리적 결과를 이행하게 하는 것이 좋다. 이때 논리적 결과는 자녀가 자신의 행동에 대해 책임감을 느낄 정도면 충분하다.

부모의 목적은 자녀와 싸워서 이기는 것도 아니고 자녀에게 양보하고 지는 것도 아니다. 부모는 자녀와 함께 수용가능한 대안을 찾아서 함께 해결하는 동지이다. 자녀와 사이가 좋으면 얼마든지 부모가 물려주고 싶은 좋은 가치관을 물려줄 수 있다.

자녀의 부적절한 접근 방법 대처 방안(STEP)[70]

긍정적 접근	행동의 목적	부정적 접근
기여하기, 협동하기	접촉 (인정 욕구, 사랑, 소속감)	부당한 관심 끌기
독립심, 능력	힘 (통제, 과시, 우월감, 독립심, 중요감)	반항
주장, 정의를 증진하기, 용서 (자기 보호를 위하여 책임감 있는 방법으로 행하기)	보호 (상처 받지 않고 살아남으려는 욕구, 방어기제)	앙갚음
적절한 회피, 자기만의 시간 갖기 (초등학교 고학년)	물러서기 (휴식, 재충전, 보충, 자기만의 시간 갖기)	지나친 회피
기술 연마, 무리 없는 모험 즐기기 (사춘기)	도전, 모험심, 호기심	스릴 추구, 짜릿함

♥자녀가 아직 청소년일 때 부모가 할 일

사실 청소년 시기는 많이 늦긴 했지만, 그래도 부모와 관계가 좋다면 그 가정의 문화를 통해서 신앙을 물려줄 수 있다. 부모들은 청소년이 무섭다고 하지만, 정말 두렵고 어쩔 줄 몰라 하는 사람은 청소년 자신이다. 몸은 어른처럼 크고 있는데, 학교 다니면서 공부만 했지 세상에는 모르는 것투성이고, 현실적으로도 자율적으로 할 수 있는 일이 별로 없다. 몸은 어른이지만 막상 어른의 몫은 해낼 수 없는, 애도 어른도 아닌 상태이다. 더구나 지금의 세상은 온갖 성적 유혹, 물질의 유혹, 알코올이나 담배의 유혹 등이 청소년의 정체성을 흔들고 있다.

결혼 전 성관계나 혼전 임신 등에 대한 염려가 비행 청소년의 가정에만 국한되어 있을까? 그렇지 않다. 이런 고민을 종식하려면 자녀와 동성애나 비혼 출산 등에 대해서도 이야기를 나눌 수 있는 가정이 되어야 한다. 그러기 위해 가족 모임(예배)에서 건강한 결혼과 가치관에 대한 의견을 자녀와 나누는 것이 필요하다.

부모는 청소년 자녀와 더불어 직업과 진로와 인간관계에 관해 이야기를 나누고 조언해주고, 고민을 들어줄 수도 있어야 한다. 돈, 성, 결혼, 정치에 대해서도 바른 가치관을 나눌 수 있어야 한다. 이러한 가치관은 대학에 들어가고 성인이 되면 바로잡기가 어렵다. 이미 머리가 다 큰 자식은 어쩔 수 없다고 많은 부모가 탄식하지만, 청소년 시기는 다시 한 번 가치관을 정립하고 새로워지도록 도울 수 있는 시기이기도 하다.

명문 대학에 입학하고 대기업에 취업만 하면 된다는 생각으로 청소년 시기에 그 가정의 중요한 가치관을 물려주지 못하거나 일탈을 암묵적으로 허용하는 것은 매우 위험하다. 부모는 자녀가 세상이 추구하는 학벌보다 영적 지식을 갖게 하는 데 더 노력을 기울여야 한다. 세상 가치를 추구하느라, 혹은 자녀와 힘겨루기를 하지 않으려고 자녀의 사소한 일탈을 허용한다면, 그것은 세상의 쓰나미에 우리 자녀를 그대로 버려두는 것과 마찬가지이다.

따라서 왜 공부하고 일을 해야 하는지, 그래서 어떤 분야에서 일하면서 그곳을 어떻게 하나님나라로 섬길 수 있는지에 대해 함께 고민하며 나눌 수 있는 가족 모임이 필요하다. 규칙적으로 가족 모임을 하면 부모의 성경적 가치관이 자녀들의 생활에 영향을 미친다. 그리스도인의 자녀는 그렇지 않은 가정의 자녀처럼 이 세대를 본받으며 자라날 수 없고 그래서도 안 된다.

가족 모임이란 가족이 일주일에 한 번 정도 모두 모여 함께 예배를 드리고 가족 구성원의 여러 이야기를 나누며 다루는 시간이다. 이런 모임은 모든 가족 구성원들이 참여하여 가족 문제를 해결하고 결정을 내리는 이상적인 장이 된다. 장소에 관계없이 20분에서 한 시간 정도 가지며 안건에 따라 진행하는 것이 좋다. 가족 모임은 토론 같지만, 가정생활과 직결되어 있다는 점에서 지루하지 않게 해야 한다. 이에 대해서는 부록 〈자녀들의 품성을 길러주는 하부르타 가정예배 훈련〉을 참조하면 도움받을 수 있다.

가족 모임을 잘하려면 먼저 부모는 자녀에게 발언권을 허용해야 한다. 이 말은 무엇이든 허용한다는 의미가 아니라 언제든 하고 싶은 말을 할 수 있게 허용한다는 뜻이다.[7] 청소년 시기에 확립되어야 할 쟁점들을 서로를 존중하는 분위기에서 토론하며 발언을 허용한다면, 부모의 권위를 유지하면서도 자녀의 발언권을 존중하고 수용할 수 있다. 동시에 자녀들은 자신의 발언과 의견이 존중받고 중시된다고 생각하여, 스스로 협조적인 자세를 취하고 자기 행동에 대해서도 책임감을 느낀다. 그리고 자녀 쪽에서 화를 내거나 반항하는 일도 줄어든다.

♥ 세상을 뛰어넘는 부모가 되라

유대인들은 청소년 시기에 성인식을 하는데, 그동안 생일 등 기념일을 보낼 때마다 축하금으로 받았던 것을 모아 통장을 만들어주면서 경제 개념을 심어준다. 돈에 매이는 것이 아니라 돈을 통제하는 사람이 되도록 가르치는 것이다. 그러나 대부분의 나라들은 그렇지 못하다. 특히 현대는 물질의 영향력이 너무나 큰 시대이다. 더구나 지금은 청년의 소유욕과 실제 구매력 사이에 괴리가 너무 커서 여러 가지 범죄와 사건이 많다. 어린아이들조차 큰돈을 준다면 감옥에 갈 수도 있다는 데 긍정적으로 답한 설문조사를 보았다. 이 정도로 돈이 우상이 되었고 돈에 대한 도덕적 가치관이 무너졌다.

옛말에 자녀는 "넘치게 사랑하고 부족한듯 키우라"고 했다. 그러나 부모 마음이 어디 그런가. 부모의 재력에 따라 같은 세대 안에서도 빈부의 격차가 너무 크다. 돈이 하나님이 된 세상을 살면서 '자녀들에게 어떤 가치관을 물려주어야 할까' 하는 문제는 그리스도인 부모에게 심각한 고민일 수밖에 없다.

재정만 그런 것이 아니다. 공부나 능력에 대한 평가도 언제부터인가 본인의 노력 외에 환경이 더 크게 작용하기 시작했다. 자기소개서나 추천서가 부모, 가족, 친인척의 영향력에 좌우되고, 편법과 특혜도 능력이라고 당당하게 말하는 아이러니가 벌어지고 있다. 공평과 정의를 가르치기보다 남보다 더 높은 자리, 명예, 부를 가지게 하려고 부모부터 편법에 앞선다. 예전에는 "개천에서 용 난다"라고 했으나 이제는 "콩 심은 데 콩 나고 팥 심은 데 팥 난다"라고 한다. 부모가 투자한 만큼 자녀에게 재산으로든 학력이나 능력으로든 나타난다는 말이다. 오죽하면 아이를 키우는 데 필요한 것은 '엄마의 정보력, 아빠의 무관심, 조부모의 재력'이라는 말이 있겠는가.

시대가 악하여 청소년기의 자녀를 바르게 이끌어가기가 더 힘들어졌다. 기독교 세계관의 근본은 하나님이다. 그러므로 우리의 생각과 가치관이, 물질이, 자녀가, 명예가 하나님보다 앞선다면 모두 그분 앞에 무릎 꿇게 해야 한다. 시선을 세상에서 하나님에게로 이동해야 한다.

하나님 아는 것을 대적하여 높아진 것을 다 무너뜨리고 모든 생각을 사로잡아 그리스도에게 복종하게 하니 _고후 10:5

기독교인은 세상을 뛰어넘어야 한다. 크리스천 부모가 이런 관점을 자녀에게 계승하는 방법은 가족 모임을 통한 가정예배의 회복뿐이다. 가정에서 믿음을 전수하는 가장 강력한 방법이 가정예배이기 때문이다. 가정예배가 이전처럼 율법적으로 드려지기보다 삶의 문제에 대해 말씀과 믿음으로 싸워 이기는 영적 훈련의 시간이 될 수 있다면, 그 형식이 어떠하든 괜찮다.

부부가 말씀 앞에 엎드려서 세상을 이기는 지혜를 얻고, 자녀들이 부모님의 모습을 보면서 가족 모임에서 함께 무릎을 꿇고 하나님 말씀을 받을 때, 자녀도 세상의 가치나 부모를 의지하지 않고 하나님이 주시는 지혜를 얻고자 하며, 오직 거기에 가치를 두는 신앙인이 된다.

많은 부모가 청소년 시기가 되면 신앙의 계승보다 세상의 가치 획득에 무게를 싣는다. 교회생활과 신앙생활까지 잠깐 멈추고 학업에 힘쓰다가 대학 입학 후에 다시 신앙생활을 하라고 한다. 우스갯소리처럼 말하기도 하지만 '우리나라에서 가장 영향력 있는 강력한 종교는 대학교'라는 말이 있다. 교회 중직자의 자녀조차 청소년 시기에는 잠시 신앙을 멈출(?) 때가 있는데, 이는 눈앞의 이익만 바라보다가 정말 중요한 것을 잃어버리는 처사이다.

지금은 코로나19 사태로 많은 교회들의 예배가 멈췄다. 코로나 감염 위험에 교회에 모이기를 두려워하며 비대면으로 예배를 드리고 있다. 코로나19 사태가 장기화되어 2년이 넘어가면서, 코로나

19 상황이 끝나고 나서도 신앙을 유지하겠냐는 설문에 30퍼센트가 잘 모르겠다고 대답했다고 한다. 신앙도 훈련인 것이 여실히 드러나고 있다.

더구나 청소년 시기는 학령기에 가졌던 집단적 신앙을 개인적 신앙으로 확립해야 하는 시기다. 청소년은 개인적으로 예수 그리스도를 자신의 구주로 영접하고, 부모님의 하나님이 아닌 자신의 하나님으로 믿을 수 있는 시기이다. 그래서 장로교회에서는 유아세례 교인도 청소년 시기가 되면 입교를 하는 것이다.

자녀의 마음에는 부모가 보여준 실천적인 믿음이 그대로 새겨진다고 한다. 부모는 신명기 6장에서 하나님 아버지께서 부모에게 하시는 말씀을 다시 듣고, 부모가 먼저 하나님과의 사랑의 관계를 회복하여 자녀에게 삶으로, 이야기로, 일상 가운데에서 가치관을 흘려보낼 수 있도록 최선을 다해야 한다.

4이스라엘아 들으라 우리 하나님 여호와는 오직 유일한 여호와이시니 5너는 마음을 다하고 뜻을 다하고 힘을 다하여 네 하나님 여호와를 사랑하라 6오늘 내가 네게 명하는 이 말씀을 너는 마음에 새기고 7네 자녀에게 부지런히 가르치며 집에 앉았을 때에든지 길을 갈 때에든지 누워 있을 때에든지 일어날 때에든지 이 말씀을 강론할 것이며 8너는 또 그것을 네 손목에 매어 기호를 삼으며 네 미간에 붙여 표로 삼고 9또 네 집 문설주와 바깥 문에 기록할지니라

_신 6:4-9

성인 자녀와 사이좋은 부모

건강하게 분리하라

　　자녀가 성인이 되면 이제 어떻게 대해야 할지 모르겠다고 말하는 부모가 많다. 자녀는 주민등록증이 나오면 자신이 성인이라고 생각하고, 부모는 자녀가 결혼하지 않으면 성인이 아니라고 생각한다. 사실 부모 눈에는 자녀가 몇 살이든 언제나 어려 보인다. 그렇다면 과연 언제가 성인일까?

　발달단계로 보면, 성인이란 자기 자신의 정체성을 확립하고, 인생에 책임감을 가지고, 사람들과 적절한 관계를 잘 맺으며, 생산성 있는 삶을 사는 사람이라 할 수 있다. 물론 흔들리지 않는 청춘이 없듯

278　　　　　　　　　　　　　　　　　　　　4부 | 관계의 '기술'로 사이좋은 양육하기

이, 누구에게나 시행착오는 있다. 자기 인생을 완벽하게 책임지지 못할 수도 있다. 그렇더라도 이러한 정체성, 책임감, 생산성은 성인의 기준이기도 한데, 이런 것은 학습이나 교육으로 성취하지는 못한다. 가정의 문화 속에서 저절로 몸에 습득해야 하는 개념들이다.

♥ 가정의 문화를 가르칠 마지막 기회

어떤 자녀는 대학만 가면 성인이 되었다고 생각하고 지금까지의 모든 한계와 제한을 한번에 벗어던진다. 특히 명문 대학이라도 들어갔다면 무슨 큰 벼슬이라도 한 듯이 굴고, 주변에서도 그를 그렇게 대한다. 성경에서 '너희는 이 세대를 본받지 말라'고 했지만, 다 큰 자녀들과의 관계를 그르칠까 봐 아이들의 비위를 맞추는 부모도 있다. 그러나 이것은 진짜 위험한 신호다. 가치관은 문화이기 때문이다.

리처드 포스터의 《돈 섹스 권력》이라는 책을 굳이 인용하지 않더라도, 현대는 돈과 성과 힘이 우상이자 모든 이가 소망하는 바가 되어버렸다. 그러므로 이에 대한 성경적 관점과 가치관을 가정 안에서 문화로 가르쳐야 한다. 아직 결혼하지 않은 성인 자녀라면, 어쩌면 그 가정의 문화를 가르칠 마지막 기회일 수도 있다. 그러나 관계가 형성되어 있지 않다면 이마저도 손쓸 수 없다.

고등학교 때까지는 교회에 다니다가, 고등학교를 졸업하면서 교회 생활과 신앙도 졸업해버리는 버리는 경우도 많다. 필자는 20년 동안 한국 교회에서 전임 사역자로 봉사했다. 부산의 한 교회에서 사역할 때의 일이다. 그 교회는 해마다 가정의 달에 가족초청주일을 가졌다. 아직 예수 믿지 않는 부모님을 초청하는 자녀들도 있었지만, 직분자의 가정에서는 대학에 가면서 신앙에서 멀어진 자녀나 손주들을 초청하는 분들이 더 많았다. 결국 중요한 것은 주일학교가 아니었다. 가정에서 부모가 보여주는 모습이 자녀들에게 더 큰 영향을 주고 있었다.

대학에 들어가고 성인이 된 자녀와 신앙을 함께 나눌 수 없다면 그것처럼 안타깝고 억울한 일이 있을까? 다음 세대에 우리의 신앙이 이어지지 않는다는 것을 상상해 보았는가?

이전에는 청년이 되면 자녀가 독립해 나갔다. 진학 혹은 취직 때문에 세대를 분리하는 경우가 많았고, 같은 집에 살더라도 성인 자녀가 자기 자신을 책임지고 독립할 준비를 해나갔다. 그러나 현재는 그렇지 않다. 결혼도 독립도 안 하고, 언제 철들지 모른 채로 부모 집에 함께 사는 청년이 늘어나고 있다.

우리나라는 서구권과 달리 자녀가 학교에 다니는 동안에는 학교가 다른 지역에 있지 않은 이상 대개 부모와 동거하고, 다른 지역에서 학교에 다니더라도 부모의 경제적 지원을 받기 때문에 완전한 독립이라고 말할 수는 없다. 여기서 말하는 '독립하지 않는 청년'이란 성인이 되었고 학교를 졸업하여 경제적 활동을 시작할 여건이 되는

데도 독립하지 않고 여전히 부모에게 의존하는 사람들을 말한다.

물론 독립하지 않는 청년 문제가 부모-자녀만의 문제는 아니다. 결혼 시기가 늦춰지고, 자발적·비자발적 비혼이 늘어나고 있으며, 취업과 집 장만이 어렵다는 사회적 요인도 있다. 서울시가 공개한 '서울 시민이 희망하는 노후생활' 통계에 따르면 60세 이상 서울 시민의 45.2퍼센트는 자녀와 동거 중인 것으로 조사됐다. 60세 이상 서울 시민 2명 중 1명은 성인이 된 자녀와 함께 살고 있는 셈이다.[72]

♥성인이 되어도 독립하지 못하는 자녀

성인 자녀는 늦어진 취업과 결혼 비용에 대한 부담 때문에 독립을 미룰 수밖에 없는 처지이다. 통계청에 따르면, 2020년 평균 초혼 연령은 남자 33.23세, 여자 30.78세이다. 취업을 했더라도 바로 집을 떠날 수 있는 것도 아니다. 소형 주택(59m2 이하)의 물량이 부족한 데다 집값과 전월세의 상승폭도 가파르다.

성인 자녀가 부모와 함께 사는 유형을 보면 부모와 함께 살면서 부모에게 용돈까지 받는 자녀, 용돈을 받지는 않지만 생활비를 부담하지 않는 자녀, 부모와 살면서 생활비를 부담하는 자녀가 있다. 이들 중에는 부모와 살면서 용돈을 받지는 않지만, 생활비를 부담하지 않고 부모에게 의존해 주거를 해결하는 주거의존적 특징을 가진 성인 자녀가 가장 많다. 성인 자녀가 같은 주거공간에서 동거하며 청소, 빨래, 식사 등을 함께하는 경우이다. 결국 이런 성인 자녀와의 동거는 어린 시절과 달라진 게 없다. 부모가 여전히 양육의 부담을 안고 있는 것이다.

부모와 함께 사는 경우, 성인이 되었지만 독립해서 살 수 없다는 이유로 어린 시절과 똑같이 아이 취급을 받는 청년이 많다. 어떤 엄마는 성인 자녀에게 끊임없이 잔소리하고 통제하고 간섭하고 돌봐주려고 한다. 요즘은 부모들이 대학 진학부터 진로와 선택 과목까지 결정해준다고 한다. 학점이 잘 안 나왔다고 교수에게 직접 전화해서 항의하는 부모도 있다.

부모는 자녀가 정말 잘 컸으면 좋겠다는 마음으로, 자녀가 상처를 받지 않기를 바라는 마음으로, 자녀가 시행착오를 겪는 모습을 견디지 못하는 자신의 불안으로 자녀의 삶에서 결정권을 놓지 않는다. 그렇게 했더니 결과가 좋았다고 자화자찬하기도 한다. 자녀가 청소년일 때는 어느 학원을 다닐지, 어떤 친구와 사귈지까지 결정해주더니, 성인이 되면 결혼에도 간섭한다.

사실 자녀들은 성장 과정에서 부모의 개입 없이 스스로 결정하고 그 일에 책임지면서 성인이 되어간다. 만일 그런 과정 없이 성인이 된다면, 결혼하고 나서도 자기 가정의 모든 일을 부모한테 보고하는 마마보이, 파파걸이 되고 만다. 이런 가정은 겉으로 보기에는 부

4부 | 관계의 '기술'로 사이좋은 양육하기

모와 자녀 사이가 좋아 보이지만 진짜 좋은 것은 아니다. 자녀가 부모에게 종속되어 있을 뿐이다.

결혼이 점점 늦어지고 독립할 여건이 안 되어 '불편한 동거'가 지속되는 것은 분명히 문제지만, 다른 시각에서 보면 이때는 부모가 놓친 신앙 교육의 마지막 기회이기도 하다. 청소년기에 공부한다고 자녀에게 신앙 유산의 계승을 소홀히 했다면, 이제라도 시작하면 된다.

♥ 성인 자녀와 사이좋게 지내는 비결

부모도 자녀도 성인이므로 이전과 달리 함께 가정을 세우려는 노력을 해야 한다. 그러기 위해서 성인 자녀와 사이좋게 지내는 비결은 무엇일까? 래리 발라드의 《가족, 그 놀라운 선물》[73]이라는 책을 보면, 가정을 세워가는 데에는 예수님이라는 기초석 위에 무조건적인 사랑, 신뢰, 존중, 이해라는 4개의 기둥과, 생활의 헌신, 함께하는 시간, 긍정적 대화, 인정, 문제 해결, 영적 헌신 등 6개의 벽돌이 필요하다고 했다. 4개의 기둥에서 신뢰가 회복하는 데 가장 시간이 많이 걸리며, 존중은 가장 무시되기 쉬운 개념이다. 이해는 표현되는 사랑이라고 말할 수 있다.

여호와께서 집을 세우지 아니하시면 세우는 자의 수고가 헛되며 여호와께서
성을 지키지 아니하시면 파수꾼의 깨어 있음이 헛되도다 _시 127:1

볼스윅 부부(Jack & Judith Balswick)는 《크리스천 가정》[4]에서 가
정관계의 네 요소로 언약(사랑하고 사랑받기), 은혜(용서하고 용서받
기), 힘의 부여(섬기고 섬김받기), 친밀감(아는 것과 알려지는 것)을 들고
있다. 이 중에서 '언약'은 하나님께서 이스라엘의 부모가 되어 무조
건적인 사랑으로 맺으시는 것이다.

자녀가 자라서 성인이 되면 부모의 사랑에 응답하겠지만, 어릴
때는 부모가 전적이고 무조건적인 사랑을 베풀어서 그 사랑이 대대
로 후손에게 흘러 내려가기를 하나님은 바라신다. 이것이 '언약'에
기초한 사랑이다.

내가 내 언약을 나와 너 및 네 대대 후손 사이에 세워서 영원한 언약을 삼고 너
와 네 후손의 하나님이 되리라 _창 17:7

'은혜'는 가족 구성원들이 서로 사랑하고 배려하는 마음으로 책
임감 있게 행동하는 것을 말한다. 언약은 본질상 은혜이므로, 하나
님의 무조건적인 사랑은 은혜 가운데 주어진다. 율법에 기초한 가
정에서는 서로에게 완전을 요구하지만, 이런 압박이 자녀를 오히려
어긋나게 하기도 한다. 율법 자체는 선한 것이지만, 우리의 구원은

율법 준수에 달려 있지 않다.

그리스도는 모든 믿는 자에게 의를 이루기 위하여 율법의 마침이 되시니라

_롬 10:4

'힘'은 다른 사람에게 영향력을 미칠 수 있는 능력이다. 그러나 '힘의 부여'는 힘을 사용하는 것의 성격적 모델로, 다른 사람이 힘을 얻도록 도와주는 적극적이고 자발적인 과정이다. 그래서 힘의 부여는 행동하는 하나님의 사랑이다. 힘의 부여를 가정 내에서 실천한다면, 부모에게 권위주의가 아닌 진정한 권위가 부여될 것이다.

…내가 온 것은 양으로 생명을 얻게 하고 더 풍성히 얻게 하려는 것이라

_요 10:10

'친밀감'은 서로를 알고 알려지는 것이다. 이것은 긍정적인 대화를 통해 가능하다. 가족 구성원들이 숨기지 않고 열린 마음으로 감정을 나눌 수 있다면, 그것은 서로에 대한 신뢰와 서약 때문이다. 하나님께서 우리를 먼저 사랑하셨기에 우리도 그 사랑에 응답할 수 있다. 예수님께서 보여주신 무조건적인 사랑은 가족 안에서 대화와 친밀감의 모델이 되어준다.

사랑 안에 두려움이 없고 온전한 사랑이 두려움을 내쫓나니 두려움에는 형벌
이 있음이라 두려워하는 자는 사랑 안에서 온전히 이루지 못하였느니라

_요일 4:18

위의 가족관계에 근거하여 볼스윅은 응집력(가족 구성원들이 얼마
나 밀착하고 독립되어 있는지의 여부), 적응성(규칙에 융통성이 있는지 아
니면 경직되어 있는지의 여부), 대화(분명한 개념의 긍정적인 대화의 여부),
역할 구조(각 가족원 혹은 세대별 역할에 대한 분명한 경계가 있는지의 여
부)의 개념을 가지고 건강한 가정을 규정지었다.

♥ 성인 부모와 성인 자녀가 동행하는 법

발달단계상 성인 자녀는 본래 가정으로부터 분화하여 결혼을 통해
새로운 가정을 이루기 전의 마지막 단계이다. 이 기간이 부모에게
는 자녀의 취업이나 결혼 등으로 자녀를 떠나보내고 나서 남겨진
외로움을 다독이며 노년의 시간에 잘 적응할 준비를 하는 시간이라
면, 자녀는 떠남과 독립을 해내야 하는 시간이다. 따라서 하나님께
서 자녀인 우리를 어떻게 양육하고 성장시켜 독립시키기까지 하셨
는지를 모델 삼아, 그러한 모델링을 통해 그 근본 원리들을 살펴보
아야 한다.

가족은 가족이라는 테두리 안에서 구성원 각자가 자신의 구심점을 가지고 만나는 관계이다. 부모와 자녀 역시 개인이라는 각각의 구성원끼리의 만남이다. 자녀가 아무리 부모가 낳은 존재라 해도, 자녀의 영역은 존중해야 한다. 자녀에게 제일 좋은 선택은 부모 눈치를 보지 않고 스스로 결정하는 것이다.

자녀를 스파르타식으로 훈련하고, 혹시 다른 데로 눈을 돌릴까 싶어 비위를 맞추고 눈치를 봐서 용케 의대에 보낸 부부가 있었다. 그러나 의사가 되고 나서까지 자식 뒷바라지를 해야 했다. 부모가 병원을 개업시켜주고 환자까지 모시고 와야 해서 힘들다고 호소했다. 어떤 부모는 취직과 결혼까지 부모가 개입하지 않으면 안 된다며 머리를 싸매고 있다. 또 그렇게 키운 자녀가 취직하더니, 혹은 결혼하더니 부모와 단절하고 교류하지 않으려고 한다고 눈물짓는 부모들도 있다.

성인인 자녀에게 가장 중요한 것은 부모와 친밀감을 가지고 잘 지내면서도, 적절한 거리를 두고 자기 영역에 대한 책임감을 가지는 것이다. 이 일을 수행하지 못하는 자녀를 성인 자녀라고 말할 수 없다.

부모와 함께 살든 분가해서 살든, 미혼의 성인 자녀와 어떻게 사이좋게 지낼 수 있을까? 성인 자녀와 부모 사이에 하나님의 언약에 근거한 사랑으로 어떤 이야기를 해도 받아들여질 것이라는 신뢰가 있고 서로의 마음을 존중해준다면, 비록 많이 늦어서 힘들겠지만 희망적인 관계를 이루어낼 수 있다.

성경과 많은 가족학자들의 견해를 고려할 때, 성인 자녀와 사이 좋게 지내기 위해서는 무조건적인 사랑 전달하기(언약, 은혜, 친밀감, 용서 경험하기), 적절한 지침 세우기, 용서하기, 서로에게 거리 두기 (육체적, 정서적, 경제적으로 책임지기) 등의 과제를 이수해야 한다. 이를 바탕으로 하여 다음의 다섯 가지 지침이 있으면 성인 자녀와 사이좋게 지내면서 성장하는 관계를 맺을 수 있다.

첫째, 적절한 지침 세우기[75]

성인 자녀는 더는 아이가 아니다. 그에 따른 적절한 지침을 세워야 한다. 성인 자녀가 독립하지 않고 부모의 집에서 함께 사는 것을 선택했다면 거기에 상응하는 책임이 따른다. 집안일 분담하기, 생활비 공동 부담, 물리적 거리 유지 등의 지침을 세워서 지켜야 한다. 독립을 위하여 저축해야 하더라도, 독립해서 산다면 마땅히 지불했어야 할 비용을 부모에게 지불하는 게 맞다. 집세는 안 내더라도 최소한 부모님께 자신의 생활비는 드려야 한다. 집안일도 자신의 몫은 해야 한다. 주중에는 일하느라 바빠서 함께하지 못한다면 주말에 하면 된다. 주말에도 아무것도 하지 않고 잠만 잔다면, 혹은 내내 외출하기만 한다면, 이것 역시 성인 자녀로서 마땅한 처사가 아니다. 주말에는 식사 준비, 분리수거, 자기 방 말고 다른 곳의 청소 등을 분담해야 한다.

성인 자녀와 함께 산다면 부모도 자녀의 독립을 도와야 한다. 바쁘게 일하고 돈 버느라 안쓰럽다고 자녀의 모든 것을 챙겨주는 것은 자녀에게 결코 선한 도움이 되지 못한다. 밥, 빨래, 청소까지 계속 대신해준다면 독립의 시기는 점점 더 소원해질 것이다.

또한 성인 자녀가 함께 산다고 해도 부모와 자녀의 관계는 더는 양육의 관계가 아니다. 부모 노릇에서도 자녀 노릇에서도 조금씩 벗어나야 한다. 부모는 양육의 부담에서 자유로워져야 하고, 자녀의 위생이나 건강 관리에도 어느 정도는 무심해져야 한다. 저녁에 식사 시간을 넘겨서 들어왔을 때 끼니를 어떻게 할 것인지, 아침은 어떻게 해결하는지, 자기 방 외의 공동의 공간 청소는 어떻게 할 것인지, 공적인 책임과 사적인 책임을 적절하고 융통성 있게 해결하는 지침을 세우는 것이 꼭 필요하다.

어떤 가정에 늦게 퇴근하거나 술을 마시고 늦게 들어와서도 꼭 밥이나 라면을 달라는 아버지가 있었다. 시간이 흘러 그 집의 아들이 성인이 된 후에 독립하지 않고 같이 살았는데, 아들도 늦게 퇴근해 밥을 차려달라는 날이 일주일의 절반 이상이었다. 이러면 정말 곤란하다. 아무리 자녀의 건강이 걱정되더라도, 성인 자녀의 부모는 이제 자녀의 양육자도 심부름꾼도 아니다.

어떤 엄마는 성인 자녀가 퇴근해 들어와 샤워하는 소리가 들릴 때까지 잠을 못 잔다고 했다. 그래서 자꾸 자녀의 방에 들어가 씻고 자라고 잔소리를 했다. 자녀가 술을 먹고 들어오든 늦게 들어오든

들어올 때까지 자지 않고 깨어 있었더니, 어느 날 아들이 "이러다가 엄마 때문에 장가도 못 가겠다"라고 화를 냈다고 한다. 그 어머니에게 자녀가 샤워하고 자는지 그냥 자는지 신경 쓰지 말고 일찍 주무시고, 노후 대비와 취미생활에 힘쓰시라고 권유해도 받아들이기 힘들어했다.

지침을 세우는 것은 함께 사는 사람으로서의 약속이며, 그 지침을 지키는 일에는 부모와 자녀 간에 신뢰가 필수적이다. 약속했다면 꼭 지켜야 한다. 부모만 약속을 지키거나 자녀만 약속을 지키는 것이 아니라, 부모와 자녀 사이가 친밀한 관계를 유지하려면 둘 다 약속하고 지키는 과정이 필요하다. 만일 신뢰를 잃었다면 즉시 용서를 구해야 하며, 용서와 인내의 과정이 필요하다.

종종 진학에 실패하고, 직장에서 퇴출당하고, 결혼에 실패하고, 사업이 잘 안 되는 등 여러 실패와 좌절 속에서 성인 자녀들이 원가정으로 돌아오기도 한다. 부정적인 이유로 돌아왔지만, 긍정적으로 보면 이때는 부모와의 사이에서 잃어버렸던 신뢰를 회복할 시기이자 새롭게 신뢰를 쌓을 기회이다. 이미 성인이 된 자녀와의 신뢰 회복은 어쩌면 결혼하기 전에 해결해야 할 마지막 과제인지도 모른다.

자녀들이 부모에게 가장 원하는 것은 믿어주는 것이다. 신뢰는 자녀의 앞날을 믿는 것이 아니라, 자녀의 아버지이신 하나님 아버지께서 그를 인도하실 것을 신뢰하는 것이다.

둘째, 무조건 사랑하기[76]

우리는 언약에 근거한 사랑을 배워야 한다. 가정 안에서 사랑으로 강하게 세우려면 먼저 가족 구성원 모두 하나님의 사랑으로 채워져야 한다.

> 17…너희가 사랑 가운데서 뿌리가 박히고 터가 굳어져서 18능히 모든 성도와 함께 지식에 넘치는 그리스도의 사랑을 알고 19그 너비와 길이와 높이와 깊이가 어떠함을 깨달아… _엡 3:17-19

많은 사람이 조건적인 사랑을 받으면서 자란다. 예전에는 부모님의 기대를 충족시켜야만 사랑받고 인정받는 사례가 많았다. 만일 자녀가 부족하거나 실패하면 부모가 자녀에게서 사랑을 거두어 갔고 자녀는 거절당했다. 이렇게 극단적인 사례가 아니더라도, 사람의 사랑은 조건적이며 행위에 기초하고 있어서 상대에게 실패와 거절에 대한 두려움을 심어준다. 거절에 대한 두려움 때문에 사람들은 자신이 옳다고 주장하고 틀렸다고 지적당하는 것을 싫어한다. 이런 가정에서는 자녀가 성장한 후에 부모의 말을 듣지 않으려고 하고, 복수하듯이 부모의 옳고 그름을 따지게 된다.

반대로 거절당할 것이라고 생각했는데, 예상 밖으로 관대하게 용서받고 받아들여질 때 사람들의 마음이 녹고, 구속받고, 치유되는 하나님의 사랑을 경험한다. 사랑은 사람들을 변화시키는 힘이 있어서, 무조건적인 사랑과 생각 외의 호의를 접하면 더 겸손해지고 더 솔직해진다.

부모는 자녀가 성인이 되었어도 형편과 조건과 상관없이 사랑해야 한다. 조건 없는 사랑은 내 자녀를 다른 집의 자녀와 비교하지 않는다. 결혼했든 안 했든, 연봉이 얼마든, 혹은 취업했든 못 했든 상관없이 비교하지 않고 사랑하는 것이다. 독립할 상황이 되든 못 되든, 지금 형편과 상황과 관계없이 사랑해야 한다.

하지만 한국은 체면 사회여서 주변의 시선과 조건에 맞추어 자녀를 바라보고 평가하는 경우가 많다. 많은 성인 자녀가 명절만 되면 명절증후군을 피해 연휴 기간에도 출근하거나 여행을 가는 등, 여러 가지 핑계를 대며 집에 머물지 않으려고 한다. 부모의 잔소리뿐 아니라 친인척의 집중포화 같은 간섭과 잔소리를 피하려는 것이다. 한마디로 어른들이 바꾸려 들려고 하기 때문이다.

하지만 사람들이 가족에게서 바라는 것은 무엇일까? 바꾸려 하지 말고 지금 있는 그대로 믿고 기다려주는 것이다. 직장은 아무리 인성이 훌륭해도 실적을 내지 못하면 바로 퇴출이다. 그러나 가정은 아무리 실패해도 언제든지 돌아와서 안길 수 있는 곳이며, 그런 곳이 되어주어야 한다. 더구나 지금 실패하고 낙담한 성인 자녀라면, 가정 말고는 기댈 데가 없을 것이다.

지난 20여 년간 가정을 상담하면서 가장 안타까웠던 경우는, 좋은 스펙을 쌓은 자녀가 결혼 안 하고 직장도 안 가고 방 안에 틀어

박혀서 꿈도 없이 살고 있는 가족을 만났을 때이다. 여러 가지 사연이 있겠지만, 대개 이런 가족은 부부가 끊임없이 서로를 비난하면서 자녀를 키우느라 얼마나 애썼는지 아느냐며 억울해했다. 이럴 때 해결점은, 긴 여정이 되겠지만, 결국은 관계 회복에 있다.

1부와 2부에서 논했던 것을 떠올려보자. 하나님과의 관계를 회복하고, 그 자녀를 함께 양육했던 부부관계를 회복하고 나서 자녀를 대하면 된다. 부부 사이에서 자녀 문제는 함께 해결해야 할 과제이지 누구의 탓이 아니다.

셋째, 은혜로 용서하기[77]

모든 가정은 위기와 갈등을 겪는다. 그래서 우리는 고통 없는 결혼 생활, 고통 없는 친구 관계, 고통 없는 교회를 원하여, 배우자를 변화시키려 하거나 다른 교회로 가거나 새로운 친구를 찾아다닌다. 그러나 해결책은 새로운 관계가 아니다. 마음의 변화다.

> 서로 친절하게 하며 불쌍히 여기며 서로 용서하기를 하나님이 그리스도 안에서 너희를 용서하심과 같이 하라 _엡 4:32

건강한 가정은 문제를 회피하거나 부인하는 대신 현실을 직면하는 쪽을 택한다. 그리고 상대를 변화시키려고 노력하기보다 자신이 먼저 변화하려고 노력한다.

성인 자녀와 적절한 거리 조절에 실패하여 그 사이가 데면데면한 가정도 있고, 지나친 간섭으로 불편한 가정도 있다. 지금은 자녀와의 관계가 삐걱대지만, 자녀가 성장해서 성인이 되고 결혼하면 부모와의 관계도 좋아질 것이라고 기대하는 가정도 있다. 그러나 모든 발달단계는 그 이전 단계에 근거하고 있다. 이전 단계의 발달과제를 해결하지 못한다면 그 단계의 미해결 과제 때문에 문제가 생기고 다음 단계로 넘어갈 수 없다. 어쩌면 성인 자녀가 결혼해서 독립하기 이전이 부모와의 사이를 개선하고 문제를 해결할 수 있는 마지막 단계일 수 있다.

가정생활이 어려운 이유는 해결되지 않은 문제들을 마음속에 담아두기 때문이다. 갈등 해결의 열쇠는 관계 속에 풀지 못한 감정이 쌓이지 않게 하는 데 있다. 잘못한 일은 최대한 빨리 해결하는 것이 좋다. 그러려면 상대를 비난하는 태도를 버리고 수용하는 태도를 보여야 한다. 이것이 용서의 시작이다.

누구나 하나님과의 관계에서나 다른 사람과의 관계 속에서 잘못을 범한다. 우리가 하나님과의 관계에서 용서를 경험했다면, 하나님이 우리를 용서하셨듯이 우리도 서로 용서하여 묶인 관계를 풀어야 한다. 자녀가 아무리 사회에서 제 몫을 해내는 어른이 되었다 해도 부모와의 사이에서 문제가 해결되지 않았다면, 부모 앞에 설 때마다 어린 시절 상처를 입은 그 시점으로 퇴행하곤 한다. 그렇다면 부모와 자녀 중에서 누가 먼저 사과하고 용서를 구해야 할까? 하나님의 용서를 조금이라도 더 많이 받은 쪽에서 해야 하지 않을까? 부모가 자신의 잘못을 진심으로 회개하며 용서를 구하면 자녀들도 그들의 인생 가운데 수시로 잘못을 회개하고 용서를 구하는 일이 일어난다. 자녀가 따를 모델은 오직 부모인 우리뿐이다.

넷째, 정서적으로 독립시키기[78]
결혼 전에 자녀들이 가장 힘들어하는 문제는 부모와의 거리 두기이다. 부모가 끊임없이 자녀의 인생에 개입하려 들기 때문이다. 물론 적절한 도움과 참견이 무조건 나쁘지는 않다. 하지만 도움이 지나친 간섭이 되고 끼어들기가 된다면, 자녀는 가정에서 멀리 떠나고 만다.

자녀가 진학을 결정하고 전공을 선택하는 것도, 직장을 선택하는 것도, 심지어 결혼하는 것까지 부모가 관여하고 지나치게 간섭한다면, 그 자녀는 몇 살을 먹었든 성인일 수 없다. 그런 부모 아래에서는 성인으로 존중받았다는 느낌을 가질 수 없을 것이다.

부모들은 자녀가 환갑이 넘었어도 "얘야 차 조심해라, 사람 조심해라"라는 말을 한다. 나이가 들어가면서 그런 부모의 사랑이 그리워지기도 한다. 그 누구도 이런 당부를 사랑의 말이라고 생각하지 간섭의 말이라고 생각하지는 않을 것이다. 그리고 실제로 간섭이 아닌 당부여야 한다. 부모와 자녀 사이의 경계는 확고하지만(firm) 따뜻해야(warm) 한다.

적절한 거리를 두는 일은 자녀를 존중할 때 가능하다. 특히 성인이 된 자녀를 존중한다면 경계선을 지켜주어야 한다. 내가 저 아이를 키운 부모라서 다 안다고 생각하여 자녀의 의견을 무시하는 것은 자녀의 인격을 무시하는 것과 마찬가지다. 자녀의 인격을 무시하기 때문에, 자녀의 데이트, 건강, 식생활 등 어렸을 때 훈련되었어야 하는 것을 가지고 성인이 된 자녀에게 잔소리하며 실랑이하는 부모를 꽤 자주 본다.

성인 자녀는 부모가 함부로 경계선을 침범하는 것을 힘들어한다. 어떤 이는 부모니까 그럴 권리가 있는 것처럼 자녀의 물리적 공간뿐 아니라 심리적 공간까지 마음대로 드나들려고 한다. 옷을 갈아입을 때 벌컥 문을 여는 것, 옆에 붙어 있어서 사적인 전화도 마음 놓고 할 수 없는 것 등, 부모라는 이름으로 자녀 고유의 영역을 얼마나 침범하고 있는지 모른다.

독립하지 않고 부모와 함께 사는 성인 자녀의 연애나 결혼은 사실 부모에게 매우 궁금한 일이다. 그러나 부모가 조바심 내거나 간섭해도 아무것도 달라지지 않는다. 결혼 전 성관계는 어떻게 할 것인지, 연애 기간은 어느 정도로 생각하는지, 직장에서 윗사람 혹은 아랫사람과 갈등은 어떻게 해결할지, 자녀가 어떤 가치관으로 살것인지 등의 훈육은 청소년 시기가 끝나기 전에 했어야 한다. 성인이 되고 나서 간섭하고 바꿀 수 있는 일이 아니다.

거듭 말하지만, 성인 자녀와의 관계에서는 각자의 영역을 존중해주는 것, 서로의 인격을 존중해주는 것이 가장 중요하다. 가족끼리여도 해서는 안 되는 말, 해서는 안 되는 행동이 있다. 존중한다면 가족끼리도 경계선을 지켜주어야 한다. 가족 간에 지나치게 관여하거나 여과 장치 없이 감정을 퍼붓는 것은 인격을 존중하지 않는 것이며, 이런 행동은 정서적 문제를 일으킬 수 있다. 부모의 간섭 때문에 자신의 창조성을 발휘하지 못하고 오히려 무너지는 자녀들도 있다.

안타깝게도 어릴 때 머리가 좋았고 재능도 뛰어났지만, 부모의 간섭이 부담스러워 본인의 재능과 상관없는 다른 길로 간 청년을 보았다. 이런 사람이 생각보다 많다. 인간은 누구나 청개구리 본능이 있어서 부모의 기대가 버거우면 오히려 어긋날 수 있다. 그러므로 부모는 각자의 경계선을 인정하면서 자식이 무엇을 하고 싶어하든지 인정해주고 믿어주어야 한다.

13주께서 내 내장을 지으시며 나의 모태에서 나를 만드셨나이다 14내가 주께 감사하옴은 나를 지으심이 심히 기묘하심이라 주께서 하시는 일이 기이함을 내 영혼이 잘 아나이다 _시 139:13-14

세상에 우연히 태어난 사람은 없다. 모두 특별하게 태어났다. 부모가 그것을 인정하고 존중하는 태도를 보일 때 자녀들을 변화시킬 수 있다.

자녀들은 존중받지 못하면 무시당한다고 생각하고 부모가 자신을 사랑하지 않는다고 느낀다. 무시당하는 자녀는 화를 내게 마련이다. 더군다나 성인 자녀는 더 그렇다. 성인이 되었으니 부모가 자신의 판단을 존중해주기를 바라며, 부모가 자신의 결정에 이의를 제기하지 않고 기다려주기를 바란다. 부모는 자녀를 위해 하는 일이라고 말하지만, 자녀들은 자신의 결정을 존중해주지 않는다는 생각에 오히려 화가 난다. 그러므로 지금껏 존중해주지 못했다면, 적어도 자녀가 성인이 되었다면, 모든 불안을 접어두고 정서적으로 독립시켜 부모 곁에서 떠나보내야 한다.

다섯째, 사랑을 말로 표현하기[79]

건강한 가정은 말로 사랑을 표현하는 데 익숙하다. 우리나라 사람들은, 특히 나이가 많을수록 사랑을 말로 표현하지 않는다. 그렇게 양육되었고 표현하는 법을 배우지도 못했기 때문이다. 그러나 사랑을 말이나 행동으로 보여주지 않으면 자녀는 진정한 사랑이 무엇인지 깨닫지 못한다. 사랑은 표현해야 하고, 인정하는 말, 긍정적인 말로 표현할 때 효과가 있다. 만약 자녀를 양육하는 동안 자녀의 필요나 문제는 크게 부각하면서 정작 그들이 지닌 귀한 자질들을 간과한다면, 자녀는 인정과 사랑을 못 받는다고 느낀다.

자녀는 부모를 통해 다른 사람을 사랑하는 법을 배운다. 부모가 자녀의 장점과 보완해야 할 부분을 균형있게 표현해줄 때 자존감이 향상되며 스스로에 대한 신뢰가 커진다. 인정은 매우 강력한 사랑의 표현이며, 사랑하는 자녀를 보살피는 하나의 방법이다. 사랑의 편지나 인정하는 말, 상장, 카드 등을 통해 표현할 수 있다.

나는 시험에 실패하고 주저앉은 자녀에게 '도전하는 자녀상'을 제작해서 수여한 적이 있었다. 아이는 그 상을 받아들고 즉시는 아무 말도 하지 않았지만, 결혼할 때까지 방에 붙여놓고 결국은 자신이 하고자 하는 일에 모험적으로 도전하는 사람이 되었다.

2모든 겸손과 온유로 하고 오래 참음으로 사랑 가운데서 서로 용납하고 3평안의 매는 줄로 성령이 하나 되게 하신 것을 힘써 지키라 _엡 4:2-3

사랑은 감정이 아니라 의지적 결단이다. 그래서 의도적으로 표현하지 않는 사랑은 사랑이 아니라고 했다. 자녀에게는 아무리 사랑을 표현해도 지나치지 않는다. 자녀는 부모의 믿음과 사랑을 먹어야 훌륭한 어른으로 자라난다. 충분히 사랑받으면 그 사랑을 나눠줄 수 있는 사람이 된다. 그러나 받는 사랑에 부족함을 느끼면 다른 감정이나 잘못된 사랑을 사랑으로 착각하고 좋지 않은 선택을 할 수도 있다. 그렇다면 사랑을 어떤 방식으로 표현해야 할까?

내가 어릴 때 아버지는 나에게 기대한다고 말씀하셨다.

"너는 나를 닮았어. 반드시 훌륭한 선생이 될 거야."

나는 이 말을 믿었다. 물론 아버지의 기대가 버거울 때도 있었지만, 아버지는 끝까지 내가 잘 해낼 것이라고 기대하셨다. 아버지가 예수님을 영접한 후에는 남편을 잃고 홀로 된 내가 잘 살아갈 것이라고, 훌륭한 어머니가 될 것이라고 하나님의 신뢰를 담아 기대하고 믿어주셨다.

모든 사람은 사랑받고 싶어하고 동시에 이해받고 싶어한다. 예수님은 남에게 대접을 받고자 하는 대로 남을 대접하라고 하셨다(마 7:12). 많은 경우 사람들이 기대하는 것을 말해주지는 않으면서, 정작 알아서 해주기를 바란다. 그러나 말하지 않으면 알 수 없다.

♥ 사랑의 언어를 배우라

다 큰 자녀가 무슨 생각을 하고 사는지 도무지 이해할 수 없다고 하소연하는 부모가 많다. 성인 자녀와 부모는 사랑을 표현할 때 사용하는 언어가 서로 다르다. 부모는 자녀가 집안일을 도와줄 때 사랑받는다고 느낀다면, 자녀는 인정하는 말을 들을 때 사랑받는다고 느낀다. 따라서 부모와 자녀는 서로가 주로 사용하는 언어가 무엇인지 알고 그 언어로 소통할 수 있어야 서로를 제대로 이해할 수 있다.[80]

게리 채프먼의 《5가지 사랑의 언어》라는 책을 보면 사람들은 저마다 주로 사용하는 사랑의 언어가 다른데, 서로가 상대의 주요 언어를 모르기 때문에 갈등이 일어나고 상대의 사랑을 느끼지 못할 수 있다고 했다.

‘인정하는 말’을 사랑의 언어로 사용하는 사람은 다른 사람에게 자신의 사랑을 말로 표현한다. 그리고 다른 사람이 말로 자신을 인정해줄 때 사랑받는다고 느낀다.[81]

사랑의 언어를 ‘선물’로 사용하는 사람은 특별한 때가 아니어도 상대방에게 정성 어린 선물을 준다. 이런 사람은 상대방이 뭘 좋아하고 뭘 싫어하는지 알아내려고 늘 귀를 기울이며 눈으로 살핀다.

‘스킨십’을 사랑의 언어로 사용하는 사람은 이야기할 때 상대의 어깨에 손을 얹고, 안아주고, 등을 토닥여준다. 항상 신체적 상호작용을 통해 사랑을 표현하는 것이다. 가정 안에서는 부모와 자녀 사이에서 사랑의 언어가 가장 많이 나타난다. 성인 자녀와 부모도 적절하게 스킨십을 할 수 있다. 어린이가 스킨십을 통해 자신이 사랑받고 있고 가치 있는 존재라고 느낄 수 있으려면, 보통 하루에 여섯 번의 포옹이 필요하다고 한다. 특히 어린 시절에 더 많이 안아주고 눈을 맞추어주어야 한다. 어린 시절에 스킨십이 부족한 사람은 성인이 되어서 잘못된 접촉을 사랑이라고 착각하여 잘못된 성관계에 빠지기도 한다.[82]

‘함께하는 시간’을 사랑의 언어로 사용하는 사람들은 시간의 양과 상관없이 그 시간 동안만큼은 상대방이 자신에게 온 신경을 기울여주기를 원한다. 이 사람들은 언제 어디서 무엇을 할지는 중요하지 않다. 시간을 함께 보낸다는 사실이 중요하다. 성인 자녀와 시간을 함께 보낼 때도, 외식과 여행 같은 이벤트를 하는지 여부보다 그 시간 동안 얼마나 경청하고 집중해주었는지가 중요하다. 건강한 가족은 함께 시간을 보내며 교제하기를 즐기고, 경건한 시간을 가지며 수많은 경험을 공유한다.[83]

요즘은 너무 바빠서 가족과 함께 시간을 보낼 여유가 없는 사람들이 많다. 진짜 문제는 시간이 없는 것이 아니라 우선순위이다. 가족과 함께할 시간이 있는가가 아니라, 나에게 가족이 얼마나 중요한가를 생각해보아야 한다. 가족이 우선순위에 있다면 함께할 시간은 저절로 마련된다. 가족끼리는 함께 무엇을 하는가보다 정기적으로 모이는 것이 중요하다. 성인 자녀도 결혼 전, 분가 전이라면 정례적으로 함께 모이는 시간을 가져야 한다.

가정예배를 가족 모임의 내용으로 삼았던 가정의 사례를 많이 알고 있다. 그런 가정들은 사춘기가 지나고 청년기가 지나고도 함께 모이는 시간을 통해 갈등이 생겨도 막힌 담이 허물어지고 말씀 앞에서 회복되는 경우를 많이 봤다. 물론 다 자란 자녀와 어린 자녀는 다르다. 성인 자녀라면 부모가 그 시간과 일정에 함부로 개입할 수 없고 개입해서도 안 된다. 그러나 어렵더라도 귀가 시간을 정하여 약속하고 함께 모일 수 있는 시간을 정하면, 어쩌다 한두 번 시간을 못 지킬 수 있겠지만 통상적으로 지켜진다. 이 시간을 통해 관계를 다지고 사랑의 언어를 전달하면 된다.

'봉사의 언어'를 사랑의 언어로 사용하는 사람들은 항상 상대방을 위해 무언가를 한다. 심부름을 하거나 세탁을 하고, 깨끗이 청소하고 자리를 정돈한다. 이 모든 섬김의 행위에는 '당신을 사랑해요'라는 말이 담겨 있다.

실제로 사람마다 사용하는 언어는 서로 다르다. 부모와 자녀도 더 잘 이해하고 친밀해지려면 서로가 어떤 사랑의 언어를 사용하는지 알아야 하고, 그 언어를 사용하여 이야기하는 법을 배워야 한다. 대부분 사람은 한 가지 이상의 언어에 능숙하지만, 사랑을 표현할 때는 주로 한 가지 언어를 사용한다. 따라서 서로가 원하는 방법으로 사랑을 표현하고 기대를 말해야 한다.

어린 시절 자녀에게 사랑의 언어가 부족했다면 성인이 되었을 때라도 충분히 표현해주면서 사랑받는다고 느끼게 해야 한다. 자녀가 성인이 되었다면, 이것이 마지막 기회라고 생각하고 사랑을 마음껏 표현한 후 독립시켜 떠나보내야 한다.

14장

결혼한 자녀와
사이좋은 부모

새로운 비전을 확인하라

아들이 많으면 대를 이을 수 있다고, 노동력이 많다고 좋아하던 시대가 있었다. 그러나 지금은 아들이 많으면 상속자만 많고 부모를 모실 자녀는 없다고들 탄식한다. 요양원에 가보면 딸의 부모보다 아들의 부모가 더 많다. 어떤 엄마는 딸이 둘이라 해외여행 실컷 한다고 좋아하고, 어떤 엄마는 아들이 둘이라 이 집 저 집 떠밀려 다닌다고 한탄한다. 또, 딸 하나면 딸네 집 주방을 못 벗어나고, 아들 하나면 요양원에 갈 수밖에 없다고 자조 섞인 말들을 한다. 재산 역시 다 줄 수도, 반만 줄 수도, 안 줄 수도 없다고 한탄한다. 이런 말들이 왜 나왔을까? 그리스도인은 부모 봉양이나 재산 상속의 문제에서 자유로울까? 나는 결혼한 자녀에게 믿음이라는 비전을 물려주지 못해서 이런 문제가 발생한 것이라고 생각한다. 하나님께서는 가정을 통하여 하나님의 복이 대대로 흘러 내려가기를 원하시는데, 그 비전을 물려주지 못한 것이다.

♥분가든 합가든, 믿음의 대를 이어가는 법

젊은 부부가 이룬 새로운 가정이 부모 세대로부터 독립하여 부모를 뛰어넘는 믿음의 명문 가문으로 세워지려면 어떻게 해야 할까? 정서적인 거리는 두되, 그 가문의 비전은 공유하고 나눌 수 있는 지혜로운 선택이 필요하다. 하지만 자녀가 결혼하고 부모를 떠나면 부모가 간섭하고 통제할까 봐 거리를 두는 경우가 많다. 성장 과정에서 지나친 간섭을 경험했다면 더욱 적극적으로 거리를 두려고 할 것이다. 그렇게 해서는 믿음을 물려받을 수 없다.

　많은 부모들은 자녀가 결혼한 후 신앙생활도 일상생활도 제대로 못 할까 봐 걱정한다. 그러나 믿음의 명문 가문을 만드는 것은 부모가 결혼한 자녀의 신앙과 생활을 존중하는 데서 시작된다. 젊은 부부에게 우선 필요한 것은 부모의 관용과 돌봄이다. 젊은 부부가 필요로 하는 부모의 돌봄은 유지하고, 책임져야 할 일은 스스로 책임지게 하는 것이다. 그러나 젊은 부부들은 믿음을 지키며 자녀를 양육하기엔 너무 어려운 시대를 살고 있다. 맞벌이 문제, 자녀양육 문제, 경력 단절의 문제 등 자녀가 당면한 문제는 이전 세대보다 훨씬 심각하고 크다.

공동체를 우선하여 개인의 희생을 당연시하던 시대에서 개인 하나하나의 가치를 인정하고 존중하는 사회로 바뀌면서, 요즘은 그리스도인도 자기 자신을 중요하게 생각한다. 그리스도인이라면 이기심이 아니라 자존감으로 자신을 소중히 여길 줄 알아야 하고, 또 그만큼 개인이 모여 이룬 공동체도 존중할 줄 알아야 한다. 이렇게 훈련된 그리스도인이 믿음의 가정을 이룬다면, 분가(分家)했든 합가(合家)했든 하나님이 주시는 지혜로 슬기롭게 믿음의 교류와 계승이 성취될 것이다.

내 딸은 첫아이가 18개월쯤 되었을 때 둘째를 임신했다. 첫아이의 애착을 걱정한 딸은 나에게 2년만 함께 살자고 합가를 제안했다. 마침 아들까지 결혼시키고 혼자 남은 나로서는 고마운 제안이었다. 물론 그때는 나도 현직에 있었기 때문에, 전업주부인 딸과의 합가라고 해서 전적으로 격대교육(隔代敎育, 할아버지가 손자, 할머니가 손녀를 맡아 잠자리를 함께하면서 하는 교육)을 하는 입장은 아니었다. 우리는 합가를 하기 전에 생길지도 모르는 갈등을 줄이려고 여러 가지 지침을 정했다.

우리나라에 3대가 함께 사는 경우는 전체 인구의 약 3퍼센트 정도 된다고 한다.[84] 이혼이나 사별로 합가를 하기도 하지만, 자녀양육을 걱정하여 합가하는 경우도 많다. 여성의 사회 진출의 증가로 맞벌이 부부가 많아졌기 때문이다. 똑같이 사회생활을 시작해도 여성은 결혼, 임신, 출산 때문에 본인의 의사와 상관없이 경력이 끊기거나 불이익을 당하거나 차별받는 것을 많이 보아왔다. 그것을 막으려고 부모는 자녀양육을 마치고 자녀가 독립했다 싶을 때 손주양육을 다시 시작한다.

나는 첫 손주의 애착에 안정감을 주고 사람에 대한 신뢰를 형성해주는 것을 목적으로 합가를 했기 때문에, 세상의 격대교육과는 조금은 다른 육아 원칙을 세웠다.

첫째, 주양육자인 부모 존중하기[85]

주양육자는 부모이므로 부모의 양육방식을 존중한다. 아무리 경험이 많은 조부모라 해도 부모가 정한 규칙은 함께 지키려고 노력해야 한다. 그래야 부모의 엄격함과 조부모의 느슨한 관용이 균형을 잡을 수 있다. 나는 딸의 가정과 함께 살면서, 양육에 대해 조언해주고 싶어도 부모가 요청하지 않은 충고는 하지 않았고, 손주 앞에서는 부모의 권위를 인정해주었다.

둘째, 부모와 조부모의 관계 설정하기

손주 양육보다 부모와 조부모의 관계 설정이 우선되어야 한다. 그러기 위해서 나와 딸과 사위는 지나칠 만큼 세부적으로 규칙을 정했다. 물리적 거리, 곧 방을 사용하는 문제에서 아이를 돌보는 모든 일들을 예상하며 정한 것이다. 나는 큰손주와 함께 자면서 동생이 생긴 손주의 마음에 할머니와의 애착을 형성해주는 것을 목적으로 했다. 또한 식사 준비와 설거지, 청소, 쓰레기 분리수거 등 집안일에 대한 서운함이 없도록 했다. 그리고 두 가정이 합가하는 것이므로, 적절한 금액을 생활비로 부담하고 사용하기로 했다.

큰손주는 할머니인 내가 데리고 자기로 했고, 둘째 아이가 밤중에 울거나 아플 때 그 아이의 양육을 누가 할지도 정했다. 우리는 합가를 하면서 부모가 주양육자이고, 할머니는 양육자라기보다 교육자의 역할을 하기로 했다. 주양육자에게도 휴식은 필요하므로 할머니가 일주일에 하루 정도는 주양육자가 되어 부모를 쉬게 해주었는데, 반대의 경우도 마찬가지여야 한다. 예를 들면 할머니가 주양육자가 되어 일하는 부모를 돕는 경우에도, 일주일에 한 번 정도는 온전히 손주 양육으로부터 자유로운 시간을 가지게 해주어야 한다.

셋째, 축복의 공동체를 목적으로 삼기

조부모는 손주를 잘 양육해서 하나님의 축복의 공동체를 이루려는 목적을 잊지 않아야 한다. 우리가 정말 물려주고 싶은 유산은 하나님을 잘 믿는 가문에 하나님이 주시는 축복이다. 목사의 가정에서 태어났어도, 소통이 어렵거나 지나치게 통제하는 가정이라면 부모

4부 | 관계의 '기술'로 사이좋은 양육하기

가 원했던 주의 교훈과 훈계를 하기가 어려워질 수도 있다. 부모가 신앙의 모델이 되어야 하는 것처럼, 조부모와 함께 사는 가정은 부모와 조부모가 모두 모델이 되어야 한다. 그래서 아이를 안고 있는 부모가 조부모와 다정하게 대화하고 지내는 것을 보여주는 것이 필요하다. 이때 아이들이 저절로 사람들과 잘 관계 맺는 것을 배운다.

동시에 조부모는, 함께 살고는 있지만 결혼을 통해서 부모가 된 자녀가 자신을 떠났다는 사실을 잊지 말아야 한다. 그래서 조부모와 부모가 서로 존중하고 적절한 거리를 두는 것이 필요하다. 함께 산다고, 가깝다고 해서 아무 말이든 해서는 안 된다. 부모와 조부모 사이에 의사소통이 원활하게 진행된다면 자녀들이 자라면서 의사소통하는 것을 저절로 배운다. 그런 아이들은 자기가 원하는 바를 적절하게 표현할 줄 알고, 울거나 화를 냄으로써 자기 의견을 관철하려 하지 않으며, 다른 사람의 마음을 듣는 법을 배운다.

넷째, 보육시설을 적절하게 사용하기

보육시설을 적절히 사용하는 것에 대해 죄책감을 느끼지 않아도 된다. 등원에 적당한 연령은 아이마다 좀 다르지만, 일반적으로 만 3세까지는 엄마 또는 가족 구성원과 아이가 충분한 애착 관계를 갖는 것이 좋다. 애착을 형성하는 과정에서는 부모든 조부모든 주양육자가 되었을 때 체력과 시간과 에너지를 얼마나 투자할 수 있을지 계산하고 분배해야 한다. 손주 양육은 긴 레이스이다.

다섯째, 편애하지 않기[86]

다른 가족 구성원과의 관계에서 형평성을 세워야 한다. 손주가 한 명 이상일 경우 조부모가 편애하지 않는 것이 가장 중요하다. 조부모는 마음을 표현하거나 대화할 때 주의를 덜 기울이는 경향이 있어서, 무심결에 손주의 마음에 큰 상처를 주기도 한다. 만약 함께 살지 않는 손주가 있다면, 그 손주가 소외감을 느끼지 않도록 하는 것도 중요하다.

여섯째, 부모 격려하기

나는 아들과 딸이 부모로서 자신감을 가지고 손주를 잘 양육할 수 있도록 끊임없이 그들을 격려했다. 부모가 자기 아이를 세상의 다른 아이들과 비교하거나 다른 부모의 조언으로 마음이 흔들릴 때, 조부모는 성경의 가치관으로 부모를 격려하여 안심시켜주고 흔들리지 않게 중심을 잡아주어야 한다.

우리는 큰손주에게 글자를 빨리 가르치지 않았다. 부모가 성경을 읽어주는 것을 목표로 삼았고, 아이는 유치원에 다닐 때도 부모가 읽어주는 성경과 동화책을 듣는 것을 즐겼다. 물론 나도 책을 많이 읽어주었다. 아이들은 부모의 품에서 부모의 냄새를 맡으며, 여러 번 들어서 외우다시피 한 책을 읽어주는 시간을 좋아했다. 이는 한글을 읽지 못해서라기보다, 어쩌면 마지막으로 부모의 품에서 애착을 확인하는 시간인지도 모른다.

반면에 손주의 친구들은 대부분 한글을 읽을 줄 알았고, 스스로 책을 읽었다. 어떤 엄마는 글을 가르치지 않는 내 딸에게 비난하듯이 말하기도 했다. 그 말을 들은 딸은 내게 "엄마, 내가 잘못하는 걸까요?"라고 물었다. 나는 딸을 안심시켰다.

"하나님께서는 우리에게 주의 교훈과 훈계로 양육하라고 하셨어. 이는 우리가 기준으로 삼아야 할 표준은 하나님의 말씀이란 뜻이지, 옆집 엄마가 아니야."

딸 부부는 큰손주가 학교에 들어가기 한 달 전까지는 책을 읽어주었고, 큰손주는 글자를 배우고 싶어졌을 때 자연스럽게 책을 읽으며 글자를 익혔다.

♥ 조부모가 도와주는 격대교육의 유익

격대교육은 현대 가정에 꼭 필요한, 가정 문화 전수를 이루어내는 좋은 교육법이다. 부모들은 주변의 시선에, 문화에, 사회환경에 초조함을 느껴 아이들을 재촉하고 성급하게 실망하지만, 조부모들은 자신들이 부모였을 때와는 비교할 수 없을 만큼 넉넉하게 손주들을 길러낸다. 오바마, 클린턴, 오프라 윈프리, 빌 게이츠 등 많은 유명인들이 여러 가지 이유로 조부모의 손에서 양육되었다고 한다.[87]

이문건의 《양아록》(태학사 1997)이라는 우리나라에서 가장 오래

된 육아 일기도 할아버지가 손자를 키우며 적은 책이다. 그 책에는 이런 말이 있다.

"응당 상세하고 천천히 타일러줘야 할 것이니, 조급하게 윽박지른다고 무슨 이득이 있으랴."

조부모교육은 부모와는 다른 교육 효과를 가지고 온다. 조부모는 부모와 아이 사이의 갈등을 조정해서 안정감을 주기도 한다. 글렌 H. 엘더 주니어(Glen H. Elder. Jr) 교수는 오랜 기간 가족 구성원의 약물 의존도, 결혼, 직업, 삶에 만족하는 정도 등을 추적하는 연구를 했다. 그 결과 조부모와 친한 아이는 사회성도 높다는 결과를 얻었다. 브리검 영 대학교의 제러미 요거슨(Jeremy Yogurson) 교수도 조부모와 친밀도가 높으면 아이들의 친사회적 행동 성향이 높았다는 연구 결과를 내놓았다.[88]

조부모는 손주들에게 신뢰를 보여줌으로써 자존감을 높여줄 수 있다. 손주가 1학년이 되었을 때 처음 받아쓰기에서 60점을 받아온 적이 있었다. 딸이 시험지를 보고 손주에게 "괜찮아. 10개 중 6개나 맞혔네. 다시 해보면 돼. 다음엔 더 잘하면 되지!"라고 말했다. 나는 딸의 입에서 나온 말을 듣고 깜짝 놀랐다. 초등학교 때 경상남도 도 평가에서 일등을 하고는 다시 일등을 못할까 봐 초조해하던 아이였다. 그런 딸이 자신의 딸에게 이런 훌륭한 말을 하다니, 신뢰는 대를 이어 내려가는가 보다! 나는 딸과 사위가 자녀를 믿음의 자녀로 키울 것을 믿었다.

조부모는 손주에게 어떤 동기를 부여하려고 칭찬하는 것이 아니라 노력과 과정을 칭찬해줌으로써 사랑을 표현할 수 있다. 아이의 노력과 끈기를 칭찬할 때 아이는 과정을 소중하게 생각한다. 칭찬할 때도 기술이 필요한데, 비위 맞추듯이 과하게 칭찬하는 것이 아니라 아이도 스스로 납득하고 인정할 수 있는 칭찬을 하는 것이 중요하다. 납득할 수 없는 과도한 칭찬을 하면 아이는 어른의 칭찬을 신뢰하지 않을 수도 있다.

아이들이 조부모를 신뢰하면 조부모는 손주의 멘토가 될 수 있다. 아이들은 오래도록 조부모와의 따뜻한 관계를 기억하며 조부모에게 자신의 좋은 모습을 보여주기 위해 노력한다.

이 책이 나오기 2년 전에 딸의 가정이 미국으로 안식년을 떠났다. 2년 후면 돌아오겠지만, 또 방학 때면 가서 만날 수 있지만, 합가했을 때 데리고 잤던 큰손주는 공항에서 나를 끌어안고 눈이 통통 붓도록 울었다.

"할머니, 방학하자마자 얼른 우리를 또 보러 와야 해요."

나 역시 통통 부은 눈으로 말했다.

"그래, 금방 너희를 또 보러 갈게."

고마웠다. 세상에 어떤 관계가 이보다 더 깊을까? 아무리 주어도 부족하고 모자란 것이 조부모의 손주 사랑이다.

♥믿음의 명문 가문 세우기

하나님께서는 그리스도인 가정이 믿음의 명문 가문을 세워가기를 바라신다.

> 나를 사랑하고 내 계명을 지키는 자에게는 천 대까지 은혜를 베푸느니라
> _신 5:10

누구나 믿음을 지켜서 천 대까지 은혜를 누리는 믿음의 명문 가문이 되고 싶지만, 우리 힘으로는 어렵다. 우리 힘으로는 믿음의 명문 가문은커녕 우리 모습의 이중성 때문에 아이들이 믿음을 떠나는 일이 비일비재하다. 그렇다면 어떻게 해야 할까? 먼저 부모 자신부터 믿음을 회복해야 한다.

> 그에게는 영이 충만하였으나 오직 하나를 만들지 아니하셨느냐 어찌하여 하나만 만드셨느냐 이는 경건한 자손을 얻고자 하심이라 _말 2:15

하나님은 우리 가정을 통하여 무엇을 원하실까? 무엇이든지 하실 수 있는 하나님이 일부러 사람을 창조하시고 가정에 한 남자와 한 여자만이 있도록 만드신 것은 둘이 하나 되어 경건한 자손을 얻고자 하심이다. 이것이 태초에 남자와 여자를 하나씩 지으신 이유

이다. 그러므로 남편과 아내는 하나가 되어 그 가정에서 경건한 자손이 자라게 해야 한다. 이 모든 일을 우리 힘으로는 할 수 없다. 우리는 하나님의 음성을 들어야 한다. 그래서 하나님의 도우심으로 믿음이 가문을 세워가야 한다.

에베소서 5장 15절에서는 부부가 어떻게 살아서 가정을 흠도 티도 없는 주님의 교회로 세우는지, 어떻게 자녀를 키워야 하는지 말씀하시기 전에 먼저 이렇게 말씀한다.

15그런즉 너희가 어떻게 행할지를 자세히 주의하여 지혜 없는 자같이 하지 말고 오직 지혜 있는 자같이 하여 16세월을 아끼라 때가 악하니라 17그러므로 어리석은 자가 되지 말고 오직 주의 뜻이 무엇인가 이해하라 18술 취하지 말라 이는 방탕한 것이니 오직 성령으로 충만함을 받으라 19시와 찬송과 신령한 노래들로 서로 화답하며 너희의 마음으로 주께 노래하며 찬송하며 20범사에 우리 주 예수 그리스도의 이름으로 항상 아버지 하나님께 감사하며 21그리스도를 경외함으로 피차 복종하라 _엡 5:15-21

우리 힘으로는 할 수 없다. 우리 가정에서 주님이 왕이 되셔야만 할 수 있는 일이다. 영적으로 헌신한 가정은 자신의 자원에 의존하지 않고 하나님을 의지함으로써 힘을 얻는다. 가족이 하나가 되는 열쇠는 바로 그리스도이시다. 하나님은 우리를 사랑하시는 분이고 우리가 서로 사랑할 수 있게 해주신다. "오직 나와 내 집은 여호와를 섬기겠노라"(수 24:15)라는 말은 우리 가정의 사명 선언문이 되어야 한다.

하나님은 각 가정의 부모에게 하나님의 약속이 대대로 이어 내려가기를 바라신다.

> 4이스라엘아 들으라 우리 하나님 여호와는 오직 유일한 여호와이시니 5너는 마음을 다하고 뜻을 다하고 힘을 다하여 네 하나님 여호와를 사랑하라 6오늘 내가 네게 명하는 이 말씀을 너는 마음에 새기고 7네 자녀에게 부지런히 가르치며 집에 앉았을 때에든지 길을 갈 때에든지 누워 있을 때에든지 일어날 때에든지 이 말씀을 강론할 것이며 8너는 또 그것을 네 손목에 매어 기호를 삼으며 네 미간에 붙여 표로 삼고 9또 네 집 문설주와 바깥 문에 기록할지니라
> _신 6:4-9

하나님은 부모인 우리에게 먼저 마음을 다하고 뜻을 다하고 힘을 다하여 하나님을 사랑하고 자녀에게 부지런히 하나님의 말씀을 가르치라고 하셨다. 지금 당신의 삶이, 신앙이 다음 세대로 이어지고 있는가? 하나님의 말씀으로 살아낸 당신의 삶의 이야기가 자녀에게 흘러 내려가고 있는가? 가나안 땅으로 들어간 이스라엘 백성은 한두 세대 만에 다음 세대가 아니라 다른 세대가 되었다. 가나안 땅에 들어가기 전에 모세가 신신당부했던 염려가 현실이 되고 말았다.[89] 오늘도 다르지 않다. 다음 세대가 사라져간다. 다른 세대, 신앙

없는 세대가 되고 있다.

> 그 세대의 사람도 다 그 조상들에게로 돌아갔고 그 후에 일어난 다른 세대는
> 여호와를 알지 못하며 여호와께서 이스라엘을 위하여 행하신 일도 알지 못하
> 였더라 _삿 2:10

신앙의 이야기가 끊어지면 역사가 어두워지고 기가 막힌 일이 일
어난다. 만약 하나님께서 신앙으로 광야를 살았던 부모에게 자녀
세대가 왜 하나님을 떠났냐며 책임을 물으신다면 우리는 뭐라고 답
할 수 있을까?

성경에도 신앙의 대가 끊긴 이야기가 많이 나온다. 이스라엘 백
성을 위해 자신의 목숨까지 내려놓고 살려달라고 간구했던 모세의
기도, 나와 내 가족은 여호와만 섬기겠다고 고백했던 여호수아, 범
죄한 이스라엘 백성의 죄악으로 인해 신음하며 다음 세대 이스라
엘을 위해 눈물로 간구했던 예레미야의 기도도 있었다. 그러나 그
들의 기도도 신앙을 다음 세대에 계승시키는 일에서 완벽한 성공을
거두지는 못했다.

하나님께서는 먼저 부모 세대를 불러 회복시킨 뒤, 그들로 하여
금 다음 세대에 신앙을 전수하는 주역으로 세우셨다. 백성이 각자
소견에 옳은 대로 살아가던 사사 시대에 삼손을 세우실 때에도(삿
13:8), 엘리 제사장 말년에 사무엘을 세우실 때에도(삼상 1:9-18), 하

나님은 부모 세대의 믿음을 먼저 회복시키시고 그들을 통하여 다음 세대를 세우셨다.

> 마노아가 여호와께 기도하여 이르되 주여 구하옵나니 주께서 보내셨던 하나님의 사람을 우리에게 다시 오게 하사 우리가 그 낳을 아이에게 어떻게 행할지를 우리에게 가르치게 하소서 하니 _삿 13:8

♥그럼에도 자녀들이 교회를 떠나는 이유

켄 햄(Ken Ham), 브리트 비머(Britt Beemer), 토드 힐라드(Todd Hillard)가 공동 연구한 책《Already Gone: Why your kids will quit church and what you do to stop it》(가버린 그들: 자녀들은 왜 교회를 떠나는가, 막을 방법은 무엇인가?)에서, 미국에 사는 20대 젊은 이들 중 19퍼센트는 한 번도 교회에 가본 적이 없고, 고등학교 때 신앙생활을 열심히 했던 20퍼센트만이 졸업 후에도 신앙생활을 한다고 했다.[90] 그리고 교회에 다녔던 61퍼센트는 고교 졸업 후엔 교회에 나가지 않는다고 했다. 그 이유로 기성세대가 말씀대로 실천하는 신앙과 삶을 보여주지 못하고 신앙 교육이 제대로 이루어지지 않았다는 것을 말하면서, 이 일에 첫 번째 책임을 감당해야 할 사람이 바로 부모라고 지적하고 있다. 교회의 신앙 교육은 분명히 한계

4부 | 관계의 '기술'로 사이좋은 양육하기

가 있다. 일주일에 단 한 시간의 교육으로는 세상의 교육을 막아낼
방법이 없다.

신형섭은《자녀 마음에 하나님을 새기라》라는 책에서, 믿음의 부
모 세대를 세워서 신앙의 다음 세대를 강력하게 세워가신 하나님의
방법은 성경 기록으로부터 초대교회 교부들의 문헌, 종교개혁자들
의 서신, 청교도 시대와 대부흥 운동의 역사, 그리고 한국 선교 초기
의 자료들에서 지속적으로 발견된다고 했다.[91]

출생률이 낮아지고 인구가 줄어들고 있는 한국 사회의 문제와 맞
물려 다음 세대가 사라지고 있다. 사회 문제와 더불어 신앙 전수 실
패라는 문제까지 더해져 교회에서는 주일학교 수가 급감하였다. 신
앙으로 사는 삶을 물려줄 믿음의 다음 세대가 없어진다는 말이다.
신앙 전수의 역사가 끊어지면 역사가 비참해진다. 이것은 기독교
역사와 성경 곳곳에서 쉽게 찾아볼 수 있다. 이 절박한 과제를 해결
하려면 어떻게 해야 할까?

이런 현실을 맞닥뜨릴 때마다 우리는 스스로에게 물어야 한다.
나의 신앙이, 우리의 믿음이 자녀들에게 전달되고 있는가? 우리에
게는 전수해줄 만한 믿음의 이야기가 있는가? 날마다 말씀으로 승
리한 이야기가 있는가? 부모 자신이 하나님을 만난 이야기가 자녀
들에게 전달되어야 한다.

♥부모보다 하나님을 더 신뢰하게 하라

아비들아 너희 자녀를 노엽게 하지 말고 오직 주의 교훈과 훈계로 양육하라

_엡 6:4

부모의 교훈과 훈계로 키우려면 아이들을 노엽게 만들게 된다. 옆집 엄마에게 자극받은 엄마의 교훈과 훈계로 키우면 안 된다. 부모가 하나님을 어떻게 고백하고, 고백된 하나님이 부모를 어떻게 구원하는지를 아이들이 보게 해야 한다는 말이다.

나는 여전히 죄성 많고 믿음이 부족한 사람이며, 부족하고 부끄러운 일이 한두 가지가 아니다. 사실 그렇지 않은 사람은 없다. 그러나 걱정하지 않는 것은, 예수를 주로 고백하는 사람이라면 그가 이기는 것은 정해져 있기 때문이다. 결국 우리는 승리한다. 하나님이 그렇게 하신다. 이 사실을 우리가 알아야 하고, 우리 자녀들도 깨달아야 한다.

부모로서 우리가 실수했다면 어떻게 실수를 했는지, 또 그것을 어떻게 극복했는지 아이들도 알아야 한다. 왜냐하면 아이들도 앞으로 실수할 것이고, 그때마다 하나님의 도우심이 필요하기 때문이다. 그럴 때 낙심하거나 넘어지지 않고 다시 일어서는 것을 우리의 삶으로 자녀에게 보여주는 것이 바로 신앙의 계승이다. 이런 맥락에서 하나님은 우리의 약점도 사용하시는 분이다. 언제 어떤 일에

서든 최종 승리는 하나님의 것이고, 하나님과 한편인 우리 역시 승리할 수밖에 없다는 믿음의 유산을 남겨야 한다.

아들이 30년 동안 기도한 그 길에 순종하여 유학을 떠난 지 4년이 넘었다. 평생 목회자로 살았던 어미가 보여준 모습이 나쁘지 않았는지, 어느 날 아들이 신학교에 진학하겠다고 했다. 그동안 간절하게 기도해왔지만, 그것 역시 하나의 통제 혹은 부담이 될까 봐 입 밖으로 내지 못했다. 내가 그렇게 기다리는 동안 교회의 영향도 있었고(아프간 피랍 사건) 그동안 받은 훈련('이방의 빛'을 포함한 선교 훈련 등)도 있었지만, 어느 날 외적인 부르심 속에서 내적 부르심을 확신하고는 결심을 했다.

그 일이 있고 난 뒤, 딸 역시 우리 가정을 부르신 하나님의 소망을 따라 살고 싶다고 목회자와 결혼했다. 어리둥절했지만 가슴이 뻐근한 감격이 있었다. 아들은 공부가 깊어갈수록 내가 전공한 학문을 더 심도 있게 확장하는 공부를 하고 있다. 나는 지금도 두 자녀를 보며 "하나님, 우리 가정을 향하신 하나님의 소원은 무엇입니까?" 하고 날마다 주님께 질문하고 있다.

자녀들이 하나님의 길을 걸어가기로 했지만, 그 길이 쉽게 풀리지는 않았다. 아들이 석사 학위를 마치고 박사 과정에 진학한 후에는 경제적으로 점점 더 힘들어졌다. 아들과 며느리가 다음 세대를 위해 기독교교육을 공부하고 있지만, 결혼한 지 7년이 넘도록 하나님이 자녀를 주시지도 않았다. 경제적으로 너무 힘들어 교회나 학교의 구호물자로 먹고사는 모습을 보니 엄마로서 마음이 조급해졌다. 그러나 하나님을 신뢰했다.

"하나님! 하나님보다 돈을 더 무서워하고 살았던 저였습니다. 그러나 그 돈이 아이를 키워주는 것이 아니었습니다. 하나님이 아이들을 키워주셨습니다."

이내 하나님께서 마음 가운데 '네 새끼 아니고 내 새끼다!' 하는 음성을 주셨다. 아들 역시 하나님의 자녀이다. 나는 평생 나의 아버지가 되어주신 하나님이 아들의 아버지도 되어주신다는 신뢰를 매일 배워가고 있다. 어떤 해결 방법도 보이지 않는 가운데, 하나님께서 자녀에 대해서도 나의 힘을 믿지 않고 하나님을 믿게 하셨다.

"하나님, 아들이 다음 세대를 위해 공부하고 있는데, 정작 아들의 가정에는 자녀가 없어요!"

기다리다가 실망하고 기대가 무너지곤 하지만, 다시 하나님의 약속을 떠올렸다. 부모인 내가 하나님을 더 신뢰하는 것을 보여줄 수밖에 없었다.

결혼하고 8년이 지났을 때, 하나님은 아들의 가정에 자녀를 주셨다. 그리고 공부를 계속 해나갈 수 있도록 사역지도 주셨다. 정말 하나님은 우리의 기도 이상으로 기적같이 응답하신다.

부모보다 하나님을 더 신뢰하는 것이 내가 우리 아이들에게 끝까지 물려주고 싶은 믿음의 유산이다. 하나님이 자녀의 아버지이심을 삶 가운데 고백할 수 있도록 돕는 것이 내가 마지막까지 할 일이다.

♥부모의 신앙 이야기가 유산이 될 수 있다면

이제 나의 소명은 결혼한 자녀와의 관계에서, 하나님께서 결혼을 통해 자녀의 인생 가운데 주신 새로운 비전을 발견하고 순종하며 나아가도록 돕는 길이라고 감히 고백한다. 그리고 주님의 비전이라는 이야기를 통해 부모로부터 신앙을 물려받아 믿음의 가문을 이루는 것이라고 감히 단언하고 싶다. 상담에서는 이것을 '이야기 치료'라고 한다. 자기 삶의 이야기를 어떻게 선택적으로 기억하여 하나님의 관점으로 재해석하고 재명명할 것인가? 그것을 통해 나에게 말씀하시는 소명은 무엇일까? 나의 대를 뛰어넘어 전해지는 삶과 신앙을 우리 모두가 저마다의 이야기로 고백했으면 좋겠다.

2013년 12월 손주가 제 힘으로 첫발을 떼었다. 이제 그 발로 하나님이 가게 하신 길을 가게 될 터였다. 어떤 족적을 남기며 살도록 도울 것인지 기념하며 기도해주던 날이었다. 그즈음 독일의 앙겔라 메르켈 총리가 3선에 성공했다는 뉴스를 보았다. 메르켈은 동독 출신이다.

2차 세계대전 후 동독과 서독이 갈라지고 베를린 장벽(Antifaschischer Schutzwall)이 완전히 세워지기 7년 전에 루터교회 목사였던 그의 아버지는 동독으로 발령받았다. 많은 사람이 동독에서 서독으로 넘어오던 그때, 메르켈은 아버지 품에 안겨 동독으로 이주했다. 그들은 공산주의자가 아니었기에 동독의 정치 상황 때문에 어려움을 겪었을 것이다. 메르켈은 독일사회주의통일당의 입당 요구를 거절했고, 다른 이들을 감시해 보고하라는 슈타지(국가보안국)의 협력 요구도 거절했다. 그것을 계기로 통일 후 동독 출신이지만 통일 독일의 정계에 입문하였다.

메르켈 총리의 아버지는 정치적으로 또 환경적으로 어려웠지만, 태어난 지 6주밖에 안 된 아기를 안고 조국 독일의 다음 세대를 섬기기 위해 동독으로 넘어가 고생을 자처한 목사라고 알려지고 있다. 메르켈은 부모의 가르침으로 포용과 섬김의 리더십을 가진 엄마 같은 총리가 되어 독일을 부흥시켰다. 그런 사람들이 있었기에 동독과 서독이 통일되었을 것이라고 조심스럽게 유추해 본다. 메르켈은 2021년에 16년의 장기 집권을 마치고 자연인으로 돌아갔다. 메르켈의 부모님과 메르켈은 놀라운 이야기를 만들었다.

하나님의 비전을 대를 이어 내려오는 가문으로 세운다는 것은 무엇인가? 대단한 성취나 성공을 뛰어넘어 내 삶 가운데 주님의 이야기를 만들어내는 것이 아닐까? 나는 자녀에게 그리고 또 그 자녀에게 어떤 이야기를 물려주고 있는가? 이것이 하나님이 우리 가문을 통해 이루시고자 하는 비전이 아닐까 조심스레 예상해본다.

코로나19 사태로 갑자기 어머니를 모시게 되었다. 아버지가 소천하시고 92세에 갑자기 홀로되신 어머니는 우울증과 초기 치매로 어쩔 줄 몰라 하셨다. 아프고 외로워서 어서 천국에 가고 싶다고 매일 우셨다. 하지만 아무리 나이가 많다고 해도, 죽고 싶다는 대로 내버려 둬도 괜찮은 인생은 없다. 어머니가 원한다고 해도 그렇게 취급받아서는 안 된다는 생각이 들었다. 그래서 호기롭게 어머니를 요양원에서 내 집으로 모시고 왔는데, 막상 어머니와 24시간 함께 있는 시간은 쉽지 않았다. 전적으로 나에게 매달려 있는 어머니의 존재가 처음에는 정말 무거웠다. 어머니가 자신이 짐이 되어 미안하다고 말하는 것도 싫었고, 사람들을 원망하는 것도 싫었다. 어머니는 단 한 순간도 혼자 계시지 못했다.

내게는 어린 시절에 어머니가 정말 필요한 시간들이 있었다. 그러나 그때 어머니는 너무 많이 아팠고 바빴다. 나는 엄마에게 인정받고 사랑받기 위해 어머니가 원하는 대로, 어머니가 필요없는 아이처럼 모든 일을 혼자서 알아서 해야 했다. 혼자 놀았던 기억, 늘 외로웠다는 기억이 떠오른다. 그러나 그것보다 더 힘들었던 것은 중학교에 들어가자마자 어머니의 통제가 시작된 것이다. 어머니는 불안해하며 매사에 간섭하셨다. 어린 시절 어머니가 필요할 때는 혼자서 견뎌야 했는데, 오히려 스스로 세상을 대하고 결정해야 하는 때부터는 사사건건 어머니가 간섭하였다. 나중에는 학교, 전공, 귀가 시간, 그 어떤 것도 내가 결정할 수 없었다. 그래서 집을 빨리 탈출하고 싶었다. 어른으로 대해주지 않는 부모에게서 벗어나고 싶었다.

아흔이 넘어서도 어머니는 나를 위해 뭔가를 해주려고 자꾸 말씀하곤 하셨다. 아니, 지시하고 통제하셨다. 나는 왜 이렇게 어머니의 말이 힘이 들까? 어렸을 때 좀 해주시지, 이제는 필요도 없는데 왜 이렇게 간섭이 많을까? 어머니와 살기 시작한 초기에는 어머니의 태도 때문에 화가 나고 힘이 들어 어쩔 줄 몰랐다. 내 나이가 환갑을 넘겼고 어머니는 아흔이 넘었는데도, 어머니를 싫어하는 게 아닌데도 사랑하기는 벅찼다.

그러던 어느 날, 내가 어머니처럼 나이가 들고 딸과 아들이 내 나이가 되어 나이 든 나를 볼 때 어떤 마음일까를 생각하기 시작했다. 나는 자녀에게 귀찮거나 불편하고 부담스러운 존재가 되고 싶지 않았다. 하나님께서는 고집스럽게 간섭하고 통제하던 부모, 그러나 지금은 연약하고 병들고 능력 없는 부모를 공경하고 순종하는 것은 하나님의 약속을 건 보증수표라고 하신다.

2네 아버지와 어머니를 공경하라 이것은 약속이 있는 첫 계명이니 3이로써 네가 잘되고 땅에서 장수하리라 _엡 6:2-3

나는 딸과 사위에게 존경받고 싶다. 며느리와 아들에게 사랑받고 싶다. 그렇게 생각하고 나서 시시때때로 선을 넘는 어머니를 다시 바라보기 시작했다. 이제 부모와의 관계에서 자녀인 내가 해결의 열쇠를 쥐고 있다. 어머니는 매일매일 약해지고 스러지고 계셨지만, 나는 매일 최선을 다해 그런 어머니를 사랑하려고 의지적으로 결단하였다. 그런 결단 덕분에 어머니의 마지막 시간들을 돌보면서 나는 더 따뜻해지고 친절해질 수 있었고, 더 적절한 거리를 두는 어른이 되어간 것 같다. 왜냐하면 이 가정은 하나님께서 주인 되신 가정이고, 하나님의 비전을 이루어드려야 할 사명이 있는 가정이기 때문이다.

> 나를 사랑하고 내 계명을 지키는 자에게는 천 대까지 은혜를 베푸느니라
>
> _신 5:10

아멘!

(이 책이 마무리되고 있던 2022년 1월 20일 새벽 2시 40분, 그 전날 오후 3시부터 호흡이 불안정해지셨던 어머니는 세상의 모든 수고를 다 벗고 하나님 품에 안기셨다. 그동안 딸과 사시면서 딸을 위해 기도해주셨던 것을 잊지 않고, 견실하고 흔들리지 말며 선한 일에 더욱 힘쓰는 사람으로 살다가 어머니를 따라가리라 다짐한다. 그 선한 일 중에 가장 중한 일은, 내가 딸과 사위, 아들과 며느리에게 어머니로서, 내 손주들에게는 할머니로서 사랑을 베풀며 살아가는 일일 것이다.)

글을 마치고 뒤돌아보니, 지금까지 걸어온 길은 하나님이 아니었다면 도저히 갈 수 없는 길이었다. 두려웠고 무서웠지만, 피할 수 없어서 꾸역꾸역 걸어왔다.

남편이 황망하게 떠나고 아이들과 덩그러니 남겨졌을 때 가장 두려웠던 것은 아이들과 어떻게 먹고살아야 하나, 곧 생존에 대한 것이었다. '국가유공자 미망인'이라는 이름 덕에 취업은 했지만, 그곳은 소돔과 고모라 같았고, 하루하루 힘들게 버텨야 했다. 그마저 5년도 못 되어 민영화라는 이름으로 퇴직을 권고받았다. 내 욕심으로 양육하는 동안 작은아이는 눈이 잘 보이지 않는다고 했고, 큰아이는 친구들과 어울리지 못해 힘들어했다. 최선을 다했던 교회의 사역도 행복하지 않았다. 총체적으로 다 무너졌다. 그런 중에도 하나님께서는 나에게 예수님의 말씀으로 살아보라고 하셨다.

사람이 떡으로만 살 것이 아니요 하나님의 입으로부터 나오는 모든 말씀으로
살 것이라 _마 4:4

아이 둘을 데리고 혼자 살아남아야 했던 그 문제가 이제는 나의
전문 분야가 되었다. 순전히 하나님이 하신 일이다. 자녀양육은 결
국 방법의 문제가 아니었다. 하나님과의 관계 안에 해결점이 있었
고, 자녀의 미래도 그 안에 있다. 그런데 많은 부모가 과거의 나처럼
자녀를 '세상의 일등'이라는 제단에서 불사르는 우상숭배를 하고
있다.

또 자기 자녀를 불 가운데로 지나가게 하며 복술과 사술을 행하고 스스로 팔
려 여호와 보시기에 악을 행하여 그를 격노하게 하였으므로 _왕하 17:17

나의 자녀들을 죽여 우상에게 넘겨 불 가운데로 지나가게 하였느냐 _겔 16:21

자녀의 미래를 우상의 손에 맡기는 부모가 많다. 학벌 우상, 성공
우상 앞에 아이를 바치고 있다. 나 역시 하나님과 나와의 관계를 먼
저 새롭게 세우지 않았을 때는 내 아이들을 그 제단에 바치고 있었
다. 아이들은 나에게 너무도 중요한 존재이며, 아이들의 모습이 바
로 나 자신의 모습이라고 여겼다. 세상에서 성공하는 것이 우선이
었고, 높은 성적이 최우선 순위였다. 그것이 그 당시 나의 우상이었

다. 그렇다고 하나님을 버린 것도 아니었다. 나는 하나님도 섬기고 자녀도 섬기고 성공도 섬기는 실패한 그리스도인이었다. 자녀들을 사랑해도 하나님의 관점으로 사랑하지 않으면 결국 이렇게 되고 만 다는 것을 나중에야 알았다.

　자녀교육을 고민하고 하나님 말씀을 생각하다가, 신학을 공부할 수 있는 길이 열려 진학하였다. 목회자나 교수처럼 무엇이 되겠다 는 목표를 가지고 시작한 것이 아니라 자녀를 성공의 우상에게 바 치는, 즉 나 같은 부모들을 만나고 싶어서 공부하였다. 자식을 키우 기 위해 공부하고, 교회에서 일하며 견디는 힘을 키우는 동안 아이 들뿐 아니라 부모인 내가 자라고 있었다. 교회 상담실에서 수많은 부모를 만났고, 부부를 만나고 교육을 하며, 이전에 내가 했던 실수 를 하지 않도록 도울 수 있었다. 모교에서는 20년 동안 사역자로서 살았던 경험을 후배들과 나누었고, 30년 이상 혼자서 부모가 되기 위해 애썼던 경험을 가지고 부모들을 섬겼다. 어느덧 내 이름은 '학 생들의 엄마'가 되었다. 더는 억울하지 않았다. 외롭지 않았다. 하나 님께서 일하고 계셨다.

　특별히 아프간 피랍 사건은 나에게 큰 전환점이 되었다. 사건이 종결된 후, 나는 이전의 내가 아니었다. 아이들이 공부를 제법 잘해 서 기쁜 마음이 들어도 일등을 바라던 엄마는 더는 어디에도 없었 다. 아프간 사건을 겪으면서 아들은 신대원에 진학했고, 나는 그렇 게도 원하던 박사가 되었다.

안식년으로 교회를 떠나 있을 때 아들이 신학교에 진학하겠다고 했다. 온몸에 소름이 돋으면서 가슴이 떨려왔다. 17년 전 신학교에 진학하면서, "오빠들이 다들 목사가 되었는데 왜 나까지 신학교로 부르시느냐"고 하나님께 질문했었다. 그때 하나님이 마음 가운데 심어주셨던 말씀이 있다.

너희는 주의 길을 준비하라 그가 오실 길을 곧게 하라 하였느니라 _마 3:3

신학교에 다니면서 나를 선대해준 동기생 동생들을 보며, 나는 혹시 이들이 하나님이 나에게 오실 길을 곧게 하라고 하신 그 주인공인가 생각하고 하나님께 질문하곤 했다. 그런데 하나님은 아들의 길도 준비하고 계셨다. "엄마가 평생 걸어온 길이 최선이라고 생각하고, 나도 이제 그 길을 걷겠다"라는 아들의 말에 감격했다. 아들의 길을 축복했다. 나는 이제 더 이상 자식들 다 키워놓고 죽어버릴 것이라고 울부짖는 엄마가 아니었다.

24나의 말이 나의 하나님이여 나의 중년에 나를 데려가지 마옵소서 주의 연대는 대대에 무궁하니이다 25주께서 옛적에 땅의 기초를 놓으셨사오며 하늘도 주의 손으로 지으신 바니이다 26천지는 없어지려니와 주는 영존하시겠고 그것들은 다 옷같이 낡으리니 의복같이 바꾸시면 바뀌려니와 27주는 한결같으시고 주의 연대는 무궁하리이다 28주의 종들의 자손은 항상 안전히 거주하

아들이 신학교에 진학한 후, 결혼할 생각이 없다던 딸은 이제 어떤 사람과 결혼해야 할지 알겠다고 했다. 아마도 딸은 그동안 엄마를 혼자 두고 결혼하는 게 마음이 쓰였나 보다. 나는 딸에게 미안해하지 말라고, 고맙다고, 떠나가라고 말해주면서 진정으로 원하는 것을 부탁했다.

"하나님의 말씀이 살아서 역사하는 현장이 바로 가정이란다. 나와 다른 사람인 남편과 맞추어 하나님 앞에서 살다가, 어느 날 자녀를 낳고는 그 아이를 위해 너 자신을 바쳐도 아깝지 않다고 느끼게 될 때, 하나님이 너를 얼마나 사랑하시는지를 깨닫게 될 거야. 엄마도 너를 그렇게 키웠어."

선을 본 후 딸아이는 좋은 사람을 만나 결혼을 했다. 그동안 고마웠다고 하며 엄마를 훌훌 떠나갔다. 딸은 혼자가 된 엄마를 돌보려고 하지 않았고, 그 책임감 때문에 엄마 곁에 붙어 있으려고 하지도 않았다. 하나님께서는 어려서 아빠를 잃은 딸의 아픔을 아시고, 자녀를 키우며 하나님의 사랑을 회복하도록 풀타임 엄마가 되게 하셨다.

딸이 결혼하자마자, 아들이 기다렸다는 듯 학교에서 6년간 사귄 며느릿감을 데리고 왔다. 나는 의도적으로 내 귀에 확성기를 대고 이렇게 외쳤다. 며느릿감에게도 같은 말을 해주면서….

"나는 30년 동안 이 아들 덕분에 충분히 행복했다. 이제 너 다 가져라!"

나처럼 혼자서 아들을 키운 시어머니는 자녀를 떠나보내는 영역에 있어서 결코 안전하지 않다. 나는 끊임없이 자녀보다 하나님을 더 신뢰하기로 결정했다.

> 당신들이 나를 이곳에 팔았다고 해서 근심하지 마소서 한탄하지 마소서 하나님이 생명을 구원하시려고 나를 당신들보다 먼저 보내셨나이다 _창 45:5

> 7하나님이 큰 구원으로 당신들의 생명을 보존하고 당신들의 후손을 세상에 두시려고 나를 당신들보다 먼저 보내셨나니 8그런즉 나를 이리로 보낸 이는 당신들이 아니요 하나님이시라 하나님이 나를 바로에게 아버지로 삼으시고 그 온 집의 주로 삼으시며 애굽 온 땅의 통치자로 삼으셨나이다 _창 45:7-8

인생을 하나님의 관점으로 해석하기 시작하면 그 삶이 회복되기 시작한다. 요셉이 자신의 인생을 원망이나 분노가 아니라 하나님의 관점으로 해석했듯이, 나 역시 이제 내 인생을 하나님의 관점으로 해석하기 시작했다. 무슨 뜻이 있겠지, 하나님의 무슨 이유가 있겠지!

이 세상을 살아가는 것은, 아무리 힘들고 환경이 어렵다고 해도 먹고사는 게 다가 아니다. 거기서 그치면 안 된다.

한 세대 전만 하더라도 아이 키우는 문제는 먹이는 문제였다. 이스라엘 백성들의 문제도 결국 먹고사는 문제였다. 그들은 광야에서 먹고사는 문제로 끊임없이 하나님을 원망했고, 하나님은 그들이 먹고사는 문제로부터 벗어나기를 바라셨다. 하지만 광야 생활 내내 이스라엘 백성들은 먹고사는 것을 불평했다. 40년을 광야에서 헤매며 이스라엘 백성이 결국 실패한 것은 하나님의 양식을 먹지 못하고 세상의 양식을 먹었기 때문이다. 그러나 이스라엘 백성의 실패를 예수님께서는 "사람이 떡으로만 살 것이 아니요 하나님의 입으로부터 나오는 모든 말씀으로 살 것이라 하였느니라"(마 4:4)는 말씀으로 이기셨다.

오늘날 우리는 과거보다 매우 잘살게 되었지만 먹고사는 문제로부터 자유로운 사람은 아무도 없다. 주님은 우리에게 '사람이 떡으로만 살 것이 아니다'라고 하시는데, 우리는 여전히 먹고사는 문제에 매여 있다.

사실 자녀양육에 대한 고민 중 첫 번째가 먹는 문제이다. 가난한 사람은 가난한 대로 무엇을 먹여서 키울까 염려하고, 넉넉한 사람은 더 좋은 것을 먹여서 키우려고 고민한다.

이렇듯 우리에게는 먹고사는 것이 중요하다. 그런데 먹고사는 문제는 우리 육신에만 있는 것이 아니다. 하나님께서는 우리 영혼이 육신 이상으로 풍성히 먹기를 바라시고, 육신이 먹고사는 문제를 고민하는 것 이상으로 영혼의 기갈을 고민하고 아파하여 양식 찾기를 바라신다.

우리 영혼의 양식은 하나님 말씀이다. 그리고 내가 먹고사는 데서 끝나는 것이 아니라 우리 자녀도 하나님 말씀을 먹여 영혼이 풍성해지도록 해야 한다.

모세오경을 총정리한 책인 신명기에는 가나안에 들어가서 살아갈 이스라엘 백성들에게 주시는 삶의 원칙이 기록되어 있다.

[1]내가 오늘 명하는 모든 명령을 너희는 지켜 행하라 그리하면 너희가 살고 번성하고 여호와께서 너희의 조상들에게 맹세하신 땅에 들어가서 그것을 차지하리라 [2]네 하나님 여호와께서 이 사십 년 동안에 네게 광야 길을 걷게 하신 것을 기억하라 이는 너를 낮추시며 너를 시험하사 네 마음이 어떠한지 그 명령을 지키는지 지키지 않는지 알려 하심이라 [3]너를 낮추시며 너를 주리게 하시며 또 너도 알지 못하며 네 조상들도 알지 못하던 만나를 네게 먹이신 것은 사람이 떡으로만 사는 것이 아니요 여호와의 입에서 나오는 모든 말씀으로 사는 줄을 네가 알게 하려 하심이니라 _신 8:1-3

2절에서 '네 하나님 여호와께서 이 40년 동안에 네게 광야 길을 걷게 하신 것을 기억하라'라고 하신 것은, 하나님께 우리가 기억하기를 바라는 것이 있으셨기 때문이다. 기나긴 광야 생활에도 하나님이 함께하시며 무엇을 보여주셨는지를 기억하고, 광야 가운데에서 함께하신 하나님이 앞으로도 함께하실 것임을 절대 잊지 말라는 말씀이다.

내 삶은 광야 같았지만, 그 안에 하나님이 함께하실 때 더는 광야가 아니었다. 광야를 지나가면서 고비마다 하나님께서는 반석에서 물을 내시고 만나를 내려주시며 오아시스를 만나게 하셨다. 오직 하나님을 붙잡고 하나님 말씀만 의지할 때, 광야는 축복의 장소가 되었다.

> 내가 오늘 명하는 모든 명령을 너희는 지켜 행하라 그리하면 너희가 살고 번성하고 여호와께서 너희의 조상들에게 맹세하신 땅에 들어가서 그것을 차지하리라 _신 8:1

하나님의 말씀을 지켜 행하면 우리가 살고 번성한다. 번성한다는 것은 하나님의 생명력이 우리 속에서 자녀에게로 흘러가 넘친다는 뜻이다. 모세가 유언 같은 신명기를 쓰면서 다음 세대가 가나안에 들어가서 혹시 하나님 말씀을 잊어버릴까 걱정하였고, 모세의 뒤를 이은 여호수아 역시 가나안 정복을 하면서, 이스라엘 백성에게 그 땅에 정착할 때 절대로 하나님을 잊지 말라고 말했다. 그러나 안타깝게도 그들의 바람은 사라지고 하나님의 말씀은 잊혔다. 지금도 이스라엘 백성의 역사가 되풀이된다. 또한 하나님의 약속의 말씀도 되풀이된다.

하나님은 우리의 후손들을 통해 하나님의 의와 구원이 다음 세대까지 영원히 이어지기를 간절히 바라고 계신다. 이스라엘 백성에게 하신 말씀은 나에게 하신 말씀이다. 내가 하나님의 말씀을 따라 살고, 내 자녀도 약속의 자녀로서 하나님 말씀을 품고 살아가기를 바라신다. 더 나아가 당신과 당신의 자녀가, 그리스도인과 그 자녀가, 이 세상의 모든 부모와 자녀가 하나님 말씀 안에 거하기를 바라신다. 이것은 나의 소망이기도 하다.

하나님과 틀어진 관계를 바로잡을 때, 우리는 하나님께서 보장하고 보증하시는 삶을 살아갈 수 있다. 이제는 먹고살 것이 두렵지 않다. 하나님이 우리에게 아버지가 되어주셨다. 하나님은 내가 자녀들에게 좋은 엄마가 되려고 애쓴 것과 비교할 수 없이 좋은 아버지시다.

¹여호와는 나의 목자시니 내게 부족함이 없으리로다 ²그가 나를 푸른 풀밭에 누이시며 쉴 만한 물 가로 인도하시는도다 ³내 영혼을 소생시키고 자기 이름을 위하여 의의 길로 인도하시는도다 ⁴내가 사망의 음침한 골짜기로 다닐지라도 해를 두려워하지 않을 것은 주께서 나와 함께 하심이라 주의 지팡이와 막대기가 나를 안위하시나이다 ⁵주께서 내 원수의 목전에서 내게 상을 차려 주시고 기름을 내 머리에 부으셨으니 내 잔이 넘치나이다 ⁶내 평생에 선하심과 인자하심이 반드시 나를 따르리니 내가 여호와의 집에 영원히 살리로다
_시 23:1-6

자녀의 품성을 길러주는 하브르타 가정예배 훈련

하나님의 품성이 아이들의 행동과 말에서 흘러나오도록 하려면 가정예배가 습관이 되게 하는 것 말고는 다른 방법이 없다. 부모도 완벽하지 못하다. 오직 하나님이 그 가정의 주인이 되셔야 자녀들을 믿음으로 키울 수 있다.

가정은 대화를 통한 공감과 소통이 가장 중요한 공동체이다. 또한 학령기는 좋은 신앙 습관이 삶으로 훈련되는 중요한 시기이다.

전성수는 유대인이 가정의 역할을 다하기 위해 하브루타를 생활화한 것처럼 기독교 가정에서 가장 필요한 것도 가족 하브루타라면서, 하브루타 방식으로 가정예배를 드린다면 가정예배가 더는 경직되거나 일방적인 것이 아니라 자녀들과 소통하고 공감하는 예배가될 것이라고 했다.[92]

하브루타가 무엇일까?

하브루타는 짝을 지어 질문하고 대화하고 토론하고 논쟁하는 것, 즉 함께 이야기를 나누는 것을 의미한다.[93] 대화의 상대와 함께 진지하게 이야기를 나누는 것이다. 이야기 중에 질문과 토론과 논쟁이 일어나면서 지식을 배우게 되며, 창의적인 생각도 만들어진다. 또한 하브루타는 인성을 바르게 하는 교육 방법이기도 하다.[94] 토론 과정에서 자기 의견과 다를지라도 상대의 생각에 관심을 기울이고 존중하며 배려하는 습관을 들이면서, 인성 교육의 효과까지 자연스럽게 따라온다. 유대인은 하브루타를 통해 부모와 자녀의 신앙을 지켜오며 하나님의 명령대로 신앙을 전수해왔다. 그들은 오직 한 분인 하나님을 사랑하는 것을 지상 최고의 목적으로 생각한다.

하브루타와 가정예배의 모델

가족 하브루타 예배의 모델은 유대인의 안식일 식탁이다. 유대인의 안식일 식탁은 기부금(쩨다카) 모으기, 촛불 켜기, 자녀 축복 안수기도, 찬양, 어머니(아내) 축복하기, 기도문(카도쉬) 낭독, 포도주 나누기, 정결의식, 식사, 성경 하브루타, 일상 하브루타로 진행된다.[95]

유대인의 안식일 식탁 예배를 기독교적으로 재해석하여 각 가정에 맞게 실천할 수 있다. 예를 들자면, 기독교인이 가정예배로 모이는 가족 하브루타에서는 식사를 마치고 가족끼리 서로 축복하기, 성경 하브루타, 일상 하브루타, 아버지의 축복기도 순으로 수정하여 진행하면 된다. 하브루타 방식이든 아니든, 기독교인 가정에 가정예배를 정착시키려면 큰 노력이 필요하다.

하브루타 가정예배의 유익

시간과 노력을 들여서 가정예배를 정착하고 가족 하브루타 방식을 접목하면 다음과 같은 유익이 있다.

첫째, 가족 하브루타를 하면 가정이 행복해진다. 가족끼리 허심탄회하게 대화를 나누기 때문에 서로의 마음을 알 수 있고, 무슨 문제도 의견을 나누며 해결점을 찾을 수 있다. 그러면서 서로를 향해 관심과 사랑을 쏟게 된다. 가족과 대화하면서 서로의 오해나 스트레스를 풀 수 있어서 마음속에 분노를 쌓지 않을 수 있다.

둘째, 가족 하브루타는 자녀들을 성공에 한 발 더 다가가게 한다. 하브루타는 질문과 토론을 중심으로 뇌를 자극하는 방법이다. 이런 방식은 사고력을 길러주고 논리력을 계발하며 안목과 통찰력을 길러준다. 토론을 통해 자녀들이 창의적으로 생각하도록 도와줄 수 있다. 또한 가족 하브루타는 의사소통 능력, 설득력 등을 기르는 데 최적의 방법이다.

셋째, 가족 하브루타를 하면 자연스럽게 신앙의 전수가 이루어진다. 현대의 많은 그리스도인 부모가 자녀의 신앙 교육을 교회에 일임하지만, 성경은 그 책임이 부모에게 있다고 말씀하신다.[96] 주일학교 수와 규모가 줄어들고 있는 것은 교회에도 책임이 있지만, 가정과 부모에게 더 큰 원인이 있다. 가정에서 신앙 교육이 제대로 이뤄지지 않으니 자녀의 신앙이 교회에까지 영향을 주는 것이다.

더구나 코로나19로 교회가 정지한 것 같고 예배가 비대면으로 바뀌고 있다. 다음 세대 신앙 교육에 교회마저 손을 놓은 상태이다. 그러나 만일 부모가 가족 하브루타 예배를 통해서 성경을 주제로 질문하고 대답하고 토론하는 분위기를 정착시킨다면 자녀들의 신앙을 지켜주고 키워줄 수 있다. 가정에서 지속해서 가족 하브루타를 실천한다면 신앙 전수는 염려하지 않아도 된다.

하브루타 가정예배 준비하기

여러 가지 유익을 가진 가족 하브루타 예배를 정착시키는 것을 돕기 위해 몇 가지 가이드를 제시한다.

먼저, 예배를 드리기 위해 모이는 날을 정한다. 가족 하브루타 예배의 장소는 어디든 상관없다. 일주일 중 하루를 가족 하브루타 예배의 날로 정하고, 그날 저녁은 가족 하브루타 예배로 드리면 된다. 함께 영화를 보든, 놀이공원에 가든, 연주회나 전시회를 가든, 캠핑이나 여행을 하든, 자유롭게 가족의 날 프로그램을 짜서 함께 행복하게 지내고, 저녁에 가족 하브루타 예배를 드리면서 '일상의 하브루타'로 모일 수 있다.

일주일마다 모이는 게 어렵다면 처음에는 한 달에 한 번이라도 가족의 날로 삼아 가족이 함께 모이는 데 의미를 두어야 한다. 하나님은 엿새 동안 열심히 일하고 하루는 안식하라고 하셨다. 가족끼리 가족의 날을 정하고 하브루타 예배 시간을 정했다면, 그 시간은 무슨 일이 있어도 지켜야 한다.

날과 시간이 정해졌다면, 그다음에는 하브루타 가정예배 방법을 정하면 된다. 유대인의 식탁이 제단으로, 축복의 자리로, 나눔의 자리로 사용된 것처럼, 하브루타 가정예배도 축복의 자리, 나눔의 자리로 응용할 수 있다. 가족끼리 서로 축복하기, 성경 하브루타, 일상 하브루타, 베드타임 스토리 등 각 가정의 형편과 자녀들의 나이에 맞게 활용하여 가정예배를 드리면 된다.

가족끼리 축복하기

건강한 가정에서는 서로를 인정하는 말이 있어야 하고 긍정적 대화가 필요하다. 더구나 감사의 말과 축복의 말은 표현하지 않으면 서로에게 전달되지 않는다. 가족 하브루타를 할 때 먼저 맛있는 식탁이 되도록 돌아가면서 준비하고, 서로 축복하는 말을 하는 것이 좋다. 아버지가 어머니에게 축복과 감사의 말을 하고, 자녀들에게도 한 사람씩 축복과 감사의 말을 한다. 어머니 역시 아버지에게 축복과 감사의 말을 하고 자녀들 한 사람씩 축복과 감사의 말을 한다. 자녀들도 아버지와 어머니에게 감사의 말을 하고, 가족끼리 서로 축복하는 시간을 갖는다.

성경 하브루타

유대인들은 안식일 식사를 마치면 말씀을 강론하며 성경 하브루타를 시작한다. 성경은 부모가 자녀에게 부지런히 가르치라고 명령하고 있다. 자녀에게 성경을 가르칠 의무는 목사나 전도사나 교회의 교사에게 있는 것이 아니라 먼저 부모에게 있다. 다만, 부모가 설교나 강의처럼 일방적으로 성경을 이야기한다면 자녀들은 지루함을 느끼고 예배 자체를 싫어할 수 있다. 그러니 가정예배가 자녀들에게 감동과 재미가 있는 시간이 되려면 질문과 토론 중심의 하브루타 방식으로 대화에 참여하게 해야 한다.[97]

먼저 유대인의 하브루타를 살펴보자. 첫째로 하브루타를 할 성경 본문과 나눌 성경 구절을 정한다. 둘째로 나눌 성경 본문을 충분히 읽고 깊게 묵상한다. 셋째로 본문에서 단답형이 아닌 창의적 생각이나 사고를 유출할 수 있는 질문을 만든다. 넷째로 짝을 지어 질문하고 토론한다. 다섯째로 '쉬우르'(shiur)한다. 이것은 질문을 던지고 토론함으로 성경 본문을 정리하고 요약하는 것이다. 여섯째로 적용을 한다. 본문에서 받은 은혜와 깨달음을 삶의 현장에 적용하며 실천하는 결단을 나눈다. 일곱째로 암송을 한다. 본문을 나누면서 가장 은혜받은 말씀을 암송하면 된다.

하브루타 원리를 가정예배에 적용할 때, 부모의 일방적 설교나 율법적인 강화보다는 하브루타 방식의 진술, 질문, 대답, 반박, 증거, 갈등 해결의 여섯 가지 원리를 따르면 된다. 그동안 한국의 기독교는 교회에서도 가정에서도 성경 말씀을 두고 질문, 반박, 증거, 갈등 등의 원리는 꺼리는 경향이 강했다. 그러나 다음 세대가 성장해 갈수록 질문하고 반박하고 갈등을 해결하는 과정이 필요하다. 그러면 철이 철을 날카롭게 하는 것처럼, 말씀이 삶에 스며드는 예배가 될 것이다.

일상 하브루타

가족이 일주일 동안 있었던 일을 나누면서 서로 조언하고 격려하고 위로하는 시간이 일상 하브루타이다. 일상 하브루타를 통해서는 한 주간의 삶 속에서 받았던 스트레스나 정서적·대인관계적인 여러 문제를 나누고 위로받을 수 있다. 이 시간에는 그동안 있었던 일들을 말하고 서로 조언하고 대안을 제시하며 토론을 한다. 요즘 고민이 무엇인지, 스트레스는 무엇인지, 무엇이 하고 싶은지 등을 돌아가면서 허심탄회하게 나눈다. 한 사람이 이야기하면 그것에 대해 다른 가족이 조언하거나 위로해준다.

부모가 자녀의 감정에 초점을 맞추고 적극적으로 경청함으로써, 개방적인 의사소통의 통로를 만들어놓는 것으로도 자녀가 스스로 문제를 해결하는 법을 찾는 데 도움이 된다. 예를 들면 "어떤 일을 해볼 수 있을까?" "만약 이렇게 한다면 어떤 일이 일어날까?" 하는 식의 하브루타 질문을 통해 생각하고 문제를 해결하는 능력을 길러주는 것이다. 이런 대화는 부모와 자녀 둘 다 이기는 대화이다. 이것이 일상 하브루타 예배에서 얻을 수 있는 유익이다.

부모는 어떤 순간에도, 어느 곳에서도 자녀를 격려할 수 있다. 일상 하브루타로 적극적 의사소통을 실천하면 자녀가 상의하고 싶어 하는 부모가 된다. 자녀와 부모가 협조적인 관계로 대화하면 자녀는 편안한 마음으로 가치관 같은 본질적인 것도 기꺼이 부모에게 질문한다. 자녀는 부모와의 소통을 바탕으로 자신만의 가치관을 형성하고 의사를 결정하고, 부모는 적극적 의사소통 과정을 통해 이를 지지하고 도울 수 있다. 일상 하브루타를 통해서 한 주간의 삶 속에서 받았던 스트레스나 문제, 정신적이고 심리적인 압박, 대인관계의 어려움, 학업, 우울, 분노, 좌절 등 여러 가지 감정적이고 정서적인 문제들이 해소되므로 부모가 물려주고 싶은 하나님의 말씀이 거리낌 없이 전달될 수 있다.

베드타임 스토리

베드타임 스토리(bedtime story)는 베드사이드 스토리(bedside story)라고도 하며, 자녀가 잠들기 전에 들려주는 동화나 이야기나 대화를 말한다. 잠들기 직전은 교육하기 가장 좋은 시간이며, 자녀의 일생에 커다란 영향을 미치는 시간이다. 또한 하루 동안 일어난 많은 일 중에서 기분이 나빴거나 슬펐던 경험 등 감정의 앙금을 남기지 않고 그날로 마무리 지을 수 있도록 배려하는 시간이기도 하다. 이 시간에는 성경 이야기를 들려주거나 읽어주면서 아이들이 정해진 시간에 잠드는 습관을 만들어줄 수 있다.

베드타임 스토리는 무엇보다 아이의 언어 발달에 도움을 준다. 아이들이 좀 자랐을 때는 함께 읽어도 좋다. 베드타임 스토리 교육의 중요성은 뇌 발달로도 설명이 된다. 잠자기 바로 전에 하는 베드타임 스토리는 가장 잘 기억된다. 특히 부모가 자신을 사랑하고 있음을 체감하면서 잠들기 때문에 애착 형성에 가장 좋다. 베드타임 스토리는 자녀에게 정서적 안정감과 행복감을 주고, 책을 좋아하게 만들며, 언어 능력과 상상력을 발달시키고, 안정된 애착이 형성되게 만든다. 책을 읽지 않고 부모가 각색한 성경 이야기를 들려주어도 된다.

하브루타는 유대인의 방식이지만, 기독교인의 관점에서 잘 적용된 가족 하브루타 방식을 활용하여 가정예배가 가정의 문화가 되고 일상이 되면 잠재적으로 자녀의 신앙 교육이 이루어진다. 부모가 하브루타 가정예배를 정착시킴으로 자녀에게 신앙 교육을 할 수 있도록, 교회는 부모교육과 하브루타 예배 훈련으로 가정을 도와줄 수 있다. 이를 통해 부모가 가정의 제사장으로서의 정체성을 회복하고, 부모와 자녀의 신앙이 함께 성장해가는 꿈을 꾸며, 다음 세대로 신앙이 전수되는 영광을 누리게 될 것이다.

• 미주

| 1부 |

1. 황지영, 하나님의 형상 개념을 중심으로 한 관계적 기독교 부모교육에 대한 연구, 미간행 박사학위 논문, 고신대학교. 2005. 86p.
2. 드니즈 글렌 저, 김진선 역, 마더와이즈 지혜, 마더와이즈코리아 연구팀 감수, 2016. 313p.
3. 황지영, 하나님의 형상 개념을 중심으로 한 관계적 기독교 부모교육에 대한 연구, 미간행 박사학위 논문, 고신대학교. 2005. 160p.
4. 드니즈 글렌 저, 김진선 역, 마더와이즈 자유, 마더와이즈코리아 연구팀 감수, 2016. 33p.
5. 드니즈 글렌 저, 김진선 역, 마더와이즈 자유, 마더와이즈코리아 연구팀 감수, 2016. 30p.
6. 게리 토마스, 거룩이 능력이다, CUP. 2014. 249p.
7. 드니즈 글렌 저, 김진선 역, 마더와이즈 지혜, 마더와이즈코리아 연구팀 감수, 2016. 46p.
8. 로마서 9장, 이사야서 45장, 예레미야서 18장.
9. C. S. 루이스 저, 이종태 역, 고통의 문제, 홍성사, 2018.
10. V. Satir J. Banmen J. Gerber M. Gomori, 사티어 모델, 한국버지니아사티어 연구회 역, 김영애가 족치료연구소, 49p.

| 2부 |

11. 휴 미실다인, 몸에 밴 어린 시절, 가톨릭출판사, 2010. 115p.
12. 휴 미실다인, 몸에 밴 어린 시절, 가톨릭출판사, 2010. 143p.
13. 휴 미실다인, 몸에 밴 어린 시절, 가톨릭출판사, 2010. 177p.
14. 휴 미실다인, 몸에 밴 어린 시절, 가톨릭출판사, 2010. 206p.
15. 휴 미실다인, 몸에 밴 어린 시절, 가톨릭출판사, 2010. 247p.
16. 휴 미실다인, 몸에 밴 어린 시절, 가톨릭출판사, 2010. 280p.
17. 휴 미실다인, 몸에 밴 어린 시절, 가톨릭출판사, 2010. 383p.
18. 휴 미실다인, 몸에 밴 어린 시절, 가톨릭출판사, 2010. 403p.
19. S. Minuchin, M. P. Nochols 저, 오제은 역, 가족치유, 학지사 간, 175p.
20. 게리 토마스, 사랑과 행복 그 이상의 결혼 이야기, 좋은 씨앗, 15p.
21. 최성애, 행복수업, 해냄, 2014, 187p.
22. 래리 발라드, 가족 놀라운 하나님의 선물, 예수전도단, 2011, 66p.
23. John Bradshow 저, 오제은 역, 상처받은 내면아이 치유, 학지사, 37p.
24. John Bradshow 저, 오제은 역, 상처받은 내면아이 치유, 학지사, 86p.
25. John Bradshow 저, 오제은 역, 상처받은 내면아이 치유, 학지사, 32p.
26. John Bradshow 저, 오제은 역, 상처받은 내면아이 치유, 학지사, 11p.
27. 김영애, 사티어 빙산의사소통, 김영애가족치료연구소, 20p.
28. 김영애, 사티어 빙산의사소통, 김영애가족치료연구소, 47p.
29. Michael H. Popkin, 부모코칭 프로그램(적극적인 부모역할), 학지사, 56p.
30. 김영애, 사티어 빙산의사소통, 김영애가족치료연구소, 226p.

| 3부 |

31. Michael H. Popkin, 부모코칭 프로그램(적극적인 부모역할), 학지사, 90p.
32. 존 포웰 저, 정홍규 역, 대화 길잡이, 분도출판사, 1996.
33. Michael H. Popkin, 부모코칭 프로그램(적극적인 부모역할), 학지사, 57p.
34. 황지영, 하나님의 형상 개념을 중심으로 한 관계적 기독교 부모교육에 대한 연구, 미간행 박사학위 논문, 고신대학교, 2005, 175p.
35. Michael H. Popkin, 부모코칭 프로그램(적극적인 부모역할), 학지사, 27p.
36. Michael H. Popkin, 부모코칭 프로그램(적극적인 부모역할), 학지사, 29p.
37. 드니즈 글렌 저, 김진선 역, 마더와이즈 자유, 마더와이즈코리아 연구팀 감수, 2016, 63p.
38. V.Satir J. Banmen J. Gerber M. Gomori, 사티어 모델, 한국버지니아사티어 연구회 역, 김영애 가족치료연구소, 77p.
39. Michael H. Popkin 저, 십대 자녀를 위한 부모코칭 프로그램, 학지사, 16p.
40. Michael H. Popkin 저, 십대 자녀를 위한 부모코칭 프로그램, 학지사, 29p.
41. 황지영, 하나님의 형상 개념을 중심으로 한 관계적 기독교 부모교육에 대한 연구, 미간행 박사학위 논문, 고신대학교, 2005, 175p.
42. 이기복, 성경적 부모교실, 두란노, 2005, 36p.
43. 황지영, 하나님의 형상 개념을 중심으로 한 관계적 기독교 부모교육에 대한 연구, 미간행 박사학위 논문, 고신대학교, 2005, 176p.

| 4부 |

44. 전성수, 자녀교육 혁명 하브루타, 두란노, 2016, 50p.
45. 전성수, 자녀교육 혁명 하브루타, 두란노, 2016, 53p.
46. 전성수, 자녀교육 혁명 하브루타, 두란노, 2016, 61p.
47. 전성수, 자녀교육 혁명 하브루타, 두란노, 2016, 62p.
48. 전성수, 자녀교육 혁명 하브루타, 두란노, 2016, 63p.
49. 전성수, 자녀교육 혁명 하브루타, 두란노, 2016, 66p.
50. 전성수, 자녀교육 혁명 하브루타, 두란노, 2016, 70p.
51. 마사 하이네만 피퍼 윌리엄 J 저, 최원식 역, 나무와 숲, 2008, 82p.
52. Michael H. Popkin 저, 부모코칭 프로그램(적극적인 부모역할), 학지사, 76p.
53. Michael H. Popkin 저, 부모코칭 프로그램(적극적인 부모역할), 학지사, 88p.
54. Michael H. Popkin 저, 부모코칭 프로그램(적극적인 부모역할), 학지사, 89p.
55. Michael H. Popkin 저, 부모코칭 프로그램(적극적인 부모역할), 학지사, 94p.
56. Michael H. Popkin 저, 부모코칭 프로그램(적극적인 부모역할), 학지사, 159p.
57. Michael H. Popkin 저, 부모코칭 프로그램(적극적인 부모역할), 학지사, 166p.
58. Michael H. Popkin 저, 십대 자녀를 위한 부모코칭 프로그램, 학지사, 147p.
59. Michael H. Popkin 저, 십대 자녀를 위한 부모코칭 프로그램, 학지사, 175p.
60. Michael H. Popkin 저, 십대 자녀를 위한 부모코칭 프로그램, 학지사, 180p.

.

61. Michael H. Popkin 저, 십대 자녀를 위한 부모코칭 프로그램, 학지사, 22p.

62. Michael H. Popkin 저, 부모코칭 프로그램(적극적인 부모역할), 학지사, 133p.

63. Michael H. Popkin 저, 부모코칭 프로그램(적극적인 부모역할), 학지사, 135p.

64. Michael H. Popkin 저, 십대 자녀를 위한 부모코칭 프로그램, 학지사, 31p.

65. Michael H. Popkin 저, 십대 자녀를 위한 부모코칭 프로그램, 학지사, 148p.

66. Michael H. Popkin 저, 십대 자녀를 위한 부모코칭 프로그램, 학지사, 155p.

67. Michael H. Popkin 저, 십대 자녀를 위한 부모코칭 프로그램, 학지사, 27p.

68. Michael H. Popkin 저, 십대 자녀를 위한 부모코칭 프로그램, 학지사, 27p.

69. Michael H. Popkin 저, 부모코칭 프로그램(적극적인 부모역할), 학지사, 140p.

70. Michael H. Popkin 저, 부모코칭 프로그램(적극적인 부모역할), 학지사, 123p.

71. Michael H. Popkin 저, 부모코칭 프로그램(적극적인 부모역할), 학지사, 154p.

72. 서울연구원, 2018년 1/4분기 서울시 소비자 체감경기와 2018년 주요 경제 이슈.

73. 래리 발라드, 가족 놀라운 하나님의 선물, 예수전도단, 2011, 70p.

75. Jack O Balswick, Judith K. Balswick, 황성철 역, 크리스천 가정, 두란노, 21-28p.

75. Jack O Balswick, Judith K. Balswick, 황성철 역, 크리스천 가정, 두란노, 19p.

76. Jack O Balswick, Judith K. Balswick, 황성철 역, 크리스천 가정, 두란노, 21p.

77. Jack O Balswick, Judith K. Balswick, 황성철 역, 크리스천 가정, 두란노, 26p.

78. Jack O Balswick, Judith K. Balswick, 황성철 역, 크리스천 가정, 두란노, 28p.

79. Jack O Balswick, Judith K. Balswick, 황성철 역, 크리스천 가정, 두란노, 33p.

80. 게리 채프먼 저, 장동숙 황을호 역, 5가지 사랑의 언어, 생명의 말씀사, 2010.

81. 래리 발라드, 가족 놀라운 하나님의 선물, 예수전도단, 2011, 107p.

82. 래리 발라드, 가족 놀라운 하나님의 선물, 예수전도단, 2011, 110p.

83. 래리 발라드, 가족 놀라운 하나님의 선물, 예수전도단, 2011, 111p.

84. SBS 스페셜 격대육아법의 비밀, 경향미디어, 2013, 30p.

85. SBS 스페셜 격대육아법의 비밀, 경향미디어, 2013, 209p.

86. SBS 스페셜 격대육아법의 비밀, 경향미디어, 2013, 208p.

87. SBS 스페셜 격대육아법의 비밀, 경향미디어, 2013, 215p.

88. SBS 스페셜 격대육아법의 비밀, 경향미디어, 2013, 17p.

89. 양승헌, 크리스천 티칭, 디모데, 2012, 39p.

90. 양승헌, 크리스천 티칭, 디모데, 2012.

91. 신형섭, 자녀 마음에 하나님을 새기라, 두란노, 2020.

92. 전성수, 부모라면 유태인처럼 하브루타로 교육하라, 예담, 2017, 67p.

93. 전성수, 부모라면 유태인처럼 하브루타로 교육하라, 예담, 2017, 17p.

94. 전성수, 부모라면 유태인처럼 하브루타로 교육하라, 예담, 2017, 85p.

95. 전성수, 부모라면 유태인처럼 하브루타로 교육하라, 예담, 2017, 258p.

96. 전성수, 자녀교육 혁명 하브루타, 두란노, 2016, 278-279pp.

97. 전성수, 자녀교육 혁명 하브루타, 두란노, 2016, 266p.

어머니께서 평생 가르치고 연구하신 자녀양육에 관한 책이 세상에 나온다니 반갑고 기대가 되었습니다. 저는 제 동역자이자 선배이며 멘토이신 어머니를 존경하기 때문입니다. 하지만 아들로서는 부담이 되었던 것도 사실입니다. 내가 저자의 '연구 결과물로' 평가받을 일이라고 생각했기 때문입니다. 걱정을 안고 책을 넘겼고, 단숨에 읽었습니다. 책을 덮으며, 내가 여전히 자녀양육을, 기독교 교육을 오해하고 있음을 확인했습니다. 자녀는 부모의 성적표가 아닙니다. 자녀를 키우는 분이 하나님이시기 때문입니다. 자녀를 하나님의 말씀으로 양육하려 애쓰는 부모만이 순간마다 자녀를 지키시고 인도하시는 하나님을 생생히 체험할 수 있기 때문입니다. 그 진리가 담겨 있는 어머니의 책은 남편 없이 자녀의 입신양명을 바라며 아등바등 살아낸 한 여인의 생존 스토리가 아니었습니다. '애들이 교회는 떠나지 않았으니, 이만하면 잘 살아냈다'라는 자기 위로의 메시지도 아니었습니다. 이 책에는 우리 가족을 향하신 하나님의 특별하고 신실하신 은혜의 역사들이 세세히 기록되어 있습니다. 하나님께서 맡겨주신 자녀를 잘 키워서 하나님께 돌려 드리려고 애쓴 한 성도의 신앙고백이 담겨 있습니다. 그러므로 저는 이 책에 담겨 있는 자녀양육의 원리를 '하나님이 기뻐하시는 자녀양육'이라고 칭하고 싶습니다. 그리스도인 부모로서 하나님의 자녀를 하나님의 방법으로 키우려 애쓴 모습을 하나님께서 기뻐하셨으리라 믿기 때문입니다.

_정재우 목사, Southwestern Baptist Theological Seminary Ph.D. 과정

이 책은 우리가 놓치고 있던 중요한 한 가지를 깨닫게 해줍니다. 모든 그리스도인들의 부모이신 한 분 하나님 아버지와의 관계입니다. 하나님 아버지는 우리와 사이좋은 관계를 원하셨고, 오늘도 우리와 더불어 사이좋은 부모가 되기 위해 쉬지 않고 일하시고 소통하십니다. 그런 점에서 장모님이 '사이'라는 키워드로 자녀양육을 풀어내신 것은 그리스도인 부모뿐만 아니라 비그리스도인 부

모까지 공감할 수 있는 탁월한 접근입니다. 그리스도인의 자녀양육은 단순히 우리끼리 잘 믿고 잘 되는 양육이 아니기에 비그리스도들이 이해하고 공감하는 일상의 언어가 필요했는데, 장모님은 '사이좋은 부모'라는 정의로 그 과제를 충분히 잘 수행했다고 생각합니다. 뿐만 아니라 이 책은 자녀의 연령에 따라, 부모가 자녀와 사이좋아지는 관계의 기술을 단계별로 잘 풀어냈습니다. 무엇보다 '좋은 부모'가 되기를 고민하는 모든 부모가 반드시 읽고 마음속에 담아둘 귀한 책을 집필하신 장모님께, 이 책을 읽고 '사이좋은 부모'가 되길 도전받은 이 땅의 부모들을 대표해서 감사드립니다.

_**박동진 목사**, 성서유니온 북서울지부 총무

• 제자들의 후기 ─────────────────────────

황지영 교수님은 사티어 전문가이며, 성경에서 벗어나지 않는 올바른 영성의 범주 안에서 상담을 진행하는 영성가이기도 합니다. 《사이좋은 부모생활》은 상처와 고통을 영성으로 승화시키는 과정에서 참 자아를 찾아가며, 그 안에서 좋은 관계라는 큰 선물을 얻어갈 수 있는 유익한 책입니다.

_**박상준 목사**, 걱정은행 작가, 칼럼니스트

'해라'. '하지 마라' 소리만 듣고 자라 부모가 되었고, 자녀들에게 어떤 부모가 되어야 하는지는 누구도 알려주지 않았습니다. '해라', '하지 마라'라는 가르침 대신, 거친 세상에서 자녀와 죽지 않고 버티며 살아갈 수 있는 용기와 지혜를 주시는 교수님의 책이 발간된 것을 환영합니다. 절망 끝에 있던 저에게 힘이 된 교수님의 한마디입니다. "꼭 어떤 부모가 될 필요는 없어. 그냥 ○○이 엄마 해."

_**김푸른뫼**, 두 아들을 치열하게 양육하는 엄마

딸, 엄마, 할머니이며 크리스천 상담코칭 전문가인 황 교수님은 우리가 50,60 대, 그 너머의 미래를 살아갈 수 있도록 지혜와 용기를 주는 진정한 코치이시다.

_**허주영**, WMU 석사과정

부모와 자녀가 전 생애 가운데 '사이좋은 팀'이 되도록 돕는 탁월한 지침서이다. 모든 관계에서 사람을 존중하는 더 나은 언어, 태도, 마음을 가지도록 인도한다.

_**김용은**, 목사, 연세대학교 강사

세상 지혜를 담은 책을 열심히 읽으며 세 자녀를 키웠는데 정말 쉽지 않았어요. 좀더 일찍 이 책을 만났다면 하는 아쉬움이 크네요.

_**김윤신**, 세 아이의 엄마

삶에서 나온 진솔한 경험에 이론이 더해져 깊은 울림이 있습니다. 하나님 안에서 부모로서 자녀를 어떻게 양육해야 할지 고민하는 모든 분들에게 권합니다.

_**이은숙**, 놀이 치료사

삶의 여정을 진솔하게 보여주는 저자는 부모들에게, 부모가 된 자신을 마주할 용기와 자녀양육의 지혜를 기꺼이 나누어줍니다.

_**김성조**, 네 아이의 엄마, 상담사

고비가 올 때마다 가슴을 움켜쥐고 만났던 교수님의 삶에서 우러난 지혜와 지식입니다. 소화하기 편하게 읽히고, 각 가정을 살리시려는 뜻이 느껴집니다.

_**차문경**, 사회복지사

우리는 과연 '사이좋은 부모'일까? 아이와 사이좋은 것도 아니고, 왜 부부 사이로 하나님과의 관계와 양육을 말하는 것일까? 이 책에서 답을 찾길 바란다.

_**이진명**, 권사

시간을 돌이킬수 있다면 더 지혜로운 엄마로서 살아보고 싶다는 소망이 있었습니다. 이제 이 책에서 만난 지혜를 손주들과 아름답게 실천해 보려 합니다,

_**최한나**, 사업가